U0033805

吳墉祥在台日記
（1962）

The Diaries of Wu Yung-hsiang at Taiwan, 1962

民國日記 | 總序

呂芳上
民國歷史文化學社社長

　　人是歷史的主體，人性是歷史的內涵。「人事有代謝，往來成古今」（孟浩然），瞭解活生生的「人」，才較能掌握歷史的真相；愈是貼近「人性」的思考，才愈能體會歷史的本質。近代歷史的特色之一是資料閎富而駁雜，由當事人主導、製作而形成的資料，以自傳、回憶錄、口述訪問、函札及日記最為重要，其中日記的完成最即時，描述較能顯現內在的幽微，最受史家重視。

　　日記本是個人記述每天所見聞、所感思、所作為有選擇的紀錄，雖不必能反映史事整體或各個部分的所有細節，但可以掌握史實發展的一定脈絡。尤其個人日記一方面透露個人單獨親歷之事，補足歷史原貌的闕漏；一方面個人隨時勢變化呈現出不同的心路歷程，對同一史事發為不同的看法和感受，往往會豐富了歷史內容。

　　中國從宋代以後，開始有更多的讀書人有寫日記的習慣，到近代更是蔚然成風，於是利用日記史料作歷史研究成了近代史學的一大特色。本來不同的史料，各有不同的性質，日記記述形式不一，有的像流水帳，有的生動引人。日記的共同主要特質是自我（self）與私密（privacy），史家是史事的「局外人」，不只注意史實的追尋，更有興趣瞭解歷史如何被體驗和講述，這時對「局內人」所思、所行的掌握和體會，日記便成了十分關鍵的材料。傾聽歷史的聲音，重要的是能聽到「原音」，而非「變音」，日記應屬原音，故價值高。1970年代，在後現代理論影響下，檢驗史料的潛在偏見，成為時尚。論者以為即使親筆日記、函札，亦不必全屬真實。實者，日記記錄可能有偏差，一來自時代政治與社會的制約和氛圍，有清一代文網太密，使讀書人有口難言，或心中自我約束太過。顏李學派李塨死前日記每月後書寫「小心翼翼，俱以終始」八字，心所謂為危，這樣的日記記錄，難暢所欲言，可以想見。二來自人性的弱點，除了「記主」可能自我「美化拔高」之外，主觀、偏私、急功好利、現實等，有意無心的記述或失實、或迴避，例如「胡適日記」於關鍵時刻，不無避實就虛，語焉不詳之處；「閻錫山日記」滿口禮義道德，使用價值略幾近於零，難免令人失望。三來自旁人過度用心的整理、剪裁、甚至「消音」，如「陳誠日記」、「胡宗南日記」，均不免有斧鑿痕跡，不論立意多麼良善，都會是史學研究上難以彌補的損失。史料之於歷史研究，一如「盡信書不如無書」的話語，對證、勘比是個基本功。或謂使用材料多方查證，有如老吏斷獄、法官斷案，取證求其多，追根究柢求其細，庶幾還原案貌，以證據下法理註腳，盡力讓歷史真相水落可石出。是故不同史料對同一史事，記述會有異同，同者互證，異者互勘，於是能逼近史實。而勘比、互證之中，以日記比證日記，或以他人日記，證人物所思所行，亦不失為一良法。

　　從日記的內容、特質看，研究日記的學者鄒振環，曾將日記概分為記事備忘、工作、學術考據、宗教人生、游歷探險、使行、志感抒情、文藝、戰難、科學、家庭婦女、學生、囚亡、外人在華日記等十四種。事實上，多半的日記是複合型的，柳詒徵說：「國史有日歷，私家有日記，一也。日歷詳一國之事，舉其大而略其細；日記則洪纖必包，無定格，而一身、一家、一地、一國之真史具焉，讀之視日歷有味，且有補於史學。」近代人物如胡適、吳宓、顧頡剛的大部頭日記，大約可被歸為「學人日記」，余英時翻讀《顧頡剛日記》後說，藉日記以窺測顧的內心世界，發現其事業心竟在求知慾上，1930 年代後，顧更接近的是流轉於學、政、商三界的「社會活動家」，在謹厚恂恂君子後邊，還擁有激盪以至浪漫的情感世界。於是活生生多面向的人，因此呈現出來，日記的作用可見。

　　晚清民國，相對於昔時，是日記留存、出版較多的時期，這可能與識字率提升、媒體、出版事業發達相關。過去日記的面世，撰著人多半是時代舞台上的要角，他們的言行、舉動，動見觀瞻，當然不容小覷。但，相對的芸芸眾生，識字或不識字的「小人物」們，在正史中往往是無名英雄，甚至於是「失蹤者」，他們

如何參與近代國家的構建，如何共同締造新社會，不應
該被埋沒、被忽略。近代中國中西交會、內外戰事頻
仍，傳統走向現代，社會矛盾叢生，如何豐富歷史內
涵，需要傾聽社會各階層的「原聲」來補足，更寬闊的
歷史視野，需要眾人的紀錄來拓展。開放檔案，公布公
家、私人資料，這是近代史學界的迫切期待，也是「民
國歷史文化學社」大力倡議出版日記叢書的緣由。

導言

侯嘉星
國立中興大學歷史學系助理教授

　　《吳墉祥在台日記》的傳主吳墉祥（1909-2000），
字茂如，山東棲霞縣人。幼年時在棲霞就讀私塾、新式
小學，後負笈煙台，畢業於煙台模範高等小學、私立
先志中學。中學期間受中學校長、教師影響，於1924
年加入中國國民黨；1927 年 5 月中央黨務學校在南京
創設時報考錄取，翌年奉派於山東省黨部服務。1929
年黨務學校改為中央政治學設大學部，故 1930 年申請
返校就讀，進入財政系就讀，1933 年以第一名成績畢
業。自政校畢業後留校擔任助教 3 年，1936 年由財政
系及黨部推薦前往安徽地方銀行服務，陸續擔任安慶分
行副理、經理，總行稽核、副總經理，時值抗戰軍興，
隨同皖省政府輾轉於山區維持經濟、調劑金融。1945
年因抗戰勝利在望，山東省主席何思源遊說之下回到故
鄉任職，協助重建山東省銀行。
　　1945 年底山東省銀行正式開業後，傳主擔任總經
理主持行務；1947 年又受國民黨中央黨部委派擔任黨
營事業齊魯公司常務董事，可說深深參與戰後經濟接收
與重建工作。這段期間傳主也通過高考會計師合格，
並當選棲霞區國民大會代表。直到 1949 年 7 月因戰局
逆轉，傳主隨政府遷台，定居於台北。1945 至 1950 這

6 年間的日記深具歷史意義，詳細記載這一段經歷戰時淪陷區生活、戰後華北接收的諸般細節，乃至於國共內戰急轉直下的糾結與倉皇，可說是瞭解戰後初期復員工作、經濟活動以及政黨活動的極佳史料，已正式出版為《吳墉祥戰後日記》，為戰後經濟史研究一大福音。

1949 年來台後，除了初期短暫清算齊魯公司業務外，傳主以會計師執照維生。當時美援已進入台灣，1956 年起受聘為美國國際合作總署駐華安全分署之高級稽核，主要任務是負責美援項目的帳務查核，足跡遍及全台各地。1960 年代台灣經濟好轉，美援項目逐漸減少，至 1965 年美援結束，傳主改任職於中美合營之台達化學工業公司，擔任會計主任、財務長，直到 1976 年退休；國大代表的職務則保留至 1991 年退職。傳主長期服務於金融界，對銀行、會計及財務工作歷練豐富，這一點在《吳墉祥戰後日記》的價值中已充分顯露無遺。來台以後的《吳墉祥在台日記》，更是傳主親歷中華民國從美援中站穩腳步、再到出口擴張達成經濟奇蹟的各個階段，尤其遺留之詳實精采的日記，成為回顧戰台灣後經濟社會發展的寶貴文獻，其價值與意義，以下分別闡述之。

一

史料是瞭解歷史、探討過去的依據，故云「史料為史之組織細胞，史料不具或不確，則無復史之可言」（梁啟超，《中國歷史研究法》）。在晚近不斷推陳出新的史料類型中，日記無疑是備受歷史學家乃至社會各界重視的材料。相較於政府機關、公司團體所留下之日常文件檔案，日記恰好為個人在私領域中，日常生活留下的紀錄。固然有些日記內容側重公事、有些則抒發情懷，但就材料本身而言，仍然是一種私人立場的記述，不可貿然將之視為客觀史實。受到後現代主義的影響，日記成為研究者與傳主之間的鬥智遊戲。傳主寫下對事件的那一刻，必然帶有個人的想法立場，也帶有某些特別的目的，研究者必須能分辨這些立場與目的，從而探索傳主內心想法。也因此，日記史料之使用有良窳之別，需細細辯證。

那麼進一步說，該如何用使日記這類文獻呢？大致來說，良好的日記需要有三個條件，以發揮內在考證的作用：（1）日記之傳主應該有一定的社會代表性，且包含生平經歷，乃至行止足跡等應具體可供複驗。（2）日記須具備相當之時間跨度，足以呈現長時段的時空變化，且年月日之間的紀錄不宜經常跳躍脫漏。（3）日記本身的文字自然越詳細充實越理想，如此可以提供豐富素材，供來者進一步考辨比對。從上述三個條件來看，《吳墉祥在台日記》無疑是一部上佳的日記史料。

就代表社會性而言，傳主曾擔任省級銀行副總經理、總經理，又當選為國大代表；來台後先為執業會計師，復受聘在美援重要機構中服務，接著擔任大型企業財務長，無論學經歷、專業素養都具有相當代表性。藉由這部日記，我們可以在過去國家宏觀政策之外，以社會中層技術人員的視角，看到中美合作具體的執行情況，也能體會到這段時期的政治、經濟和社會變遷。

　　而在時間跨度方面，傳主自 1927 年投考中央黨務學校起，即有固定寫作日記的習慣，但因抗戰的緣故，早年日記已亡佚，現存日記自1945 年起，迄於 2000 年，時間跨度長達 55 年，僅 1954 年因蟲蛀損毀，其餘均無日間斷，其難能可貴不言可喻。即便 1945 年至 1976 年供職期間的日記，也長達 32 年，借助長時段的分析比對，我們可以對傳主的思想、心境、性格，乃至習慣等有所掌握，進而對日記中所紀錄的內容有更深層的掌握。

　　最重要的，是傳主每日的日記寫作極有條理，每則均加上「職務」、「師友」、「體質」「娛樂」、「家事」、「交際」、「游覽」等標題，每天日記或兩則或三則不等，顯示紀錄內容的多元。這些內容所反映的，不僅是公務上的專業會計師，更是時代變遷中的黨員、父親、國民。因此從日記的史料價值來看，《吳墉祥在台日記》能帶領我們，用豐富的角度重新體驗一遍戰後台灣的發展之路，也提供專業財經專家觀點以及可靠的事件觀察記錄，讓歷史研究者能細細品味 1951 年至 1976 年這 26 年間，種種宏觀與微觀的時代變遷。

二

　　戰後中華民國的各項成就中，最被世界所關注的，首推是 1980 年代前後台灣經濟奇蹟（Taiwan Economic Miracle）了。台灣經濟奇蹟的出現，有其政策與產業的背景，1950 年開始在美援協助下政府進行基礎建設

與教育投資，配合進口替代政策發展國內產業。接著在
1960 年代起，推動投資獎勵與出口擴張、設立加工出
口區，開啟經濟起飛的年代。由於經濟好轉，1963 年
起台灣已經累積出口外匯，開始逐步償還美援，在國際
間被視為美援國家中的模範生，為少數能快速恢復經濟
自主的案例。在這樣的時代背景中，美援與產業經營，
成為分析台灣經濟奇蹟的關鍵。

　　《吳墉祥在台日記》中，傳主除了來台初期還擔任
齊魯公司常務董事，負責清算業務外，直到 1956 年底
多憑會計師執照維持生計，但業務並不多收入有限，反
映此時台灣經濟仍未步上軌道，也顯示遷台初期社會物
質匱乏的處境。1956 年下半，負責監督美援計畫執行
的駐華安全分署招聘稽核人員，傳主獲得錄用，成為美
方在台雇用的職員。從日記中可以看到，美援與中美合
作並非圓滑順暢，1956 年 11 月 6 日有「中午王慕堂兄
來訪，謂已聞悉安全分署對余之任用業已確定，以前在
該署工作之中國人往往有不歡而散者，故須有最大之忍
耐以與洋員相處云」，透露著該工作也不輕鬆，中美合
作之間更有許多幽微之處值得再思考。

　　戰後初期美援在台灣的重大建設頗多，傳主任職期
間往往要遠赴各地查帳，日記中記錄公務中所見美援支
出項目的種種細節，這是過去探討此一課題時很少提到
的。例如 1958 年 4 月前往中橫公路工程處查帳，30 日
的日記中發現「出於意外者則另有輔導會轉來三萬餘元
之新開支，係輔導會組織一農業資源複勘團，在撥款時
以單據抵現由公路局列帳者，可謂驢頭不對馬嘴矣。除

已經設法查詢此事有無公事之根據外，當先將其單據內容加以審核，發現內容凌亂，次序亦多顛倒，費時良久，始獲悉單據缺少一萬餘元，當交會計人員與該會再行核對」。中橫公路的經費由美援會提供公路局執行，並受美方監督。傅主任職的安全分署即為監督機構，從這次的查帳可以發現，對於執行單位來說，往往有經費互相挪用的便宜行事，甚至單據不清等問題，傅主查帳時一一指出這些問題乃為職責所在，亦能看到其一絲不苟的態度。1962 年 6 月 14 日傅主前往中華開發公司查帳時也注意到：「中華開發信託公司為一極特殊之構成，只有放款，並無存款，業務實為銀行，而又無銀行之名，以余見此情形，甚懷疑何以不能即由 AID（國際開發總署）及美援會等機構委託各銀行辦理，豈不省費省時？現開發公司待遇奇高，為全省之冠，開支浩大，何以必設此機構辦理放款，實難捉摸云」，顯然他也看到許多不合理之處，這些紀錄可提供未來探討美援運用、中美合作關係的更深一層面思考。

事實上，最值得討論的部分，是傅主在執行這些任務所表現出來的操守與堅持，以及這種道德精神。瞿宛文在《台灣戰後經濟發展的源起：後進發展的為何與如何》一書中強調，台灣經濟發展除了經濟層面的因素外，不能忽略經濟官僚的道德力量，特別是這些人經歷過大陸地區的失敗，故存在著迫切的內在動力，希望努力建設台灣以洗刷失敗的恥辱。這種精神不僅在高層官僚中存在，以傅主為代表的中層知識分子與專業人員，同樣存在著愛國思想、建設熱忱。這種愛國情懷不能單

純以黨國視之，而是做為知識分子對近代以來國家認同
發自內心的追求，這一點從日記中的許多事件細節的描
述可以觀察到。

三

　　1951 年至 1965 年間，除了是台灣經濟由百廢待興
轉向起飛的階段，也是政治社會上的重大轉折年代。政
治上儘管處於戒嚴與動員戡亂時期，並未有太多自由，
但許多知識分子仍然有自己的立場批評時政，特別是屬
於私領域的日記，更是觀察這種態度的極佳媒介，從以
下兩個小故事可以略窺一二。

　　1960 年頭一等的政治大事，是討論總統蔣中正是
否能續任，還是應該交棒給時任副總統的陳誠？依照憲
法規定，總統連選得連任一次，在蔣已於 1954 年連任
一次的情況下，不少社會領袖呼籲應該放棄再度連任以
建立憲政典範。然而國民大會先於 3 月 11 日通過臨時
條款，無視憲法條文規定，同意在特殊情況下蔣得以第
二度連任。因此到了 3 月 21 日正式投票當天，傳主在
日記中寫下：

> 上午，到中山堂參加國民大會第三次會議第一次選
> 舉大會，本日議程為選舉總統……蓋只圈選蔣總統
> 一人，並無競選乃至陪選者，亦徒具純粹之形式而
> 已。又昨晚接黨團幹事會通知，囑一致投票支持，
> 此亦為不可思議之事……開出圈選蔣總統者 1481
> 票，另 28 票未圈，等於空白票，此皆為預料中之

結果，於是街頭鞭炮齊鳴，學生遊行於途，電台廣
播特別節目，一切皆為預定之安排，雖甚隆重，而
實則平淡也。

這段記述以當事人身分，重現了三連任的爭議。對於選
舉總統一事也表現出許多知識分子的批評，認為徒具形
式，特別是「雖甚隆重，而實則平淡也」可以品味出當
時滑稽、無奈的複雜心情。

1959 年 8 月初，因颱風過境造成中南部豪雨成
災，為二十世紀台灣最大規模的天災之一，日記中對此
提到：「本月七日台中台南一帶暴雨成災，政府及人民
已展開救災運動，因災情慘重，財產損失逾十億，死傷
在二十五萬人左右（連殃及數在內），政府正做長期計
畫，今日起禁屠八天，分署會計處同人發起募捐賑災，
余照最高數捐二百元」。時隔一週後，傳主長女即將赴
美國留學，需要繳交的保證金為 300 元，由此可知八七
水災中認捐數額絕非小數。

日記的特點在於，多數時候它是傳主個人抒發內心
情緒的平台，並非提供他人瀏覽的公開版，因此在日記
中往往能寫下當事人心中真正想法。上述兩個小例子，
顯示在政治上傳主充滿愛國情操，樂於發揮人溺己溺
的精神援助他人；但他也對徒具形式的政治大戲興趣缺
缺，甚至個人紀錄字裡行間均頗具批判意識。基於這樣
的理解，我們對於《吳墉祥在台日記》，可以進行更豐
富細緻的考察，一方面同情與理解傳主的心情；另方面
在藉由他的眼光，觀察過去所發生的大小事件。

四

　　然而必須承認的是，願意與傳主鬥智鬥力，投入時間心力的歷史研究者，並非日記最大的讀者群體。對日記感興趣者，更多是作家、編劇、文人乃至一般社會大眾，透過日記的閱讀，體驗另一個人的生命經歷，不僅開拓視野，也豐富我們的情感。確實，《吳墉祥在台日記》不單單是一位會計師、財金專家的工作紀錄簿而已，更是一位丈夫、六名子女的父親、奉公守法的好公民，以及一個「且認他鄉作故鄉」（陳寅恪詩〈憶故居〉）的旅人。藉由閱讀這份日記，令人感受到的是內斂情感、自我紀律，以及愛國熱情，這是屬於那個時代的回憶。

　　歷史的意義在於，唯有藉由認識過去，我們才得以了解現在；了解現在，才能預測未來。在諸多認識過去的方法中，能承載傳主一生精神、豐富閱歷與跌宕人生旅程的日記，是進入門檻較低而閱讀趣味極高的絕佳媒介。《吳墉祥在台日記》可以是歷史學者重新思考戰後台灣經濟發展、政治社會變遷不同面向的史料，也是能啟發小說家、劇作家們編寫創作的素材。總而言之，對閱讀歷史的熱情，並不局限於象牙塔、更非專屬於少數人，近年來大量出版的各類日記，只要願意嘗試接觸，它們將提供讀者無數關於過去的細節與經驗，足供做為將我們推向未來的原動力。

編輯凡例

一、 吳墉祥日記現存自 1945 年至 2000 年，本次出版
　　為 1951 年以後。

二、 古字、罕用字、簡字、通同字，在不影響文意
　　下，改以現行字標示。

三、 難以辨識字體或遭蟲註，以■表示。

四、 部分內容涉及家屬隱私，略予刪節，恕不一一
　　標注。

日記照片選錄

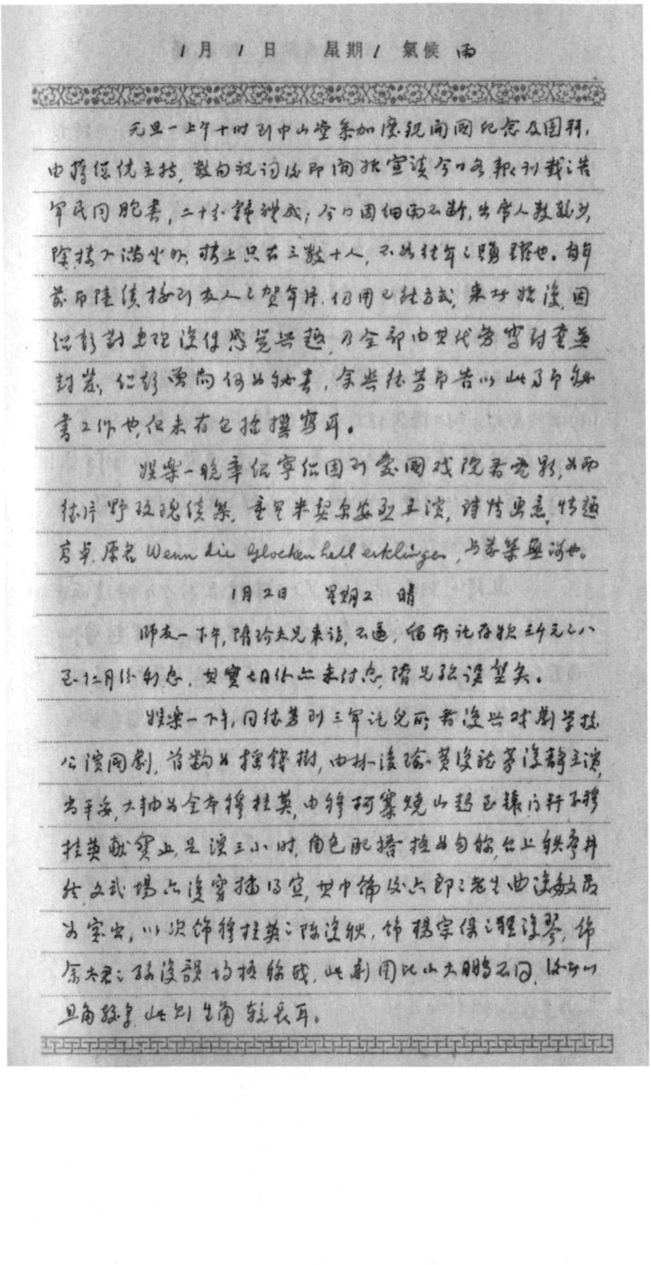

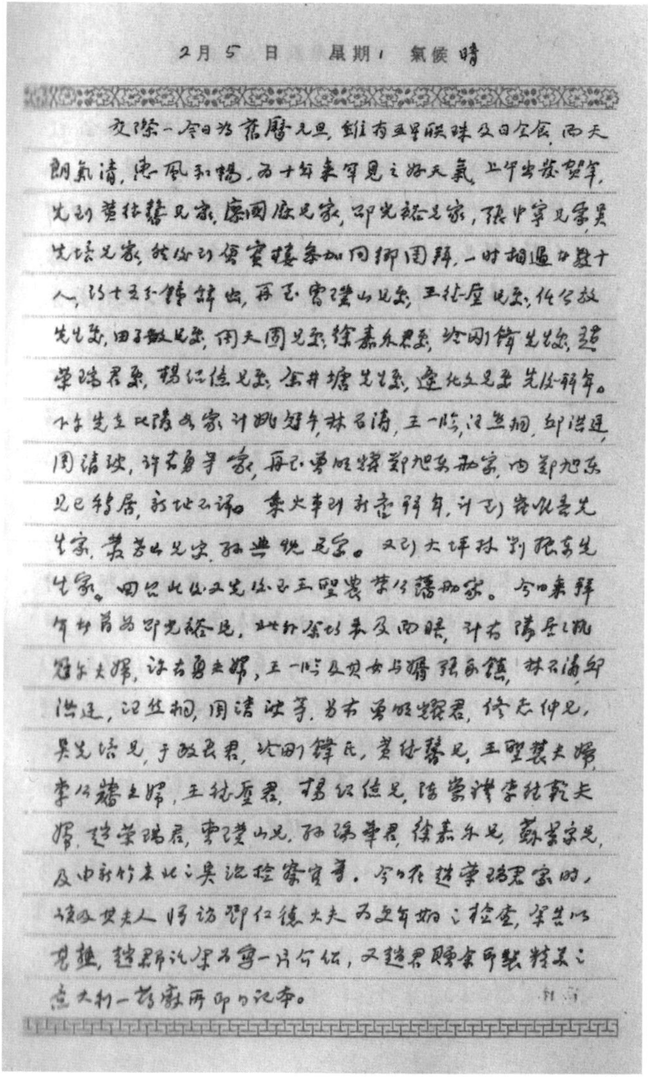
2月 5 日 星期 1 氣候 晴

交際－今日為舊曆元旦，雖有五星聯珠及日全食，而天
朗氣清，惠風和暢，為十餘年來罕見之好天氣。上午出發賀年，
先到黃德馨兄家，廖國庥兄家，邵光裕兄家，張中寧兄、吳
先培兄家，然後到賓館參加同鄉團拜，一時相遇者數十
人，約十五分鐘辭出，再至曹璞山兄處，王德垕兄處，[illegible]
先生處，田子敏兄處，[illegible]兄處，徐嘉禾君處，冷剛鋒先生處，趙
榮瑞君處，楊紹億兄處，余井塘先生處，逄化文兄處先後拜年。
下午先至比隣各家，計姚冠午，林石濤，王一臨，汪焦桐，邱洪廷，
周靖波，許有勇等家，再到曹[illegible]鄭旭東兩家，而鄭旭東
兄已移居，新址不詳。乘火車到新店拜年，計至崔唯吾先
生家，叢芳山兄家，孫典忱兄家。又到大坪林劉振東先
生家。回途出公又先後至王聖農、李公藻兩家。今日來拜
年者首為邵光裕兄，此外余均未及面晤，計有隋玠夫、姚
冠午夫婦，許有勇夫婦，王一臨及其女與婿[illegible]，林石濤，邱
洪廷，汪焦桐，周靖波等，另有曹[illegible]君，佟志伸兄，
吳先培兄，于政長君，冷剛鋒氏，黃德馨兄，王聖農夫婦，
李公藻夫婦，王德垕君，楊紹億兄，[illegible]夫
婦，趙榮瑞君，曹璞山兄，孫[illegible]君，徐嘉禾兄，蘇景泉兄，
及由新竹來此之吳[illegible]檢察官等。今日在趙榮瑞君家時，
[illegible]及其夫人將訪鄧仁德大夫為其外甥之檢查，余告以
其址，趙君[illegible]余為寫一片介紹，又趙君贈余所製精美之
[illegible]。

9月5日 星期3 氣候 雨

颱風一昨日來至晚仍行宿東方形成之颱風 Amy，本向西北西進行，本為對南部或有影響，但昨晚口轉向西北，直撲本省東北部而來，據昨日下班時之口段通告，今晨八時最大風速已達 90 knots，且必由美軍協助已對全市宣布 Condition 1，故大清早今日不在此部最大，昨晚某乱廣播已報告，如颱風進行速度變慢依，當在今晚十甲安無事，予今午略入夢甚睡時期，故夜尚針未眠，今晨各乱廣播，市已全市宣布 Condition 1，美方利南安接始停止辦公，故終日在寓無料，收聽以乱与电台廣播，涉及最大風速者，互不一致，以美軍電台係用每小時英里數，謂已達一百十英里若氣象所用每秒公尺數，謂每秒十七公尺，二者相似，但空軍電台所預測最大風速為每小時八十海里即折合每秒四十公尺，相差太多，謂今年十時左右本省此風速最大之時，謂已達四十七公尺云，為達五十公尺所云此為十六年來所未有，惟見各連云，現未向后方眼着，至午二時後，風雨漸減弱廣播即謂已由新竹出海，但至晚尚未甫除，然此風雨漸靜，此仍工暴風圈內（暴風半徑有四百公里），而美軍之 Condition 1，直至七時末依也，寓處之房屋因方向關係未感有強烈之風，僅屋內此刻未聞雨，仍恐內因雨大甚水甚深之影響，運搬室東牆沙水，當辰即放校漏水，殊以晴朗耳。

10月 10日　晨期3　氣候 晴

　　國慶－今日為中華民國三十一年國慶紀念，依例按例每年閱兵，今年停止舉行，但纽約病妾之廣場仍有群眾活動，上午為二十萬人之慶祝大會，紐約市立女中之幼女組團參加並於會後游行。下午為國際表演，紐約省之此校中之三女紅牟等件參加，此外又有唐尧十紀念舆剧投表演多達人之。演与故事提烛游行，第一片歡欣故舞四海昇平氣象，各体現王宫。本村参親，只收利廣播節目，其中蒋總統宣讀國宴文告，諸仍去開鐙剑樂。观览．譬似已己者杜年之有力，同氏今年数变检查负敬。卫教改革出常中央九文通，為一般而闹心作由廣播中心啟右當年之衰象，而望大陸，已编矢十三年，报告時之我共之举局。

　　閱讀－汉军遠渾之英國所得程出，今日方欲閱讀第十三章開於手段程之故俞一項，原以為此一規定公設十分後殽，乙料署閣い'入，大譯不然，其中閱讀一条之文義所右至涯好懂之苦，乃參考哈佛大學叢書之 Taxation of United Kingdom，始仍右乙程十分了解外，無己，乃將書内第二章沿段阅讀，此一章右 Five Schedules，讀時宗览一项数目未收之错误，乃 Industrial Building 含一直譯為营業用房屋，記之内轩释 謂之含 Commercial Building，故左紀作内訂出未通古闹文字，程凡此等諸误云一而足也。

12月 22日　星期6　氣候 晴

集會－下午，到中山堂辦理國民大會代表聯誼會與光復大陸設計研究委員會年會報到手續，蓋此將於廿五日舉行，故先於明後加以舉行，此外當開創制複決兩權之憲法研討委員會，以合手法各界之議，但以中央無立場，創制複決兩權之引使恐將結此於研討階段，聯誼會之此主持諸先表陣線，認為將等候復國後實際時國大以為此問此地之徵詢呼聲也。

黨務－中央黨部通知辦理黨員總登記之新辦法登記，吾以中央促成辦部登記，今於下午到同大黨部登記，由中央統辦部規紀亞立黨記上蓋一小戳，組織的完全為歷未三分五中深萬未知終故之意見對願此次際乎。

12月 23日　星期日　晴

集會－本日為光復大陸設計研究委員會舉行第九次全體委員會，上午十時即將集中山堂，擬請為總統準備到會致詞，但事實未來，只由陳副總統代述致詞，故仍有以主席資格致詞，凡半小時講成，休息後接開第一次會議，由秘書長報告工作，余未參加，只立對兩國大黨部均與之別之友人等談天，中午全場立光復庭聚餐，五中副主任委員室覆接致詞，復開第二次會議，由國防部次長羅英德報告匯情，利用幻燈片，對於大陸匪情作極詳盡之分析，凡一小時而畢，休息後再舉行討論會，余因為時已晏，即先退席。

12月 24日　　星期1　氣候 晴

集會－今日全日為光復大陸設計研究委員會全體會議，
上午由王雲五副院長報告動員時況，余因事未出席，下午討論
未來設計研究工作。最後由陳誠主任委員致閉會詞，對收復
大陸之部署目標，頗多意見提向，又談到蔣總統中句來
主持修養研究此意。希望大家埋頭苦幹奮鬥與設計
工作，以此為共勉勵之機會。

　　玉燕－中午同大代表山東同人王合室聚餐，約七
四十人，與致詞也。

　　師友－下午訪鄭邦琨兄於社稽句刊社，並以兩期
英國所得稿七十五元面需，為以五毫，劉正棒兄亦渠意
提早社大為佳，乃決定於本月二十一日全五。

12月 25日　　星期二　晴

集會－上午，到中山堂出席國民大會代表年會，由
何名坎主席，請保候講晚致詞。首先聲明本年本來
造和紫府同仁開切合作，順此致謝，繼此堂謹由
而排之演說辭，其中對於本同仁年本寬討憲政之
績極表示敬佩，女實此次憲法研討多思今江動
名請全体大會，在中央授意其此中消息固難妙期
以言審也，惟接向討論會，所有提案略之外送政府
參攻，余未往參加。

　　娛樂－晚同紹寧王中山堂觀賞年會平劇，往露演
漢州妃，以徐露潦，事過雲哈之事珠痕記，嘯末頗佳。

目　錄

1962 年（54 歲）

1月1日　星期一　雨
元旦

上午十時到中山堂參加慶祝開國紀念及團拜，由蔣總統主持，數句祝詞後即開始宣讀今日各報刊載之告軍民同胞書，二十分鐘禮成；今日因細雨不斷，出席人數較少，除樓下滿坐外，樓上只有三數十人，不如往年之踴躍也。自年前即陸續接到友人之賀年片，仍用以往方式，來者始復，因紹彭對處理復件感覺興趣，乃全部由其代勞寫封套並封發，紹彭曾問何為秘書，余與德芳即告以此事即秘書工作也，但未有包括撰寫耳。

娛樂

晚率紹寧、紹因到愛國戲院看電影，為西德片野玫瑰續集，童星米契爾安烈主演，詩情畫意，情趣高卓，原名 Wenn die Glocken hell erklingen，與首集無涉也。

1月2日　星期二　晴
師友

下午，隋玠夫兄來訪，不遇，留所託存款三千元之八至十二月份利息，其實七月份亦未付息，隋兄殆誤算矣。

娛樂

下午，同德芳到三軍托兒所看復興戲劇學校公演國劇，首齣為搖錢樹，由林復瑜、黃復龍、茅復靜主演，尚平妥，大軸為全本穆桂英，由穆柯寨燒山起至轅門斬子穆桂英獻寶止，足演三小時，角色配搭極為勻稱，台上秩序井然，文武場亦復穿插得宜，其中飾後六郎之老生曲復敏最為突出，以次飾穆桂英之陳復秋、飾楊宗保之程復琴、飾佘太君之孫復韻均極稱職，此劇團比小大鵬不同，後者以旦角較多，此則生角較長耳。

1月3日　星期三　晴

職務

年假兩天已過，今日恢復辦公，知本月份本稽核室之 working schedule 已排就，余尚有三天之 annual leave，蓋依照 leave year，1961 年度至本星期五為止，余尚有二十餘小時之未用公假，於是自今日下午起，至星期五日止，請二天半之公假。上午在辦公室料理一般雜務，並應主辦工作報告同人之請將上月份 work in process 之項目開出。

瑣記

連日於去年底所獲各項日曆月曆外，又收到如下各件：（1）陸軍總司令劉安祺所贈日曆，（2）金山奶粉所贈據寄去封罐鐵條所答復之月曆，（3）辦公室分得之第一銀行月曆，（4）辦公室分得之林商號日曆，（5）辦公室分得之水泥公司日曆等。

進修

在 English Center 之課程亦於今日恢復，所用 *American English Reader* 一書自 Thomas Edison 一課起自今日由 Elizabeth Yen 接授，Mrs. Yen 有相當之英國口音，但仍甚清楚，自擇問題發問，較 Mrs. Hart 之拘泥課本者為靈活，但校正讀音不若 Mrs. Hart 之認真耳。

體質

　　下午到公共衛生教學示範中心複診，由曾大夫根據上星期為余驗血驗尿之結果對余表示尿無糖分，無蛋白，血亦無糖分，無血管硬化徵象，一切均甚正常，但血壓應防其提高，故應每月檢查一次，且飲食宜清素，不宜太鹹，曾大夫將驗血驗尿報告並為余摘要開列交余帶回參考，可謂細心也。

1月4日　星期四　雨

進修

　　今日英文課時 Mrs. Yen 於正式課文練習按座次順序問答完畢後，出題三則，囑每人任擇其一擬一文稿，備明日在約五分鐘內宣讀之用，其題目一為 The World Today，二為 The Advantages and Disadvantages of 20th Century，三為 My Favorite City，余初擬寫第三題，余所最喜之城市為濟南，如加以描寫，則恐知者不多，難獲了解，次欲寫第一題，則因題目太大，無從著筆，於是乃寫第二題，主旨為說明二十世紀之最大特色為物質文明特別發達，人人蒙庥，然利之所在，弊亦隨之，則政治混亂，科學利器反為亂萌，故當務之急為建立精神文明也，而精神文明能控制物質文明時，人類始能免於浩劫焉。

1月5日　星期五　晴

進修

今日英文課程中教師 Mrs. Yen 用抽籤法支配先後
次序，由各學生就昨日所出題目為五分鐘之英文談話，
因須登壇面臨全體，故有類演講，今日已講過半數，其
中凡女性者皆選第三題，男性則一、二題，除余外皆無
講稿，而出之於背誦或漫談，其情形多不理想，余之講
稿未經熟讀，故屆時攜稿上台，教師謂余已有準備，余
謂因記性太差，無法只好讀稿，乃緩緩讀來，有時仍感
氣力不足耳。

慶弔

山東籍國民大會代表林秉正病故，今日在極樂殯儀
館治喪，余往參加光復大陸設計研究委員會及國大代表
全國聯誼會之公祭。

1月6日　星期六　晴

閱讀

讀 *Reader's Digest* 去年十二月號 Charles Edison 作 My
Most Unforgettable Character，作者為 Thomas Alva Edison
之子，所寫即為其父之一篇小傳，但係以文學筆調出
之，十分動人，此文與現在每天晨間之英文班所用課本
正在進行之一篇 The Wizard of Menlo Park 適可互相對
照，本文最有特色處為所寫最後之全國致敬方式，云：
"The final salute, on the day of his funeral, was to be the cut-off
of all electric current in the nation for one minute. But this was
deemed too costly and dangerous. Instead, only certain lights

were dimmed. The wheels of progress were not stilled, even for an instant. Thomas Edison, I am sure, would have wanted it that way."

1月7日　星期日　雨
進修

準備明晨上課應授之課文，"From Slave to Teacher"，寫美國黑人教育家 Booker Washington 之苦幹成功故事，甚為感人，讀後適見紹中所用台大英文讀物名為 "Up From Slavery"，即為氏之論文發表於 *Outlook* 者之結集，亦可謂巧合矣。

娛樂

上午到空軍新生社看小大鵬劇團公演，首為鎖五龍，花臉唱得甚好，末為全本御碑亭，計演兩小時，由王鳳娟飾孟月英，徐龍英飾王有道，以外配角亦皆支配得宜，始終不懈，為該團早會中不可多得者也。

1月8日　星期一　雨
進修

今日英文課上課時，教師 Mrs. Yen 以突擊方式為 dictation 一篇所選，即昨日所讀之 From Slave to Teacher 之首二段，大致均默寫無誤，此調不彈垂四十年，今日猶能優為之，可見記憶雖衰退而精力固自不弱也。在今日默寫時發生一極有趣之問題，因經過默寫始引起重複之注意，此即 born 一字之用法，今日默書時教師讀 He was born...，余忘此字之性質，直覺的認為應為

borned，泊默後看書，始知大誤，於是以字典求解，先 查 Thorndike & Barnhart 之 *Comprehensive Desk Dictionary*，謂係 adjective，余深以為異，又查 *Advanced Learners' Dictionary*，謂是 past participle，但寫明在作出生解時必須用 born 而不能用 borne，但有時不作 passive voice 亦可作 borne，此解釋比前者為佳也。

職務

　　若干日之 annual leave 已告終了，今日恢復照常辦公，本月份之 assignment 為寫作 POL Products 之查帳報告，但初步工作為重新整理查帳時所獲之資料，今日全日以由石油公司取來之每年度售油數量與價款統計表，與由相對基金收支組查來之該公司發票，以證明其是否相符，核對結果 Fy1958、1959 及1961 年度之總數量與總金額均屬相符，惟 Fy1960 之資料只有總金額相同，至於數量則部分相同部分則否，其原因為何，以半日時間尚未核明。

1月9日　星期二　陰

職務

　　繼續核對中國石油公司自 Fy1958 至 Fy1961 四個年度間出售石油於國防部之統計表，昨日發現 1960 年度內之數有不符之處，今日再加細對，確知其中有為余計算錯誤之處，蓋其中以數量承擔價有為五六位之乘法，且其中有的乘數有零位相隔，計算最易錯誤也，但亦有為原來有誤處，即如該年度所賣海軍特級燃料油，其金額尚屬相符，然數量總計並不相符，余當時作表時未將該年之細數與各筆相當單價完全抄錄，只記一總數，註明數種單價，乃深疑余所記總數容或核算有誤，為審慎起見，乃以電話向相對基金收支組之主辦人施君詢問，據其所答各數，與余所抄者並無歧異，乃大致推定為石油公司所列總數有誤，至於如何有此誤點，在該公司所製之統計表幾乎無錯之情形下或有特殊之原因，則須待進一步向公司詢問矣。

進修

買新出版翻版書 *30 Days to a More Powerful Vocabulary* 一冊，先讀其兩課，頗有意思，其第二課曰 "Take This Vocabulary Test"，計有八種測驗，限定答案時間為半分至一分半鐘，余一一試驗，除其中二種可以應付外，其餘則幾乎不能置一詞，可見字彙之貧乏矣，余見其數種測驗所用之字頗有十分冷僻者，則該書之編著對象或以美國人為標準亦未可知，然無論如何由此得一啟示，即字彙尚有大加擴充之必要也。

1 月 10 日　星期三　晴

職務

經電話與石油公司營業處核對帳目，此因連日審核該公司四年來售給國防部之油料雖大體無誤，然其中有兩項數字不相符合，其一為 1960 年度之特級燃料油總數項下數量不符而金額相符，經其主管人核對後答復云，實由於誤算及打字之誤，其二為 1958 年度之普通燃料油總數項下數量相符而金額不符，據答復云其差額係另外收到之一筆 550 噸燃料油之價款，該筆油料以該公司度之，實為美援撥款所買，至於是否美援項下所買，請再詢問國防部始知端倪云，余即暫時保留，待便中再行查詢，意者此項燃油或有黑市需要，其中有人以軍品價格買去轉售圖利乎？則事非美援查帳範圍，當以存提為是也。

閱讀

　續讀 *30 Days to a More Powerful Vocabulary* 第三課 "The Romance of Words"，謂字之來歷亦如植物，有其根幹枝葉，本課乃從字源上求了解英文者，甚有趣味，例如所舉 calculate 係由一項 road measurer 演變而來，surplus 由法文 sur + plus 而來，意謂 over-more，lieutenant 乃法文 lieu 與 tenir 相連，謂 in lieu of 及 hold，又有若干字含有 spect 者則拉丁文 spectore 所轉變，謂 to see，此字之類似者有 240 個之多，如 spectacle、inspect、disrespect、respect 皆是，再如 graph 與類似之語尾者，亦是顯例也云。

1月11日　星期四　晴

進修

　晨間所上英文課，因教師 Mrs. Yen 接受學生意見於課本外補充其他活用之資料，今日乃講解 Etiquette 一段，所採資料係自 Emily Post 之書上而來，但擇要而加以重寫者，首先引原書名句云："Too many of us are likely to assume a rich man a gentleman, no qualification could be further farther from the truth, since the quality of a gentleman is necessarily measured by what he is and not by what he has."

繼即首先解釋介紹之禮節，其中有余所以前不知者為不宜對生人直接詢問其姓名，須由第三者為之介紹，又在談話中不宜詢對方私事，例如其年歲幾何，賺錢若干，皆為問則失禮之事，至於先後以及如何開口，則正如一般所知者；次談邀請，對於正式之邀請必須作復，余詢以應用何項紙張，謂卡片紙最好，如用普通紙，亦不宜過大；最後談宴會，據云正式宴會不可馬虎，其應注意之點為：（1）餐巾二折放膝上，不可掛塞；（2）凡入口之物不可吐出，遇有骨刺，則迅速的乘人不見時用手取出；（3）舀湯向外用杓，側面入口，不可有聲，食後之刀叉並排在碟上；（4）麵包只能用手撕，不可用刀切，但如三明治之類為例外，惟正式宴會鮮有用之者；（5）余詢以正式宴會之菜往往每人一份，份量無殊，設某一菜不能罄盡時可以剩餘否？據答可以，但如小規模餐會易為人注意，應先將分量控制適宜為妥云。

1 月 12 日　星期五　晴

職務

　　昨、今兩日將上月所查之陸軍油料使用情形資料加以摘要整理，為撰寫查帳報告之初步資料，計按內容分為十四類，亦有可以併入一類者，亦有可以分屬二類者，皆不再合併，備將來行文時再作斟酌，此十四類大致如下：（1）Accounting Technique,（2）Safety Level,（3）Due-in and Due-out,（4）Inappropriate Presentation,（5）Inappropriate Utilization,（6）Unavailability of Records,（7）Book and Physical Inventories Contrasted,

（8）Inventory Taking，（9）Questionable Issues，（10）
Irregularities and Discrepancies，（11）Internal Supervision
of Using Agencies，（12）Motor Pool Deficiencies，（13）
Special Cases，（14）其他。本稽核組常有加班工作，但
加班時因無工友上班，恆無水可飲，且食物如不願外
食，亦只能帶冷便當充飢，皆非可以習慣之事，過去因
自帶開水而發生許多危險與不便，今日余提議以公有之
福利金買電爐一套可以煮水熱飯，專為加班時用，同時
補充規定所獲加班費亦抽百分之二作為福利金，經全體
一致通過。

慶弔

　　安徽徐伯申君病故，今日在極樂殯儀館治喪，余往
弔祭，並送花圈一個。

進修

　　上午英文課由 Mrs. Yen 為聽力測驗並第二次
dictation，余無錯字，只將 fly 之過去式誤為 flow，不禁
失笑。

1月13日　星期六　晴

業務

　　自訂約至今已七年有餘之林業員工互助協會清理
案，去年九月間曾見其繼承機構之林務局職工福利委員
會委託一會計師登報發還其權利金，知此案又有枝節，
經託于仲崑兄轉詢其友人該會總幹事羅健後，知彼等有
成見在胸，認為余所代理之清理業務未能做好，此等表
示如非昧於實情，即係含血噴人，或更為牟利起見，貪

圖回扣而另行委託，總之十分不友好，為之氣悶，如此如不自動往洽，即有漸成懸案之勢，乃於今晨到林務局訪該局陶玉田局長，聲明以下各點：（1）該約締成後迄今七年有餘，以預定三個月辦完之事拖至七年尚無結果，完全為該局或第三方面之原因，與本方無涉，否則其公費不能除尾款外均按約支付完竣，反之，且照罰則可使余退回全部公費而有餘；（2）職工福利會陸續向余取回若干有關文卷，均不聲明原因，直至余見其登報委託其他會計師，始知該會意欲不了了之，是不但態度太不友好，且於合約之權利義務完全不顧，既輕率而復錯誤；（3）現在余並非必須堅持辦完，對於該會另託他人亦不一定反對，但余之立場為對於此案須有一了結，包括其中文卷如何送回，尾款如何付清；（4）余向來對銀錢取予全無苟且，山東人皆知（陶亦山東人），設非余之應得，決不強索，陶氏如欲明晰底蘊，望將原合約文字細閱便知云，陶氏對余所談各節表示注意，主召局內各有關人員垂詢，惜總務組各主官者皆不在局，召來二人又甚為隔膜，謂主辦者林慶華君，刻已出差，陶氏即囑二人待林君歸來囑速處理，為此事結束事宜不應待余催詢，局方應自動早日處理，余即當陶氏面請二人轉達林君，於回局時向局長報告一切云。

參觀

上午到新建照安市場參觀監所作業展覽，以木器為主，另有刺繡與雜品，均有定價出售。

娛樂

晚與德芳到愛國戲院看「落日餘暉」（The Last

Sunset），主演者 Kirk Douglas、Rock Hudson、Dorothy
Malone 及 Joseph Cotten，演技極精，故事亦曲折動人，
惜有小疵，故事發展頗不自然。

1月14日　星期日　晴

家事

諸兒女在校四人均已近學期終了，忙於複習功課，
其中紹彭因德芳為其指定課外作業，用印好之國語及算
術複習測驗，連日有時由余為之核閱，因此余對於紹彭
求學之優劣點乃有相當了解。其優點為頭腦甚敏慧，
有時極難作之題目可以做出答案，極難解之文句亦可以
運用，但劣點亦多，最重要者為好寫白字，近來注意糾
正，有減少之趨勢，次為粗心，例如閱讀測驗係由一段
短文中答復其中有關之問題，如細心對短文加以閱讀，
必不致錯指其預備選擇之答案，許多做錯之題目，非不
能做，只因粗心而有錯誤之可能而已。

師友

晚，蘇景泉兄來訪，閒談，據云其所負責之僑生輔
導工作，將來因美援減少，教育部正籌劃暨南大學復
校，將來有集中之新大學之趨勢云。

1月15日　星期一　陰雨

職務

關於 Fy1958-Fy1961 之 POL Projects 在昔 Fy1957 查
帳時未能由其開始採購與分配時起查核，故未能窺其
全貌，此次決定對此多加注意，現在相對基金付款數

及中國石油公司發貨數已經核對相符，今日乃進一步以上項數字與軍方實收油料數字加以核對，發覺若干問題：（1）陸軍方面以經理署為車用汽油與煤油之提領人，汽油為數相符，而煤油則該署提領數超過石油公司售撥數，此為事實上決不可能之事；（2）海軍之供應司令部統計報告最為詳細，主要油料之輕柴油與燃料油均屬相符，只有特級燃料油在 1959 開始有售，當時為 350 頓，未見該司令部收貨，又有特殊兩項之油料名為 Solvent Naphtha 及 Gulflube Motor 者，在油料手冊內即無此料號，統計表內亦無此品名數量，極不可解；（3）空軍之油品只有 JP-4 一種，然每年數字皆不相符，主要原因為空軍供應司令部未能將中國石油公司所供應者與進口者完全劃分清楚，須待進一步之查詢云。

師友

　　孫瑞華君晚間來訪，據云在新竹中德醫院半月來之工作為整理去年存欠資料，現在已經完畢，即從事關於訂立財產帳實行新會計制度之工作，並已依據余所草擬之會計規定將格式及科目下之子目擬好，余大致看過，認為甚好，孫君云張院長意不肯將全部實際情形記入帳內，以期降低綜合所得稅之負擔云。

1 月 16 日　　星期二　　陰

職務

　　今日從事一項臨時工作，緣松山軍方之五級汽車保養廠前曾發生集體貪污案，會計長 Shamburger 懷疑其是否果與數年來之美援款無關，囑查詢該廠一向接受之美援究為若干，余以為無現成資料可考，若欲精確無訛，必須將數年來之美援軍方 CEA 及後來之 MLCA 之文件一一加以分析，至少亦須將與兵工汽車有關之各項 CEA 等加以分析，始知何者含該廠及其所占金額若干，然此又非旦夕可以告成者，在無可奈何中余今日從事將一向之 CEA 的 Project Title 加以核閱，凡可能與該廠有關者，皆將其金額寫下，以供進一步細核之依據，在開列此項 CEA 時，1952-1957 係據美援會之每月 Local Currency 情況月報而抄錄，1958-1961 則美援會只有全部之每年度總數，細數乃就相對基金收支組每月發行之 Cash Summary 而加以採錄，然皆不能證明其中必無其他單位共同使用，故此項數字亦只供參考用而已；余又因此項資料以前由張建國君主管，往詢時據云本分署無法可以統計，只有向國防部探詢之一途，然國防部主管人又不在辦公室，至晚尚無結果。

進修

早晨英文課 Mrs. Yen 又行一新教授法，將全體人員分呈若干小組，每組二人，均由抽籤法決定編號及所用題目，余抽九號，與 Rebecca Hu 對話 Sight-seeing in Taiwan，預定十分鐘，時間已過被停止，但亦有時間太多無話可談而勉強拉長者。

1月17日　星期三　陰

職務

昨日交辦之陸軍供應司令部五級汽車保養廠接受美援統計數字，原以為除向國防部美援單位查詢外無法可以核算，今日就所能得到之資料加以計算研究，竟不完全絕望，乃即加以編製，為確知各 project 內是否夾雜許多其他機關，經就 1959 與 1960 兩年度內之大數的 CEA 向總務處調閱原軍方所提之 Application 加以研討，知該項援款雖用於三軍，然裝製車輛則完全為五級廠之事，從而斷定各年度此項類似計劃幾乎皆由五級廠經手，然則統計數字雖不中亦不遠矣，此事本只是嘗試性質，嘗試之可以底於成功，由此可以證之也。昨日台灣電力公司主管配電工程會計之汪爾德君來詢，關於整個計劃未完而年度結束時，可否以轉次年度材料與應付帳款加以處理，將材料讓售其他計劃而售價用以還債，是否可行，此點若在一般盈餘器材言之，須繳回美援會，此項繼續計劃即不相同，然詢之該會，莫衷一是，余告以亦不能負責答復，但釜底抽薪辦法不妨在結帳前將材料與應付帳款先行對沖，次年度再行轉回，如此即無上項解釋上之牽掣矣云，汪君亦云然。前數日因核對石油公司與三軍補給單位之售油帳，發現空軍、海軍均不相符，以電話與雙方聯繫均無法接通，乃以電話洽國防部汪參謀瀚請其轉達，汪君下午來電話謂已與海軍、空軍兩總部主辦趙煒、王祖慶分別洽轉矣云。

1月18日　星期四　雨
職務

　　繼續對於去年查帳之國軍油料案內資料加以複閱整理，今日所整理者為空軍部分，其中最不就緒之部分即為空軍供應司令部，百孔千瘡，次則空軍總部集用場完

全敷衍了事，亦最令人不滿也。昨日所理之有關陸軍汽
車五級廠歷年援款資料，今日再度複閱後並加謄清後，
即送 Branch Chief W. B. Millman。

集會

晚飯在自由之家舉行陽明山聯合作戰研究班第一期
同學聯誼會，今日為結業八週年，恍如隔昨，時光老人
最無情也，會後聚餐，簡單而充實。

娛樂

晚飯後本期同學在聯勤總部參觀明駝劇團演出八義
圖，曹曾禧、馬莉珠主演，以外配角均尚好。

1月19日　星期五　陰

職務

今日繼續整理油料查帳案之資料，今日所整理者
為海軍與陸戰隊部分，海軍情形大體尚好，陸戰隊部
分則極不就緒，以上三軍資料俱已理好，乃就所摘
記之事項按同性質者分為一類，三軍之相同者則待
諸再度彙總，如此則查帳報告可以以事為經而以單
位為緯，不致有零亂之弊矣。本分署自華盛頓總署
改組後即未有確定之名稱，最近接獲通知定名為 US
AID/C，全名曰 United States Agency for International
Development Mission to China.

1月20日　星期六　晴

業務

上午到林務局訪總務室林慶華君，談清理林業組合

事余之立場，因時近散值，乃約其於中午在麗都吃飯，順便交換意見，決定事項如下：（1）余備函林務局聲明並請明白答復該一契約局方目的為繼續抑中止，如繼續請將取回資料仍然發還，並先付欠付尾款之一部，如中止完全為甲方之責任，請立將公費完全付清，（2）此一公函交林君批號後簽辦，俟送至林務局陶局長核批時，林君通知余再往面洽云。

師友

上午到台灣大學訪黃德馨兄，請為紹南催發已申請之分數單，據電話詢知下週可有，屆時由紹中到黃兄處取回。

瑣記

今日為戶口補辦總校之最後一天，余持戶口名簿及身分證於上午到南昌路派出所及古亭區公所分別辦訖。

1 月 21 日　星期日　陰

師友

下午，佟志伸兄來訪，閒談，佟兄在財政部金融小組服務，但據談所見財政部錢幣司及中央銀行之作風，上下交征利，有人做官，無人做事，與疇昔之聯戰班同學會席上所見之單鳳標兄所談經濟機關之泄沓作風，如出一轍，則自由中國官風之靡，可想見矣。

瑣記

數日來抽暇整理存書之壁櫥，因居台已十二年，雖因種種原因避免收藏，然官書期刊，擇要庋存，久之亦復可觀，現在加以再度選擇，凡無永久性或難於查考之

雜誌與官文書一概準備棄置或售去，如此可以減去三分
之一，所餘者即易於整理查考矣。

1月22日　星期一　晴

職務

　　上午，陸軍經理署油料組李家鵬科長來訪，談余囑
其核對之四個年度的煤油帳目，石油公司所開統計表
內容比較正確，該署所開者則因夾雜有第一類糧秣內
用油，未能分清，以致超出應有之數，又有 Fy1960 年
度最後兩個月每月六千加侖已經記帳，後又退回，統計
表內亦未減去，云云，余由其此種情形，建議其關於年
度數字應加以注意，每年除汽油有資產負債表等於決算
外，其他油類亦應作同樣之處理，並與石油公司帳目加
以核對，庶不致誤云。石油公司陳君來電話云，彼以前
送來決算表內，有溶劑油等二項誤列海軍欄內，經海軍
方面證明實為陸軍用油，余適因李家鵬科長來此，乃開
出囑其查核何時列帳及發至何單位使用云。余在電話內
詢石油公司允開送之中國政府價購油資料何時可以開
出，彼謂事忙且須先等待另一部分提供原則，余再詢其
何時可完，彼又謂能否去一公文，余知必為國防部不令
其照送，當云去年在該公司查帳時曾當國防部及經理署
兩方代表談妥本月底，究竟能否完成，彼又云須下月
中，余謂亦無不可，但必須照送，此一電話實甚不愉快
也。下午開始就一同查核 POL 之鄭學楨君提出之三軍
查帳 Findings 摘要，亦按余數日前所採之分類辦法加以
分類歸納，以便各種事項集中記於一處，然後得以性質

混和融會，以免重複，今日已完成陸軍部分之半，其中
有若干事項為其本人所獨見，另若干則與余所見略同，
故歸納時即加入余已建立之相當條目內。

1 月 23 日　星期二　陰

職務

　　繼續油料檢查工作所得資料之整理，計（1）陸軍
經理署李家鵬科長來送更正後之煤油四個年度數量統
計，已可與石油公司資料核對相符，又有兩種溶劑油及
潤滑油石油統計表誤為海軍者，亦經陸軍方面證明係陸
軍所用，當附來提單號數及收料憑單號碼等並註明由何
油池收料，送來以資證明；（2）陸軍部分資料余今日
已將鄭君與余同時工作所得之資料按其性質加入余之分
類初步資料內，已全部完畢，凡余已有之性質相同者即
合併為一，凡另具性質者則另立專條，完畢後適李科長
帶來國防部汪瀚參謀交來之該部此次三軍檢查油料簡報
副本，余乃加以核對，雖大致從同，但因該簡報資料為
李科長陪同余等查帳時自行記載，自然難免有所出入，
余乃就其所指為余與鄭君所未歸納寫出者開出，交鄭君
再與其 working paper 核對，設有記載而有重要性者即
加以補採，否則予以放棄；（3）空軍部分資料余亦用
陸軍部分之方法，將鄭君所記按性質所述，加入余之初
步資料中，因比較簡單，故費不多時即行竣事。

業務

　　晚，草擬致林務局公函，請核復林業員工互助協會
清理案之善後方式，或繼辦即先付部分經費，或終止合

約，亦請將公費付清云。

進修

　　上午，英文進修班時間為第二度之抽籤分組會話時間，余抽題目為 Fashions for Men and Women，尚能應付。

1月24日　星期三　陰

職務

　　繼續整理 1958-1961 個年度油料檢查所得之資料，昨日已將國防部所提供之通令副本內容有關陸軍與海軍部分與余及鄭君所得資料核對竣事，今日則將空軍部分以同法加以核對，其中亦有若干事項為余與鄭君所摘出之提要不同者，余仍加以記錄，交鄭君再與其 working paper 核對焉。今日接美軍顧問團來函，因據其海軍組表示意見，認去年余與楊永元君所查之馬公海軍碼頭延伸計劃所指出，如果設計時將水電設施同時顧到，則此碼頭必更理想一節殊為不切實際，希望以後本會計處查帳前應與該團主管方面有所聯繫，庶免脫節云云，副會計長在其來文上批云，請該團注意在本處發出一項與該團有關之查帳報告前，向皆先以原稿送該團關係方面會稿，此件亦不例外，此為最合理之答復，惟今後有關軍方之查帳必將多生枝節，則可斷言云。

進修

　　今日英文課仍採聽力訓練方式，由教師宣讀短篇小說，然後就其中之問題逐一詢問，以測驗各人了解之程度為如何，今日所讀為 Rip Van Winkle，此為在中學時

代即已讀過者，然其時只覺神話意味十足，引人入勝
而已，今日重聽，始細細領略其中所寓之哲學意義，
蓋人事倥傯，彈指廿載，大夢一覺，不禁感嘆迷惘之
交併矣。

1月25日　星期四　晴曇
職務

　　繼續整理 POL 查帳資料，今日為將共同工作之鄭
君所查出之事項為國防部簡報所引用，而鄭君開給余之
要點所未列者加以審訂，決定是否亦加入報告資料之
內，當由鄭君將其 working paper 查出，並交換意見，
認為重要性不大者即不加採用，國防部自行處理固亦殊
途同歸也。

1月26日　星期五　晴曇
職務

　　今日對於 POL 查帳資料作最後之整理，其方式為
將前數日所作之三軍待糾正事項分類清單再加複核，其
中由於分類標準不一以及有一事涉及二類以上者，均當
時不加詳細考慮歸入任何一類，現在細加檢討，必須加
以確定，於是發生大分類須再加整理之問題，其中最
重要者為有一類曰 Motor Pool Deficiency，係因此類問
題獨多，亦最瑣碎，不能不設一分題予以處理，但其
中有涉及盤存者，則另有子題曰 Procedure of Inventory
Taking，又有涉及透支下月用油不在本月記帳者，則
有子題曰 Inappropriate Presentation，更有以美援油之

車輛作為非美援用途者，則亦有子題曰 Inappropriate
Issuance and Utilization，凡此皆須斟酌至當，以免撰
寫報告正文時發生去取之困難焉。此次與檢查 Fy1958-
1961 油料同時實施者為 Fy1957 檢查油料報告之 Follow-
up，此一 Follow-up Report 即由鄭君另行草擬，今日交
余複閱，因該項 Follow-up 本已由去年夏季葉君作好，
多數 Recommendation 之辦理情形敘述不甚具體，故雖
已由顧問團人員會稿，又決定不發，歸併此次重新處
理，今日鄭君仍以葉君為藍本，大體上不合事實之處均
已照改，但仍有少數須再加斟酌者。

進修

　　English Center 之早課今日為最後一課，下次舉行測
驗，今日為抽籤談話，余抽 How to spend the weekend，
計三人。

1月27日　星期六　晴

瑣記

　　自到台灣以來，積存書報刊物均在西偏一間之壁櫥
內放置，愈積愈多，檢查極為不便，且壁櫥隔版之中樑
有即將彎折之現象，亟待加以清理，減輕負擔，於是自
上週起即開始加以翻檢，今日完成，包括以下各事：
（1）將存置已久之國民大會與光復大陸設計研究委員
會各項資料均移於下層網籃內，原網籃內所存之舊講義
資料均已事過境遷，並同若干舊存之自由人報與各種舊
雜誌如財政經濟月刊、中國經濟月刊、彰化銀行資料月
刊、今日世界半月刊、現代知識週刊等，均一律當作廢

紙出售，共有七十餘台斤；（2）騰出之位置另行加一
木板柱架，上面橫放一排，下面利用支柱所分之格子，
就其寬窄不同分放十六開與卅二開二種，後者並用二格
全放中學教科書；（3）紹南講義筆記亦整理分置上下。

1 月 28 日　星期日　晴
慶弔
　　同鄉周紹賢君之子今午在會賓樓結婚，余率紹彭前
往致賀，周君為在台始相識，其時甫隨流亡中學來台，
落拓之至，後在各中學陸續任教，情況漸佳，今日回
思，已近十年，然恍如隔昨也。
娛樂
　　上午，率紹彭到空軍新生社看小大鵬公演，戲目為
全部金水橋，為以前未見過之戲，由徐龍英飾唐太宗，
嚴蘭靜飾銀瓶公主，青衣唱詞極多，字正腔圓，後起之
秀也。
瑣記
　　今冬已嚴寒半月餘，昨晨溫度曾降至一、二度，報
載為四十年所僅見者。

1 月 29 日　星期一　晴
職務
　　開始寫作 Fy1958-1961 POL 查帳報告，首先與鄭
君討論分工合作辦法，余將數日來所分析之初步資料提
綱交其研閱，詢以分類是否精當，並請酌定其認定分
寫何段，彼閱後深為首肯，並照余意開始寫 Motor Pool

Deficiency 一段，此段恐為分段中最長之一段，因其中包括近二十個子題也，在寫作中間鄭君詢如有其中一個子題含有一、二十個單位者，則所定之方式用括弧將所含單位註明一節將累重不堪，余亦云然，簡化之方一為將各單位一律用簡稱，另在報告後之附錄內將其全名與簡名列一對照表，二為將各種共同性之缺點列成一表，縱標為單位名稱，橫標為最多種之缺點，在格內將有關單位一一勾出，庶可避免一再提及某一單位，亦可不必在括弧內多所引註，鄭君亦云然，但詳加分析後又發覺各種相同之缺點，往往又同中有異，故此法能否有用，尚未決定也，至於余之工作，為開始寫作首段 Funding and Procurement，就用款與向石油公司交易情形加以簡要之敘述，至晚尚未完畢。

進修

英文課已結束，今日為結束測驗第一天，係用錄音機讀一種教材，就預發之題紙上的三項圖畫擇一相一致者，另讀一項說法就題紙上三項文句擇一相為一致者，測驗成績極不佳，聞多人皆然，或因錄音機之故。

交際

國大黨部小組同人共送尹葆宇同人赴南美任公使，到十一人，談笑甚歡，由組長趙雪峯召集並辦理。

1月30日　星期二

進修

英文班所用課本 *American English Reader* by Grant Taylor 已於今日由該班收回，此書共十二課，即（1）He Saw

Texas First,（2）The First Thanksgiving,（3）The Legend of Sleeping Hollow,（4）The Louisiana Purchase,（5）First Across the Continent,（6）Seeds for the Future,（7）Better Known as Mark Twain,（8）The Wizard of Menlo Park, （9）From Slave to Teacher,（10）Man in Flight,（11）The End of the Shenandoah,（12）Wings Across the Atlantic，除末二課係自閱外，其餘十課皆經精讀並在課堂輪做練習。今日舉行第二次英語測驗，完全為了解能力之試驗，計共有一百題，其方式為每句之後半段看三個句法，任擇其一以完成此句，亦有在句中或句首者，方式大致相同，預定時間為六十分鐘，事實上三十五分鐘即予做完，余係第二繳卷者，各題並不感覺困難，有數個特殊者如下：（1）lunch hour 或 hour of lunch，余選前者，（2）a guest of hotel，不用 passenger，（3）City boundaries 不用 limits，（4）rain 不用 rains（名詞），（5）If it is，不用 If it will be，（6）Of whom is that 或 Whose is that，余選後者，（7）Did you have traveled... 與 Have you traveled，余選前者，實應為後者始無語病也，此外皆可肯定無誤，此次測驗之較易於昨日之聽覺測驗，完全在於一向學習之習慣重讀寫而輕聽與講，其實難易何在並無定論也。

1 月 31 日   星期三   陰

職務

　　續寫 POL 查帳報告，其第一段 Funding and Procurement 本擬平鋪直敘，不致太過費時，未料寫至第四年之用款與購油數量表時，對一項本已存在問題發生新的問題，此問題即 Fy1961 年度之採購原至去年六月底之需要量為度，但在年度終了時因 1961 年度款有餘裕，軍方乃將 Military Local Currency Authorization （MLCA）作最後之修正，增加八千五百萬元，用於 1962 年度七至九月份之購買，此一階段不在此次查帳範圍之內，而撥款則又不在範圍之外，去取之間，甚費斟酌，且數月來所查資料皆截至六月底為止，只有相對基金收支組所記有此數目，當時余所記數量並無其他來源資料足資核對，於是乃將所記之數量金額加以核算，將用以加入年度之內，於是乃發現數目有誤不能折合，初步推定其中有一項數量可疑，乃以電話詢問相對基金收支組，得知余所抄之該筆數量有一「4」字誤為「0」字，改正後仍加折算，依然不符，但用倒算法求出此一差額所代表者，恰為一筆數量與上月相同而本月則漏未開入，為求證起見，以電話向經理署油料組核對，果然不出所料，於是乃確定此一錯誤加以改正，始將 Fy1961 之數量金額得出包括 1962 年度首三個月數之總數，此一波折充分證明查帳範圍在查帳時必須先訂，不可依違兩可，詳略互異，迨補救時即煞費周章矣。

2月1日 星期四 陰

職務

繼續寫作 POL 查帳報告，已將其中最重要之一段寫完，此即全文 Findings 之第二段 Storage and Its Recording，在數日前整理資料之時，初步分類十餘項，內有數項名曰：Accounting Technique、Inappropriate Presentation、Book and Physical Inventory Contrasted、Inventory Taking 等四段，為減少分段之太多與散漫，乃將此四段整個加以融會，力求精簡，變成如現在之一大段，但終因內容太繁，儘量刪繁就簡之結果，仍然分成十小段，其中關於變成子題之 Inappropriate Presentation 與 Inventory Taking 二大段，則為敘述方便，其下仍然各分五、六小段，故綜合言之，內中所含要點實極繁複也。

交際

今年元旦余因公假數日未往辦公，致未將對本辦公室內之外籍人員致送賀年片事加以注意，數日前接會計長 Shamburger 舊曆年賀年片，原擬外出買印就之可以填名者填復，但到市上蒐購數日，只有中文卡片，全無附有英文者，即擬作罷，今日又接稽核組長 Millman 之賀年片，則除其簽名用英文外，其餘全為中文，乃引起余將就使用元旦所印中文賀年片之動機，於是在姓名之側用筆加寫 Mr. & Mrs. Y. H. Wu 字樣，分別郵發，計除上列之兩份外，尚有副會計長 A. W. Tunnell，稽核 O'Brien 及 Martin 二人，又 Financial Review Branch Chief Martindale 等共六份。

2月2日　星期五　晴曇

職務

　　續寫 POL 查帳報告，今日為全文中 Findings 第三段，"Safety Level"，此一問題之重要性特大，而又具獨立性，故特立專節。緣三軍油料各有最低存量亦即安全存量之規定，其目的在使各補給單位以至受補單位之存量不問任何理由，均不得低於此一標準，故又有稱為戰備囤量者，其實其本意並不完全相同，由於安全存量計算方式之常有變化，補給法規之未能及時修訂適用，於是各單位對此一問題之處理極為分歧，此次出發查帳余對此點特別加以注意，因而所獲資料頗稱豐富，然頗多性質極為近似，故歸納後只有三、四類，其一為安全存量之記載方式極不劃一，最重要者為三軍油料月報表上之結存量有包括安全存量者，有不包括安全存量者，而表上所設之安全存量專欄，亦有登記者，有不登記者，如此上層單位據以統計之收發存總表，並不代表實際之結存，其二為各單位結存常有在安全存量標準以下者，或將安全存量劃開另記，其經常用油結存表現紅字者，皆為動用安全存量之明徵，其三為有的單位需要急遽增加，而安全存量依需要天數計算，應增而未增者，等於無形中相對的降低焉。

交際

　　本會計處會計長 Ray 在辦公室請全體用糕點及咖啡，表示祝賀舊曆新年。今日又接 O'Brien 與 Martin 之賀年片，並補發一份致 Ray。

2月3日　星期六　陰
家事

因紹彭之五年級老師王聖農君寒假為之補習，而此事又由王君自動提起，不便送錢，乃於晚間與德芳往訪，面贈最近國民大會由中本配給之衣料三公尺，以表酬謝之意，王君談紹彭之缺點並非智力不夠，而係注意力不夠集中，此言甚為中肯，余與德芳對於此點之糾正面託王君不必多所顧忌云。今日為舊曆除夕之前一天，上午則照料瑣事，首先至光復大陸會支取該會新奉准之一二月份開會費每月 160 元，此外並為紹因、紹彭修理錶及原子筆等。

師友

上午，逢化文兄來訪，談韓華斑兄託其轉告，渠赴台中度歲，彼此不賀新年，請勿徒勞往返。有數處賀年片在新曆年發去者，於日來答復。

2月4日　星期日　陰
瑣記

本日為舊曆除夕，諸兒女均放假在家，助德芳料理飲食，夜飯凡菜十色，但皆因胃口有限，容納甚少，德芳胃疾雖未發作，但極脆弱，稍有多食，又致不適，晚飯後發壓歲錢，每人五十元。近來記憶力減退，又有新的記錄，前日為尋找去年十二月開會方始領到之光復大陸設計研究委員會委員證，遍翻可能之處所，終無結果，今晚為開列明天拜年名單，憶及前日曾詢來之劉振東氏住址及周天固兄現在住址，始知前日曾將所開一項

記錄地址單以無用處而撕毀，正是此項紀錄，幸能以他
法查出，否則又多所周章矣。

2月5日　星期一　晴
交際

　　今日為舊曆元旦，雖有五星聯珠及日全蝕，而天朗
氣清，惠風和暢，為十年來罕見之好天氣，上午出發賀
年，先到黃德馨兄家、廖國麻兄家、邵光裕兄家、張中
寧兄家、吳先培兄家，然後到會賓樓參加同鄉團拜，
一時相遇者數十人，約十五分鐘辭出，再至曹璞山兄
處、王德垕兄處、任公放先生處、田子敏兄處、周天固
兄處、徐嘉禾君處、冷剛鋒先生處、趙榮瑞君處、楊紹
億兄處、余井塘先生處、逢化文兄處先後拜年。下午先
在比鄰各家計姚冠午、林石濤、王一臨、汪焦桐、邱洪
廷、周靖波、許有勇等家，再至曾明耀、鄭旭東兩家，
內鄭旭東兄已移居，新址不詳。乘火車到新店拜年，計
到崔唯吾先生家、叢芳山兄家、孫典忱兄家。又到大坪
林劉振東先生家。回台北後又先後至王聖農、李公藩兩
家。今日來拜年者首為邵光裕兄，此外余均未及面晤，
計有鄰居之姚冠午夫婦、許有勇夫婦、王一臨及其女與
婿張永鎮、林石濤、邱洪廷、汪焦桐、周靖波等、另有
曾明耀君、佟志伸兄、吳先培兄、于政長君、冷剛鋒
氏、黃德馨兄、王聖農夫婦、李公藩夫婦、王德垕君、
楊紹億兄、陳崇禮李德乾夫婦、趙榮瑞君、孫瑞華君、
徐嘉禾兄、蘇景泉兄，及由新竹來北之吳治檢察官等。
今日在趙榮瑞君家時，談及其夫人將訪鄧仁德大夫為更

年期之檢查，余告以甚熟，趙君即託余為寫一片介紹，
又趙君贈余印製精美之意大利藥廠所印日記本。

2月6日　星期二　晴

交際

　　上午，同德芳出發拜年，先到舒蘭街尹合三家，後
到松江路張景文兄家，然後趕赴中和鄉，余一人往宋志
先、于永之、佟志伸諸兄家。又同到附近之樓有鍾兄
家。今日來拜年者有樓有鍾兄、原振家先生、田子敏、
廖國麻、王崇五諸兄，又李德民君、廖毅宏夫婦、尹合
三夫婦、王景民夫婦等。答拜蘇景泉兄。

家事

　　中午，同德芳到姑母家拜年並吃飯，姑母因忙碌過
度，胃病又發，殊為可慮。晚飯，七弟瑤祥夫婦來拜
年，並抱持其初生之姪女紹曼同來，去時並贈其數月前
所生小貓一隻，轉給其三重埔鄰人。

2月7日　星期三　晴

交際

　　今日來拜年者有周叔明女士、原都民夫婦、張中寧
夫婦等。晚與德芳到和平東路答拜廖毅宏夫婦，不遇。
日間德芳到大崎腳答拜原振家夫婦，並贈水果，又往拜
王文甲夫婦，余因辦公未往。新年來附有餽贈者有馬麗
珊夫婦贈餅乾及水果，孫瑞華君贈餅乾糖果，周叔明女
士贈肉鬆，七弟贈餅乾糖果及高粱酒，姜慧光表妹贈餅
乾；贈出者有由德芳答拜陳崇禮小姐送餅乾糖果，又以

酒及年糕送姑丈。上午開始辦公，並一同到美援會稽核組與會計室拜年，稽核組並有多人前來答拜。中午本分署稽核組同人在中國之友社聚餐，並歡送徐松年君調往 Financial Review Branch 任職，不料徐君因事及事先未能同往而未到。

2月8日　星期四　晴
職務

續寫 POL 查帳報告，今日寫 Administrative Supervision 一章，此章之內容在舉出各單位對於其所屬之消耗表與汽油證明單之不加細核，不加監督，久之形成任意填報之狀態，而益不可究詰矣。

家事

晚，欲為紹寧補習其在校所學之英文法，將其所用之書「英語語法概述」verb 一章加以翻閱，發現所採方式完全形同填鴨，且其中所舉例句又生字極多，聞編書者為一女中教員，此書教材或全係為應付考試而作，若純為學習語文，則如此資料恐不易為學生所消化，況以中文解釋英文，詰屈聱牙，尤其餘事耳。

2月9日　星期五　晴
職務

POL 查帳報告余今日全部寫完，今日所寫為最後一段， Non-availability and Inadequacy of Records，寫一軍部與一師部之帳簿憑單保存不全者，此段比較簡單。與鄭學楨君整理 POL Audit Report 之 working papers，

此一段時期所獲資料特多，計裝訂成九冊之多，其中第
一冊為 Program 及國防部，相對基金收支組與石油公司
所得之綜合性資料，以及海空軍已經呈復國防部認為已
經執行之資料，第二冊以下分別陸海空軍三部分各按其
單位排列，此項單位以具有補給責任者居前，使用單位
居後，每一單位將余與鄭君所得資料合併計入，遇有重
複而又較占位置者則淘汰之。

2 月 10 日　星期六　晴

娛樂

　　下午，同德芳到三軍托兒所看復興戲劇學校公演，
戲目為鴻鸞喜、楊排風、虮蜡廟，楊排風由崔復芝飾
六郎，毛復奎飾焦贊，張復華飾楊排風，此為一武旦
戲，須踩蹻全武行，演來極純熟，虮蜡廟角色極多，
主角為張復建之黃天霸，葛復中之褚彪，林復琦之費德
功，曲復敏之施士倫，配搭甚為勻稱，尤其以葛復中之
褚彪之做派極為老練。

瑣記

　　乘暇整理書櫃，主要為將同類者放置一處，以便檢
索，此所謂同類係指英文中文等區別而言，又為存置之
方便計，將二十四開者均擱於上層，三十二開者最多，
則上下皆有之，又全部高初中教科書，則包括紹南、紹
中、紹寧所用，均按高中及初中將其照六類劃分，即國
文、英文、史地、自然、護理、公民。

2月11日　星期日　晴有微雨

交際

　　下午同德芳到和平西路王崇五家，及中山北路原都民李德修夫婦家答拜新年，均未遇。原小姐本在去年為紹南介紹在美一青年與之相識，但該青年久久未踐約赴華盛頓一行，此事本應與原小姐面談，因未遇而欲留字，但以措詞不易，且德芳前數日曾到大崎腳向原父提過，彼自然亦可知之，故留字之事即作罷焉。

家事

　　紹寧只有一個學期初中即行畢業，亟應複習中學功課，以便投考，余自今日起將其所用之沈亦珍編英語複習指導後半本文法部分為之每日複習一課，共三十課，預定一個月可以完成。

2月12日　星期一　雨

職務

　　今日複閱並修正一月以來所作之 POL Audit Report，已竟其半，今日修正之點如下：（1）鄭君所寫之 Scope 一段，只有時間地點與接觸之人員等項，余因此項查帳重點亦應說明，故又加入 Work Performed 一段，註明重點為了解此案內之 procedure 全般情況，至於數目方面則全採抽查方式焉；（2）Finding 第一段 Funding and Procurement，將付款數字再加核對，以免錯誤，又將買油單價與石油公司所送之價目變遷表加以核對，發覺石油公司未開 Navy Special Fuel Oil 在 1959 六月之單價，然因付款憑證上曾有顧問團簽證，故亦不

再續加研究；（3）Storage and Its Recording 一段標題改用
Stock Keeping and Accountability，並加十小題。

2月13日　星期二　雨
職務

　　昨今兩日複閱一月來所寫 POL 查帳報告，今日全
部閱完，並依據 Findings 寫 Recommendations，凡十一
項，此因 1957 之 POL 查帳報告有 Recommendation
近百條，係按每單位每一事用流水帳方式列出，當
局認為應加改善，故此次盡量加以融會壓縮，而將
Recommendation 減為十一項，雖其中有情形相近者變
成一大項中之數十項，然縱將此項小項加計亦只有二十
項左右，故去取剪裁之間實已盡最大努力，又今日核稿
時，其中有數段為同時工作之鄭學楨君手筆，瑕瑜互
見，重要處已加以潤色，鄭君乃初次參加寫作，成績已
屬不惡。

2月14日　星期三　雨
職務

　　今日為 POL 查帳所寫之 recommendations 做最後
之審訂，加註頁數，即為完稿，交共同工作之鄭學楨君
亦予過目，以便交卷，其中占篇幅最多者為 Findings，
在卅四頁內約占三十頁，照一般報告之款式，不列正
文，作為附錄，而正文內只寫 See Attachment - Audit
Report - Details，後因正文內此點太過簡略，乃採鄭
君之意見，將 Findings 加記要點於正文之內，其文曰

"Headlines of findings are as follows, for details please see Attachment..." 以下即將 Findings 之全部子目列入焉。與靳綿曾君開始一項特殊調查工作，即基隆路五級汽車保養廠購料收取回扣，經軍法機構判處徒刑，該案內牽涉者是否有美援款項在內，至今尚是疑問，本分署數次函該項美援主管之顧問團，該團一再表示依國防部表示此案之回扣不涉美援，但報紙則一再表示不同，於是乃決定專案予以調查，以明底蘊，今日余與靳君開始此一調查工作，首先於上午到顧問團訪 Assistant Chief of Staff R. O. Lehtonen，彼不在辦公室，下午再往，始得相晤，據云須與陸軍組主管查詢，乃著其 Operation Section 之 Lieutenant Colonel Denton 偕同到陸軍組訪主管人 Colonel Oliver，此人亦無何資料，但靳君與余詳細解說查案目的與所需資料，彼又介紹兵工部門之顧問 Rothman，並約定於明日再行往訪。今日所訪三人雖未得任何資料，然均充分表示合作，予人以良好印象。

2月15日　星期四　陰
職務
　　繼續進行汽車基地勤務廠收受回扣案之調查事宜，上午同到台糖大樓訪兵工顧問 Rothman，承將其文卷出示，除近二年之兵工汽車美援計劃文卷外，謂以前年度者在陸軍 Oliver 辦公室（昨日曾訪，謂亦為舊卷），並無有關回扣案之全部資料，只有一件原定標購帆布作汽車墊改為用泡沫橡膠一案，不能斷定有無回扣案相同之計劃在內，經將內容照文卷摘錄而回。歸後與 Audit Chief Millman 研究進行方式，決定下午再訪該勤務廠再作道理。下午到顧問團訪負責聯絡本案之 Denton 不遇，決定先到該廠訪問，至則先訪顧問 Beale 與 Ward，彼等亦無兩年前之文卷，詢其在廠之任務，謂只注意其 Stock Control，當由聯絡官往詢此一方面之職員，謂均在開會，須三點半始返，當約定請其聯絡後明日電話通知再來，余詢 Beale 該項有關美援採購之程序，據云發包與驗收均不經過顧問，彼等只知在驗收時有許多人參加，而不知其為誰何，訂約時彼只接副本，以備查考而已云。訪該廠廠長雷穎，詢其採購程序，經其簡略說明，謂一切發包皆經中信局辦理，國庫十萬元以上者亦然，驗收則有審計部參加，至於該項舞弊案之文卷皆呈送上級，詢以 Stock Record，則謂請原諒其立場，須有上級通知，始可供閱，態度和藹，而實拒人於千里之外，然又無懈可擊，雷君透露該廠百分之九十九為美援，則國防部謂此次舞弊案不涉美援，豈非不攻自破乎？

2 月 16 日　星期五　晴
職務

上午，與靳君繼續進行汽車基地勤務廠回扣案之調查工作，首先到美軍顧問團訪負責聯絡之 Denton，告以昨日之訪問該廠顧問 Beale 與 Ward 之經過，並謂將往該廠查核有關資料，渠即謂當通知國防部主管方面通知該廠。此案至此為止，可謂毫無進展，完全在公事接洽方面兜圈子，於是報告本組 Chief Millman，認為進

行困難，似乎非透過國防部無法取得任何資料，並主張
先能取得此項判決書副本，庶乎由其所採事實理由方面
得知究竟因何項交易而取得回扣，並請 Millman 以電話
問本署法律顧問 Scott，採何途徑可以取得，此君完全
無何方法，指向美援會，Millman 乃囑余等往詢該會代
理第四處長瞿永全，瞿主張向軍法、司法二方去函索
取，並通知稽核組主管趙既昌，余等再訪趙君，彼認為
可辦，又須本署對該會先行去文，於是又入踢皮球之窠
臼，蓋彼所採方法完全迂遠而不近情理也。日昨該廠顧
問 Beale 曾謂將於今日洽廠方提供 Stock Control 之資料
供余等檢查，今日來電話云廠方表示一切資料均已送至
上級，如能知何批物資有問題，當可按此以查核 Stock
record，而此正為余等所欲知而未知者，今彼要余等提
供，真不知所云。至於顧問團 Denton 方面，下午又來
電話，謂國防部未有正式文件來述此案，又有國防部某
主管來電話，謂因 Denton 電話謂本署查帳，特詢余等
姓名，將公文下達，而 Denton 亦有電話謂廠方請其等
下星期一到廠檢查云。

2月17日　星期六　晴
家事

本署職工聯誼會舉行陽明山遠足，余因事不能往，
德芳則昨日臥病，今日始漸愈，乃著紹中、紹寧、紹
因、紹彭同往，至下午方歸，據云杜鵑盛開，櫻花初
放，紅梅亦點綴期間，暗香襲人，惟山上氣候稍寒，台
灣數十年之冷天，今冬為最，入春本已轉暖，然數日來

又有寒流來襲，故市上仍皆著冬衣云。下午，姑丈來為
新春探視，並贈餅乾之屬。

業務

上午，到林務局訪林慶華君，林君為余介紹其新任
職工福利委員會總務股長周澈甫君，據周君談林君所簽
辦之余去函要求解決七年前所訂清理財產合約事一案，
因其總幹事（新任）邱文球出差未返，故尚須下週始
可辦理，余當將其所未了解之案情加以說明，並告以曾
面向其局長陶玉田交涉，承允早日交辦，稍遲無妨，但
不欲拖延過久，云云，談竟林君與余再度交換意見，據
云該會第一次簽註意見為無案可稽，顯然為希圖推託之
意，余對此初甚起反感，該會與余亦非一日之聯繫，何
得如此表示，繼思此乃官場之慣調，亦即一笑置之，周
君亦面稱此事應由局方解決，蓋既為懸案，亦難怪彼等
感覺困難也。

師友

高注東兄之長女高淑珍前來拜年，渠在師大附中任
教，欲出國而苦無途徑。下午有山東濟南李炳麟君來
訪，謂係政校同學，因路過知余為同鄉校友特來拜訪，
閒談正在海事專校任課，長在基隆，余查同學錄此君為
中央幹部學校教職員，但未印有姓名以外之事項，殊可
異也。

2 月 18 日　星期日　晴

師友

中午，高注東兄來訪，並留午飯，高兄現仍住屏

東，舊年後因事來此，據稱住在國父實業計劃研究會，環境安靜，適於休養云。晚，蕭繼宗兄來訪，現任教於東海大學，並任中文系主任，年來頗有著述。

娛樂

下午，率紹寧到國都看電影「緣訂三生」（Susan Slade），由 Troy Donahue 與 Connie Stevens 合演，故事甚為動人，富於濃重之人情味，為難得一見之良好文藝片，華納兄弟公司出品，色彩絢爛，表情動人，最佳者為音樂，全片為古典樂及小提琴小品樂，雅致之至。

2月19日　星期一　晴

職務

上週由美軍顧問團與國防部聯繫，定於今日開始到汽車基地勤務廠查帳，今晨乃與靳綿曾君同往，先訪廠長雷穎，適駐廠顧問 Beale 少校亦在，廠長已先知此事，當即聲明因已奉上級通知，廠內有關資料皆可供檢查，當詢此次軍法局所判之案涉及廠內人員舞弊者必在判決書內詳述，請檢一份供閱，彼即謂此案雖已宣判，然廠方未接判決書，於是乃依雷廠長之計劃到存量管制室與鄭主任晤面，鄭主任表示充分合作，當將出示以及面告各情一一提出，綜合如下：（1）此項舞弊案完全在所買汽車器材驗收時入倉前所為，存量管制室人員均不涉及，其法為在辦理驗收手續以後即行退回包商，包商數日後仍用同法朦混，藉以騙取款項，其目的為套取頭寸，迨全部繳清後亦即無短欠之事實，故良久不發覺；（2）此項案件發生後，該存量管制室曾應駐廠顧問之請，將各有關此案之資料，由計劃申請以及訂約交貨入倉等過程均一一查明加以開列對照，此表甚費若干時日，惜此事經辦人請假，須明日始來，屆時如有底稿即可供參考；（3）有關舞弊之各項 application 均在 Fy1959 與 Fy1960 兩年度內，當時由鄭主任將 1959 及 1960 之各項文卷取出，並將 1960 之中央信託局號數查出，至 1959 明日再行補查；（4）鄭君謂此次弊案均為美援，無國款在內，此與去年國防部函顧問團謂無援款在內大相逕庭。下午調閱 1960 年之各項本署所有文卷，又訪顧問團 Denton 中校，但未遇。

2月20日　星期二　晴

職務

上午同靳綿曾君到汽車基地勤務廠，繼續查核該廠購料舞弊案之資料，昨日該廠存量管制室主任本謂有關之資料曾於去春製成詳表送駐廠顧問，因原製表人未在辦公室，有無底稿須今晨始知，今日此主任即謂無存底可查，並謂昨日所開之 60 年七個計劃內並非全有弊端，只為該年度內之零件性質者，故特加列出，但詢以其他計劃亦有零件，此七個究具何特性，則又支吾其詞，其實昨日彼斷言此七件即為有問題者，余與靳君皆聞之，想係余等歸來後，該廠內部檢討結果又以為暴露太甚，乃又為彌縫之計耳，無已，乃將其所謂 Fy1959 與 1960 兩年之全部計劃金額與靳君抄錄後，即行辭出。再訪顧問 Beale，渠到此不久，舊卷一概不知，詢供職較久之聯絡官李君，初不知有無，移時謂問過存量

管制室無有存卷，而 Beale 又再度謂如知係何一契約有
問題當易檢查，倒果為因，可謂糊塗，乃於不得要領中
辭出。下午，本組 Chief Millman 因見報本案商人部分
於上星期五宣判，囑訪法院查詢，乃與靳君訪地院院長
陳宗皋，說明來意後，彼云因政府不同，希望不直接授
受，乃決定轉由美援會人員前來索取判決書，並謂如須
閱卷，則移由該會正式函司法部轉知，因此等事無案可
據也，乃歸訪美援會趙既昌組長，彼云即行往索。又同
訪顧問團聯絡人員 Col. Denton，請轉向國防部軍法局
索閱軍方判決書一份，以資參證云。

2月21日　星期三　晴

職務

汽車基地勤務廠之查案事，今日因等候資料未能進
行，以所餘時間進行一項臨時工作，此即衛生組所擬退
除官兵職訓計劃結束總報告內，所應包括之撥款情形，
該組送請本組填列，余今日根據美援會所編之歷年計劃
與查帳報告統計加以填列，因須對於數字加以核對，故
費時頗久，至晚始完成。

參觀

晚同德芳到第十信用合作社參觀社會服務處所辦手
工藝品展覽，出品不過十餘家，包括刺繡、插花、草帽
等，以某社之車繡為最出色。又到中華商場參觀工業新
品展覽，此為第二期，易塑膠為紡織，中華出品呢絨及
三花毛巾，為場中較好之出品，參加廠商並不甚多。

2 月 22 日　星期四　晴

遊覽

今日為華盛頓誕辰，休假一天，上午九時與德芳乘公路局班車赴陽明山游覽，車至中正公園為止，下車步行至後山陽明公園，徐步再至陽明瀑之前面休息並點心，然後折至公路上升至森林公園，原以為可以登至瀑布高處，行一、二里仍在林內，且發現並非一個山頭，乃折返，徒步回至汽車站午飯後，乘車回市內，前後計盤桓五、六小時，德芳與余均不覺倦，可見體力並無若何退步也。

師友

晚，蘇景泉兄來訪，閒談，據云最近逝世之胡宗南氏，生活清苦，公忠體國，為外間所不知，由此次治喪始使一般社會知其真相云。

2 月 23 日　星期五　晴

職務

今日將前日所作之歷年 Retired Servicemen Industrial Training 有關用款及查帳情形表再加修訂，緣其中所列之已經查過部分大部分為余數年前所查，但表內所列係根據美援會所編之表冊，其中有的查帳報告號數頗為生疏，經將報告原文加以核對，始知係屬另一計劃之 Industrial Training 者，顯然張冠李戴，乃加以刪去，又前日所列之表無 Report Rating 一欄，今日亦特為加入，俾資完備。前日趙既昌君允到法院洽取有關基隆路汽車基地勤務廠購料舞弊案之判決書，迄無回音，

今日以電話相詢，謂已晤及陳院長，渠意仍須美援會
有簡單公文，且判決書尚未完全印就，故尚須略待始
見端倪云。

瑣記

數日來為購買茶葉甚費周章，緣舊曆年前曾在此間
老字號全祥買每兩六元者，歸試尚不及前兩年所買三
元者，年關在火車站又試一家，亦每兩六元，貨亦相
略，比前所買三元者亦大為不如，可見暗中漲價，非
同小奇也。

家事

下午到姑丈家約姑丈姑母及表妹姜慧光及其婿隋錦
堂後日到寓吃春酒，姑母患氣管炎甚久，近始就醫略
好，故未能於燈節前舉行云。

體質

自去年發現體重超過七十公斤，即儘量節約肉食，
並減少分量，然對於糖食蛋奶等則照常，頃再試重量，
以為可跌過七十公斤者，竟反增至七十五公斤，可見尚
須更進一步也。

2月24日 星期六 晴

閱讀

讀二月份 *Reader's Digest*，載 Paul Friggens 所作 "The
Boy Who Walked to America"，描寫一黑人青年 Rayira，
步行二千五百英里過非洲全境而轉至美洲就讀大學，並
以改善其祖國 Nyasaland 之文化與經濟生活為己任，此
事雖大部分由於美國新聞處之協助，然最重要者為其

毅力與決心，幾乎不名一文而跋涉兩洲，乃此時期之
奇蹟也。

時事

　　晚余與德芳甫在談論明日宴客事，聽廣播之諸兒女
告謂今日下午胡適博士在中央研究院在院士會議後之酒
會終了時，因心臟病突發而去世，當時聞訊極感悲戚，
此為在時人中而素不相識者之唯一聞耗而發生感情者，
蓋亦胡適博士在文化上貢獻之偉大所使然也。

2 月 25 日　星期日　陰微雨
家事

　　今日已為舊曆正月二十一日，余與德芳每年照例請
姑丈姑母來家喫春酒，今年因姑母有病未愈，近日服
藥始行就痊，乃約於今日午飯，所請尚為表妹婿隋錦
堂，表妹姜慧光則未到，另約七弟瑤祥夫婦亦來此。

2 月 26 日　星期一　雨
職務

　　續作一篇應主管業務部分之請對其所作 Project
Completion Report U-515 內 Financial Summary 一段所
供之資料，此為 RETSER East-West Highway Project，
因前後無範圍上之變遷，故數額雖大，然比之日前所作
之 RETSER Industrial Training 一段則較為簡單。美軍
顧問團送來與國防部往來文之抄件二份，其中去文為顧
問團所發，謂關於 Auto Base Depot 舞弊案雖接國防部
函謂無美援款在內，但報紙喧騰仍然有美援在內，由於

個人接洽詢問未有結果，請函告詳情，國防部復文則謂此案舞弊內容為對於勾結之商人洩漏招標之規格等，以便利其早作存貨準備，並增加限制與罰則等，使以外之商人望而卻步，至於購買手續由中信局招標均能低於市價，故美援款既無何 loss 亦無 bearing，但信內並不再謂無美援款 involved，故措辭極為巧妙，然最重要者為以不復堅謂無美援在內，而提出新的見地，以為自衛地步，信內又謂此案之具體資料則因尚在複判期中，有關機密，恕難奉告，云云，此兩文交余與靳君簽註，當由靳君主簽，謂該廠廠長自謂政府款不過占其全部百分之 .28，則大宗採購焉有不用美援之理，又國防部對於顧問團之保密態度超出雙邊協定之義務，是否有當，應請本署之法律人員簽註意見云。下午，代理會計長 Tunnell 向靳君及余表示此案查帳工作應加緊進行，但所談方式則於實情誠多隔膜，解釋良久始略有概念。

2 月 27 日　星期二　雨
職務

依據昨日副會計長 Tunnell 之意見，今日與靳君到財務署相對基金收支組，查核有關汽車基地勤務廠購買零件付款情形，首先調閱 1959 及 1960 之各有關計劃帳冊，據稱帳內所記均另有憑單，惟該組所保存者只為副本，其正本在帳務審核處，正本之後附有契約及發票驗收單等，經與靳君分別將 1959 與 1960 兩年各計劃付款逐筆抄下，至午尚只及其小半，58 年以前者尚不在內，歸報 Tunnell，彼云只須擇其中數筆再進一步核對其憑證及驗收與入倉之記錄等即可，余詢以將如何進一步對出與本案舞弊有關之帳項，彼云目前不必汲汲，只待先將程序方面查明，再行研討即可云。下午乃放棄繼續抄錄之工作，依 Tunnell 之方案與代理本稽核組 Chief Martin 及靳君同到聯勤帳務審核處，調閱憑單與單據，因次序太亂，良久無何結果，經將所擬核對之月份告知，該處乃謂將於下午一一查出，改於明晨續查云。辭出後同往兵工署訪其丁副署長與一般補給組組長探詢其採購程序，並就在帳審處所見之甚多採購合約交貨地點並不在該廠本身，詢其有無單為該廠而作之統計數字，據云交貨等事均在廠內進行，一切以廠為主，不問交貨地點為何，凡本計劃內者均由該廠負責處理並記錄云，余又詢以付款與收貨二事在收支組與廠方成為截然二事，欲加以聯結核對，須在署方為之，彼亦不否認此語之正確性云。

2 月 28 日　星期三　陰
職務

　　上午，同靳君到中和鄉聯勤財務署帳務審核處，查核有關汽車基地勤務廠之付款憑證，至則該處主管科已將預先指定之有關憑單完全檢出，余等本擬擇其中 1960 年度內一個 MLCA 內之一個月份的支付情形加以記錄，但因採購付款每一契約往往須跨數月之時間始能完成，乃改擇其中契約之自始至終可以全部追尋者抄錄，於是余與靳君各先擇一工作，乃對於其中有關憑單與單據之要點不厭其詳的加以摘錄，包括憑單之日期與

簽蓋人員，合約之日期、品名、數量、交貨日期等要點
與案內人員、發票之日期、驗收單之有關機關人員職銜
等等，目的在可憑以進一步的再向勤務廠之存量管制
室核對卡片，由於此項內容太過瑣碎，無法迅速的抄
好，故至午尚未能各完一個契約，本定於下午再往，
但代理 Branch Chief Martin 須向代理 Controller A. W.
Tunnell 報告經過，囑在辦公室守候，於是整個下午未
能有所動作，直至下班時止，亦未聞有何動靜，真不
可思議之甚也。

瑣記

　　自寒假起於為紹寧複習英文法，所用書為中華版
沈亦珍著複習指導，每週四次左右，今日為 Verb 之最
後一課，研究 Subjunctive Mood，此為最為繁瑣之一部
分，余因平時寫作除 recommendation 有時涉及此種之
用法外，其他語法亦少用此一 mood 者，故亦感覺生
疏，幸紹中較熟，在旁為助不少。

3月1日　星期四　雨
職務

關於汽車基地勤務廠舞弊案因等候副會計長 A. W.
Tunnell 進一步如何進行之決定，直至今晨始繼續動
作，今晨代理 Audit Branch Chief Martin 轉述其意見，
謂即就昨所抄之一部分支付內容，向有關單位進一步調
查其收貨與記錄情形，此事目的在得悉其一般之程序，
至於舞弊案本身不能依此法而查明，究應如何處理，應
俟與代理署長 Shamburger 會計長商洽後再作決定云。
余與靳君本此開始進行，首先至兵工署，全日均就該署
所存資料之與預抄數筆帳項有關者，就該署文卷加以檢
查記錄，記載不厭求詳，其目的在據以作進一步接收入
庫之張本云。

3月2日　星期五　晴
職務

上午，同靳君到汽車基地勤務廠檢查卡片，此為
Acting Controller A. W. Tunnell 所指示之查帳工作之最
末一個步驟，所根據者為其所指定之 1960 年度內 0143-
312 計劃 Part 3 與 Part7 兩個 Part 內計三個 contract，
由前日在帳務審核處昨日在兵工署所得資料，進一步核
對該廠實際入庫登卡情形，靳君二個 contract，物品簡
單，移時即畢，余則有十七項物品，陸續集十七份卡
片，加以料號有錯誤，故近午始竟，由收到日期上見一
切平常，無懈可擊。下午與靳君將數日來工作情形面報
今日銷假之 Branch Chief W. B. Millman，謂此法不能查

出如何納賄，彼即謂將工作暫告段落，寫一 memo 送
閱云。

交際

胡適博士上月下旬病逝南港中央研究院，本日發
引，暫厝該院候安葬，上午到極樂殯儀館弔祭，弔者
極眾。

3月3日　星期六　晴

交際

以前魯省行同事馬麗珊女士現在石門水庫建設委員
會工作，舊曆年時來余寓拜年，今日特與德芳補行答
訪，下午一時由台北乘往新竹柴油特快車，於四十五分
到達中壢，德芳幸有空位，余則直立全程，至中壢後換
乘新竹客運車於二時開行，二時三刻到該水庫十一份總
辦公廳，並贈糕餅等之屬，在馬君宿舍盤桓一小時，馬
君謂回台北如仍乘兩次汽車，時間浪費太多，不若搭該
水庫之交通車，四時開行，五時即可到達，馬君當為購
買站票兩張，於四時乘 B 車開行，惟德芳幸獲座位，
余則站至台北，五時十分到達，今日在石門時促，其夫
君王景民君在大壩附近經營診所，未及往觀。

3月4日　星期日　晴

娛樂

上午，率紹彭到空軍新生社看小大鵬平劇公演，計
共三齣，一為坐寨盜馬，由一幼齡學生飾演竇爾敦，唱
做穩練，為一極有希望之小伶工，次為王鳳娟、徐龍英

合演之三娘教子，珠聯璧合，最擅勝場，末為小泗州城，全武行，但打場不多，表演場面則更多，且特殊表現亦多也。

體質

數月來未患鵝口瘡，近來又常有口腔紅爛之疾，不動時不痛，飲食時畏觸畏燙，數日便愈，前日又發，至今三天未愈，且特別痛疼，未知何故。

3月5日　星期一　晴

職務

上週之汽車基地廠舞弊案之查帳結果決定暫告段落，起草 memorandum 存卷，並由靳君屬稿，今日完成其半而靳君另有任務，下午由余接寫，稿內第一段為 Procurement Procedure，由靳君大體寫就，余略加潤色，即寫第二段 Disclosure on Spot-check，先將余所經手查核之一個 contract 內之訂約起交貨付款止之種種實際經過列成一表，因各項日期非一天查得，未詳細前後查對，未見漏洞，迨寫成總表，乃發現付款交貨有日期倒置者，而交貨未照約定日期者亦有之，乃將要點一一寫出，但靳君認為與已經面告者有所出入，不如從略，況本案未見判決書前，縱有小疵亦難有結論，所見甚是。

3月6日　星期二　晴

職務

與靳君共同工作所查 Automotive Base Depot 舞弊案

之撰寫 memorandum 工作，由靳君主稿，今日完成，
余昨日所寫之一段雖為一種不符之情形，然於本案主旨
相去甚遠，故決定刪去，以便將結論順利的導入完全以
判決書與起訴書所載者為依歸。關於數月前所查油料
案除 1958-1961 之查帳報告外，尚有 1957 之 Follow-up
Report，亦經再加審閱，於今日交卷。

娛樂

　　晚與德芳到愛國戲院看電影「花鼓歌」，關南蒨主
演，情節並無特殊之處，其出色之點為穿插歌舞，均屬
新穎可喜。

3月7日　星期三　晴後陰

職務

　　日昨交卷之有關 Automotive Base Depot 查帳情形之
memorandum 於今日經本組 Chief W. B. Millman 轉 Acting
Controller A. W. Tunnell 後，今日已有反應，下午 Millman
約 Chief Auditor 劉允中君及余與一同工作之靳綿曾君
一同談話，Millman 謂 Tunnell 謂該項 memorandum 有
兩點不足，一為對於檢查其實際程序與規定程序比較，
並未說明其中無不符之處，二為雖提及該廠種種業務採
購含有美金在內，然未指出究竟若干，余等當答云，第
一點已說明就抽查之 contract 而言均屬 in order，字裡
行間亦皆表達此意，何謂無說明相符之文字，至於該廠
有關之援款究有若干，如向兵工署調出一切資料，按廠
別一一逐年加以分析，或不難求出該廠歷年之用款數，
但如此工作，勢須有充分之時間，始可為之，且與斷定

其弊端究竟與何項用款有關並無關係，是否值得如此進
行，須先決定，於是 Millman 就本分署以及美軍顧問團
與兵工署，乃至汽車修理廠之各種資料情形一一加以詢
問，深知短時間內確無法算出此一總數，乃有彷徨無計
之苦衷，此時在 Millman 病假中代理其職務之 Martin
亦參加談話，備述數日來 Tunnell 就可以獲得之資料情
形下對工作之指示各節，Millman 未獲結論，只謂希
Martin 明晨再與 Tunnell 一談，言下不勝欷歔，似有難
言之隱，據劉允中主任云，此二人極不相解，其中甚多
意氣成分云。

3月8日　星期四　晴

職務

　　昨日與 Millman 及 Martin 檢討之有關 Auto Base
Depot 之查帳 memorandum，今日由 Martin 開始修正，
上午告余因原 memo 內未寫招標經過，故希望補充，余
乃與靳君同到兵工署檢查投標記錄，將投標家數，各標
開價皆一一開出，但底價未見，乃又到中央信託局購料
處查詢，其顏襄理云，文卷均在天母，容調到後再行
通知往查，乃回分署復命。下午靳君與 Martin 談改寫
memorandum 事，Martin 因見內容有謂在收支組付款帳
內見有五家供應商皆為 1960 年之汽車零件之供應者，
但缺乏資料，不能證明是否即為報上所登之案，蓋報上
只登姓名店號，不知案情也，Martin 必係問靳君其所
寫查過之二個合同，有無此五家在內，彼必答無之，而
進一步又謂余所查一個合同，有犯罪店號在內，此一合

同之查核經過及其中有可疑之處，余本已寫好，而靳君
認為非 Tunnell 所指定，不必列入，余乃刪去，今日彼
又單獨向 Martin 提及，Martin 乃詢余經過，余無法做
圓滿答復，只好謂因 Tunnell 未予指定，故未深查，只
知其為此次犯罪之一家，如欲知其詳，須再向兵工署核
對始可，下午乃同到兵工署核對並探詢其過期不罰及貨
未交齊即將款付清之根據，毫無所獲，歸後只好將不符
情形列表並說明，以便交 Martin 加入 memo 內。

娛樂

晚同紹中看 The Thief of Bagdad，拍攝極佳。

3月9日　星期五　晴

職務

日昨到兵工署再度調查所得之資料，於今晨寫成一簡
單資料，並列成一表送 Martin，併入其正在改寫中之余與
靳君前所送 Tunnell 認為不夠充實之 memorandum，其
中表示有三點可疑，一為交貨比驗收常有退後，自數日
至六個月不等，二為驗收較規定交貨期常有超過，但未
依約罰款，三為部分付款在驗收交貨以前者，此三者皆
屬違約，但兵工署卷內無任何記錄可考云。下午，美援
會轉來台北地方法院送來汽車基地廠購料舞弊案商人部
分二十九人判刑之判決書一份，此正為工作數週認為不
可必得之文件，翻檢後果然由此得知何項美援款與該案
有關，其中資料皆由於警備總部游查組所得及各犯口供
認述者，如全用查帳方式，縱發現疑竇如昨日下午之所
獲，仍然不能斷定其是否與舞弊有何關係，此所以必

須得到判決書之故也，由此一判決書得悉，自 1958 至 1960 年招標採購汽車零件共有中信局受託辦理發生弊端者二十個案，得標之有問題者一一七標，回扣自 3% 至 15%，共金額二百三十三萬餘元，三年內之案號只有 1960 年者與前在基地廠獲悉者可以核對，計有問題者六案，在該廠所開者為七案，其中有一案雖有犯罪商人在內，但並非由於此案，此案即為昨日下午所查之契約的一案，雖有疑竇，然在判決書內並不包括也。

3 月 10 日　星期六　陰雨

慶弔

本省人士多人發起為同鄉孫培榮中醫師六十生日徵集紀念文字，附有宣紙及貼附郵票之信封，其日期為下星期六，今日乃書「仁心仁術，良醫良相，壽比泰沂，光被鄉邦」十六字寄去。

瑣記

年來常數月不執毛筆作字，實因無隨時可用之筆墨，亦無每日動筆之文字，今日寫拳大字一幅，既未懸腕，當不致困難，然寫來全無筆意，用墨亦無法控制，初磨出甚少，不足應用，欲勉強終篇，入尾乃不免乾枯，最後仍須臨時加水應付，於是全篇濃淡不勻，大小不一，幾有不堪寓目之感，亟加封付郵，了卻文債。晚率紹寧到藝術館及美國新聞處看電影，均未獲觀。

3月11日　星期日　陰雨
游覽

　　本分署職工聯誼社舉行烏來遠足，於今日上午十時由聯合大樓出發，共有交通車六部，余與德芳率紹寧、紹因、紹彭參加，乘第三部車，於十一時到烏來。余因第六部飲料車未到，等候購買，德芳等則先行，余在購物時遇同事劉允中太太率子女亦由另一車下來，遂同到台車站乘台車上車至瀑布下，德芳時與韓華珽兄及其女友相遇，韓兄邀余全家合拍一照，並同到瀑布旁一小店休息午餐，並避免山雨欲來無處可躲，飯後徐步下山，二時半乘車出發，歸途在新店停一小時半，到碧潭划船，五時再登車續行，於五時一刻回至台北，今日略有春寒，細雨霏霏，別有一番情趣也。

3月12日　星期一　陰後晴
職務

　　將上星期由美援會取來之台北基地勤務廠購料舞弊案之判決書再加細核，尤其事實部分，當將舞弊數字加以統計，分成六類，一為 1958 內中信局經辦招標部分，二為 1959 年中信局經辦招標部分，三為中信局經辦招標部分，四為三個年份內該廠自行招商比價部分，五為因通融驗收而受之報酬部分，六為偽造統一發票部分，左標用二十九個犯罪商人姓名分行，右標按六類列出，成為大表一張，統計共為三百九十萬元有餘，可謂洋洋大觀矣，其中最缺資料以為佐證部分即為偽造統一發票部分，因判決書所述甚略也。

3 月 13 日　星期二　晴

職務

昨日所製之汽車基地勤務廠判決書涉及款項總表，今晨本組 Chief 約余與靳君及劉允中主任商談，對於六項內容之前三項即逐年收受回扣數一節，認為十分明確，雖余提起其注意於一九五八與 1959 年之是否完全為援款尚未能核對，只有 1960 始知為完全援款一節，彼認為無何疑問，至於第四項之該廠自買部分有無援款及第六項之偽造發票部分有無援款，則尚不可知，乃商就進一步查核辦法後，下午余與靳君到兵工署一般補給組與預財室，並到基地廠雷廠長處與主計主任核對，抽查結果第四項可認為係國款所辦，至第五項則二者均有關係，當報告 Chief 之 Millman。

3 月 14 日　星期三　晴

職務

所查 Automotive Base Depot 舞弊案自昨日將有關資料彙齊後，即已無可再事深入之處，今日曾經參與其事之 Martin 語余與靳君，認為此案之調查工作已可告一段落，今後即為決策階層對本案應討論如何處理，持何立場一問題而已。修正上月所寫 POL Audit Report，包括對於損耗核銷問題之敘述及全文內各發生問題與各單位之配合索引的撰寫，大體已經完成，在補寫中發生對於原草稿內誤字之更正及不妥之文句之潤色問題，已經看過二遍尚且如此，可見寫作細心之重要。

師友

晚，李德修原都民夫婦來訪，閒談。

3月15日　星期四　陰雨
職務

今日將上月所作之 POL Audit Report 再作最後之修正，計本文及附表一 Findings，附表二 Detail list of procurement in the 4 fiscal years，附表三 List of Military units visited and section/paragraph index information related thereto。開始準備電力公司與 Gibbs and Hill 之 TA Service Contract 之查帳，只閱及其合約原文之一部分。

3月16日　星期五　晴
職務

本日繼續檢閱 Gibbs & Hills 與 Taiwan Power Co. 所定之深澳第二部機火力發電建設工程合約，因文字太多，且須摘其要點，故尚未完畢。一月來與靳君所查之 Automotive Base Depot 購料舞弊案自撰寫報告之 Martin 告余為自判決書取得後即已告一段落，余等初以為因全部購買完全為美援款項，已經判明，從此或另以機密途徑加以處理，今日見本組 Chief W. B. Millman 所修正補充之查帳報告稿，始知雷聲大雨點小，已經將此案認為無可非議，其論點在採取國防部致顧問團函內所取者，即一切採購皆用公開招標方式，從最低市價獲得，至於統一發票偽造則又採取余等之報告，認為抽查認定屬於國款，故此案已無基礎可以要求剔除援款，至此次調查最重要之收穫即有中信局用援款招標之該廠車材三年中共由商人行賄二百餘萬元，則避重就輕，一字不題，然則最初決定查核此案之目標，亦即此項刑事案件是否有 aid fund involved 竟所為何來，由此充分顯示其業務與政策間之矛盾矣。

師友

　　晚，徐嘉禾君率另一同學林君來詢問如何撰擬一項營業計劃，余因其所詢不著邊際，只能予以原則性的解釋。

娛樂

　　晚同德芳觀章遏雲演鴛鴦塚，為程派佳作，章伶以唱工見長，而此劇則唱做應不分軒輊也。

3月17日　星期六　陰夜雨

家事

　　紹南自華盛頓寄來包裹二件，前日接郵局送來通知單，但尚只一件，今日往提，凡自申請、掛號、驗關、納稅以至提取，辦過一項，即須等候良久，直至中午始辦三項，下午再去續辦二項，始竟取來，計有熨斗一套，61 型鋼筆及鉛筆、原子筆各一枝，附有原子筆筆芯三枝，紹彭用 review master slide 五套等，經估價均不甚高，但稅則輕重不一，熨斗為百分之五十，slide 為百分之六十，而筆則只有百分之四，或係規定之稅章歟？下午並進行有關物品之採買事宜，計有全脂奶粉、脫脂奶粉、咖啡，並以提取包裹間隔餘暇選購唱片。

3月18日　星期日　陰

師友

上午，閻鴻聲兄來訪，談向台灣銀行所辦之百米達颱風貸款一萬元已將借據填就，因須同仁二人擔保，請余擔任其一，余當在其填好之正副本上分別蓋章，余當順便請其在余所接之校友會籌募陳果夫先生獎學金捐冊上擔任捐款云。

閱讀

讀三月份 *Reader's Digest*，其中有重載文 J. A. G. Rice 作：The Art of Saying the Right Thing，此文所述之說話習慣認為須注重 humor 或 wit，並舉例以明其原則，其中有限於人情風俗之不同而不能了解者，但原則自無可疑，此文之價值自無可疑，而與中國傳統之鄙棄巧言令色者，固相去十萬八千里矣。

3月19日　星期一　晴曇

職務

續閱 Gibbs and Hill Inc. 與 Taiwan Power Co. 所訂監建 Shen Ao Thermal Second Unit 之合約，已全部完畢，除認為與查帳有關事項摘錄要點外，其餘只為準備萬一發生之事項所訂定之條文，則只過目略知有其事而已，未加細閱也。與台灣電力公司會計處長龔濂通電話，告以決定後日起到該公司查核其與 Gibbs and Hill 所定第二部機合約之帳目，請作準備，移時其火力發電工程處會計課周課長來電話洽商如何進行，據云火力工程工程處本在深澳，現決定本星期四起移至台北，如余能等待，即請略延數日，否則即照原定計劃，該項有關帳簿則待查完再行移來亦可，余恐延至下週即將固有進度破壞，且亦不致予該處以若何不便，當決定不予變更，遂約定後日晨搭該公司車到深澳開始工作。

瑣記

下午乘公共汽車回寓，人甚擁擠，將屆下車站時余即由後座向前端門邊移動，並以溫和口吻請站阻路中者退讓，有一青年非但不動，且示攔阻，余無以應付，乃用力擠過，不料此人更用力後撞，將余推出頗遠，余不能再忍，責其何以如此無理，彼則厲聲相向，謂尚未到站，如此急急何為，余告以車上人多，遲恐無法移動，彼又謂你們年紀大的人要人尊重何不自重，其時余已下車，真為之啼笑皆非，尤其最後數語，儼然並非無知之徒，而事實則又暴戾不堪，青年人已知如此兩重人格，殊可悲也。

3 月 20 日　星期二　晴晚雨

職務

繼續準備有關查核 Gibbs and Hill Inc. 與台灣電力公司之 Shen Ao Second Unit Thermal 技術合約，今日所閱文卷有二方面，一為關於 quarters allowance 之爭辨，該 G&H 人員一直不肯檢據報銷，其後本分署與美援會讓步，始將 1960 年以前者一筆勾消，規定自 1961 元旦起須照規定辦理，然該 GH 又有新問題，謂所租房屋不含器具，此項器具係另行購置者，應如何辦理，本分署請示華盛頓，所得答復亦模稜兩可，至今未決，二為台

幣撥款情形，查 CEA 與 Application 之內容均在工程費
內只列一項總數，故嚴格言之，並無支援合約之詳細
預算，與其他同類合約之照例訂有詳細預算者大不相
同也。

3月21日　星期三　陰雨

旅行

上午，電力公司火力工程處周會計長來接，一同乘
該公司車赴基隆深澳查帳，台北至基隆二十八公里，基
隆至深澳十二公里，一小時到達，因須工作兩三天，故
晚間即住於該處招待所，此處為建廠期間招待各訂約
海外廠商代表單身者居住之用，現在因第二部機工程已
經完成，故六室已空其五，地臨台灣北端之大海，入夜
只聞濤聲，塵囂中有此，彌興滌垢蕩瑕之感，惜天氣陰
雨，春寒未減，海濱漫步為不可能也。

職務

到電力公司火力工程處查核該公司與 Gibbs and
Hill Inc. 之建立深澳第二部機工程技術合約帳目，接晤
者計有該處處長葉君、會計課長周君、主辦王君、技術
課長林君等，先從一般情形加以了解，此一技術合約
與一般者不同，其要點為：（1）一般之重點往往在工地
方面，故其工作情形主要的為在當地考核，此合約則大
部分在美國執行，包括設計與購料招標等，此地不過派
來二、三人照料安裝並與其總公司聯絡而已；（2）該
Gibbs and Hill 因係專業，故執行採購交運均直接為之，
且運到台灣不經電力公司材料處，與該公司一般之由中

央信託局辦理招標進口者不同，云效率可增三倍，故兩年可以成功，且提前發電；（3）該一合約係接續深澳第一部機合約而來，其中銜接日期並不十分明顯，只有由其付款切斷之日期以斷定其人員到達日期，而因原班又移至高雄開始第三部機，故亦只能以該新工程之開始為本工程之告終；（4）本署之 contract 查帳程序規定本以美金部分在美支用，此間只須就其台幣部分加以注意即可，然因電力公司為一貸款，且為程本之計算，故美金資料亦復完備，於是亦須加以概要之審核；（5）電力公司有頗多之自籌款參加其中，並無嚴格之劃分，且預算內所定顧問費一項又包括數個供應商之來華人員費用，伸縮餘地極大，若只查其一個 contract，其經費不全由一個來源支應，於是適用之規章即亦因而大有伸縮，如 Gibbs & Hill 曾因 Quarters allowance 之報銷發生極大爭執，其未決部分電力公司即歸自籌款內負擔，即其一例也。

3 月 22 日　星期四　雨
職務

全日在電力公司深澳火力工程處查帳，此一 Gibbs and Hill 之技術合約雖支出甚為簡單，然台電對其各項費用之支付頗有許多略有特異之處，故不能不加以小心的觀察，（1）由於該公司火力發電除北部舊廠外，尚有四個新廠，兩在高雄，建設在先，兩在深澳，建設在後，此兩廠完成後，現在開始高雄第三，此最後三廠皆為 Gibbs and Hill 督工辦理，而深澳第二適為居中，

故此部分費用中有時不免與前後發生錯綜關係，即如
余在計算其工地人員之來去及請假日數時，即涉及其
Resident Engineer 之回國往返費用，依合約並無 Home
leave 之規定，但彼意係在兩個中間之職務銜接時的公
務出差，而將其應得之 vacation leave 即在其國內用之，
及依約應有首尾來去之旅費規定，則又能自圓其說，至
於此項費用單據所列實為第一部機之假期，而費用支付
又在第二期間，此實應屬於第一之尾與第二之首，然綜
合言之，實與整個負擔無何區別，且其發生在此次查帳
之前，應在上次黃君所查之期間內，故不再深入檢討
矣；（2）該帳分二欄，若干費用有時由相對基金支付，
有時則由台電自籌款支付，分而觀之，難得全貌，又該
帳未分年度，余將來從 CEA 列表無從確定其細數，乃
囑王會計另列細表；（3）Quarters Allowance 部分因規
定解釋問題尚未決定，即在另外之暫付款內列支，經囑
抄一數目備查，因該公司聲明相對基金已用完，故將來
轉正時亦由自籌款內支用，故亦不再深加探討矣。

3月23日　星期五　雨
職務

　　上午，結束 Gibbs and Hill 與 Taiwan Power Co. 之
TA Service Contract 的查帳工作，今日處理事項如下：
（1）該公司之費用帳本分美金與相對基金與自籌款三
欄，美金部分雖已大部分經 Gibbs and Hill 送來帳單簽
證，但紐約之銀行付款通知則迄未開始到達，故皆示記
帳，至於台幣內之相對基金與自籌款未分年度，科目亦

不劃一，其中旅費運費辦公費本地人事費固皆有科目，
但 quarters allowance 則係按人名設帳，且將往返旅費亦
記於人名戶之名下，經囑照年度及費用屬性另加分析，
製成另一調整後之總表，庶表達正確而便於加入報告；
（2）旅運費、辦公費今日將內容加以審核，多只就帳
上摘要為之，有疑問者則調傳票，其傳票雖將美援與自
籌款分成兩大部分，然係與工程款本身混合，故不能全
部調來，只能逐一抽調；（3）美金部分之審核工作雖由
華盛頓總署為之，然其中美籍人員所支旅費有由美金援
款帳列支者，亦有由台幣列支者，勢須互相對照，始便
控制，經發現一顧問眷屬旅費未支，查美金帳單始知已
支單程，益覺情形反常，再詢其眷屬來去日期，囑查卷
相告，以知其是否達到最低居留期間之要求，查後始知
係提早回國，當時要求通融旅費，電力公司未允全部，
只允單程，依約電力公司可以作此特許也，此點應在報
告內有所引述，庶便華盛頓總署之查帳工作時的引證，
其餘美金部分依判斷應不發生此類問題也。

參觀

　　上午參觀電力公司深澳發電所，包括第一、第二
兩 Unit，計前者發電 75,000 瓩，後者發電 14 萬瓩，共
耗煤每日二千頓，廠房宏敞，電梯上下計十三層，有自
動控制、輸電間、柴油機間、煤煙處理設備、冷卻水用
防波堤（附 Tribar 專利安裝），其中第二部機係去年
十二月加入營運，情況良好，此後枯水時期無減電之
虞矣。

旅行

下午二時由深澳赴基隆，五時候電力公司周科長等下班後來基一同回台北，於五時五十分到達。

師友

晚，到中和鄉訪宋志先夫婦、韓兆岐兄與王美雲女士，面請明日來寓便飯，緣下午韓兄曾來寓與兒輩云不能來，故往面詢原因，迨知並無多人在座，不過便飯，始不再堅持云。

3月24日　星期六　陰

交際

晚，約韓華斑兄及其女友王美雲與宋志先兄夫婦來寓吃飯，王女士昔為劉馨德兄之夫人，因家庭勃谿，新近離婚，與韓兄一見傾心，不久當問嫁娶，宋兄為其介紹人，故約來便酌云。

參觀

上午，到中山堂參觀法裔唐石霞女士畫展，唐女士畫山水，師北宗，於余尤欣賞其所畫之牡丹白、粉、紅三種，各具神韻，題畫亦曾出己意，故詩亦清新可喜，惜法書太差，美中不足耳，其畫之美，以彭醇士所贈詩為最貼切，詩係輯唐人句云：「精比是為樂，水如碧玉山如黛；清絕心相向，雲想衣裳花想容」。其他題贈者如溥心畬亦多佳句。

3 月 25 日　星期日　晴

娛樂

　　上午，同德芳到空軍新生社看小大鵬國劇公演，戲目為拜慈藹之滑油山，唱來極自然純熟，次為坐宮，由嚴蘭靜等演出，嚴已為該團之有數的旦角，僅次於徐露、王鳳娟與古愛蓮，其造詣未可限量也，末為張復椿等合演之金錢豹，所耍鋼叉，已經極其熟練，綜觀今日戲目均屬罕見之精彩也。

參觀

　　下午，昨日韓華斑兄曾約與德芳同到指南宮一遊，但韓兄未如時到達，余疑其不來，乃獨往士林園藝試驗所參觀蘭花展覽，展出者多數仍為洋蘭（Cattleya），次為蝴蝶蘭（Phalaenopsis），但不多，而石斛蘭與 Vanda 均絕少也，此外有插花一部分，頗多佳作，其室外則杜鵑盛開，十分熱鬧，周圍紅茶花亦均爭豔，詢以何無白色者，謂白茶花已於冬季開過，現在只紅者當令云，余參觀後買海棠一株連盆帶回。

閱讀

　　讀 *The Common Market - Its Structure and Purpose*，此書作者為 J. F. Denian，法人，此本為 Graham Heath 譯成英文，全部英國語法，有時頗嫌艱深，全書文字不多，只百餘頁，然於法、德、意、荷、比及盧森堡六國所成立之 European Economic Community 之歷史背景與內部運用，均有明確之分析，至於其所發生之影響，則舉出數字證明均屬優良，尤可注意者對於圈外國家之貿易，亦有增無減，此則非一般所料者也。

3月26日　星期一　晴
職務

開始閱覽本分署卷內及帳上有關 Gibbs and Hill 之資料，備製查帳報告之用。劉允中主任談，本分署之聯絡官周君接國防部參謀總長彭孟緝電話，對於余等前數週所從事之 Automotive Base Depot 之調查，希望暫勿過於認真，為顧及國軍軍官之顏面，最好不再硬要軍法局之判決書，如必須要時，彼可以私人資格供給，不必經過官方手續，其意似指顧問團而言，殆懼有 claim refund 之可能也，劉君答謂此為外籍人員所需要，但以現情觀察，或已告一段落，蓋彼尚不知本分署之美籍人員已起草查帳報告，認無 claim refund 之根據，大可寬心也。

3月27日　星期二　晴
職務

前寫 RETSER Job Training and Placement 之 Follow-up audit，尚有委託安置之建築費應收回者五家，欠款十萬餘元，仍待收回始可結案，而退除役官兵輔導會則有意因難追而豁免，副會計長 Tunnell 認為應限期再追，屆時不能解決即應由輔導會繳回，今日劉允中主任對於該會之繳還款一向即繳入其特設之 RETSER Placement Fund 一節發生疑問，余乃再行調卷研究該 Fund 之設立方式，認為追繳款應繳美援會原帳戶，不應入該 Fund 也。

娛樂

晚，同德芳到愛國戲院看西德影片森林木落風蕭蕭，全片以景色與配樂為最突出，故事與表演則平平也。

3 月 28 日　星期三　晴夜雨
職務

續寫 Gibbs and Hill Inc. 與 Taiwan Power Co. 之 Technical Service Contract 查帳報告，已經完成，其中有兩點為此類報告之特殊點，一為美金部分本應由華盛頓總署全部查核，但因此案內有一美籍人士之眷屬，在最低限度之居留期內回國而支給單程旅費，其過程有依據電力公司特准之資料，為便於彼方審核，故將此點亦予以敘入，二為台幣部分一向糾纏不已之 Quarters allowance 不提供單據一節，經過各方將 1960 年底以前者特准，已無條件出帳，而 1961 直至合約終結期間，雖已提供單據，但尚有一部分懸而無決，由於電力公司將此部分統入自籌款開支，故認為本分署無再加干預之必要云。

3 月 29 日　星期四　雨
閱讀

今日為先烈紀念休假一天，在寓讀書，所讀為 *The Underdeveloped Lands: A Dilemma of the International Economy*，編者 D. E. Pentony，係一紙面本之選輯，余今日只讀其中一篇，乃在第三卷 Economic Competition between the Soviets and the Free World in the Underdeveloped Areas

下之一文，作者 K. Knorr，篇名曰 Ruble Diplomacy:
Challenge to American Foreign Aid，其中所論蘇聯之援
助係挾政治宣傳以俱來，且無過去殖民地傳統之諷刺，
其工作人員亦無優越感與奢侈生活方式，可為今日美援
人員之參考也。

3月30日　星期五
職務

　　本月份工作自將 Gibbs and Hill 之台電技術服務合
約查完寫成報告後，即已告一段落，今日為臨時辦理之
事項，係代劉允中主任核閱新任稽核杜、李二君所譯之
美援會調查報告二件，尚只完成其一，緣美援會之稽核
組每月有 Audit Activities 之綜合報告，其中上月份列有
中文報告二件，標題為英文，副會計長 Tunnell 發生興
趣，乃囑摘譯要點供其參考，此案件一為金屬礦業公司
之高品位硫化鐵計劃，二為馬祖經濟調查報告，今日已
將前者看完，儘量將其簡化，然仍嫌太多，因原文係屬
全譯，余亦未便採重寫方式，致抹煞原譯所耗之精神，
只用刪繁就簡之法，甚感吃力也。

3月31日　星期六　晴
閱讀

　　讀文星雜誌所登胡秋原作由精神獨立到新文化之創
造，共十三頁，極長，其要旨在闡明作者一貫之超越前
進理論，認為傳統、西化、俄化皆為不通之路，觀點十
分正確，惟如何走出第一步，不致仍限於現在之彷徨

歧途，仍是一嚴重之課題也，又作者文內答居浩然與李
敖之數段，雖顯見作者之淵博，然有時仍失之尖刻，雖
居、李原文或有過之，然作者固聲明其深惡痛絕也。

娛樂

　　下午率紹因、紹彭到中山堂看電影，畢蘭卡斯脫與
珍茜蒙絲合演孽海痴魂，刻劃宗教與人性之枘鑿，其中
對話多富情趣而耐人尋味。

4月1日　星期日　晴
瑣記

　　本里里長之子持區公所通知來洽本巷修築路面案，據云該項修路需經費新台幣八千七百元，市政府照章補助三分之二，尚須住戶負擔三分之一即二千九百元，里長自認三百元，尚有十一戶分擔餘數，余與德芳按實際情形估計，自捐五百元，蓋如此則三號林君及一號楊君均將步武此數，所餘約一千元由七、八家分擔當無困難也，後悉此七、八家中亦有捐三、四百元者，則此問題當易於解決也。因近來電鍋而外又有電熨斗（紹南由美新購，用電千瓦），深慮用電超過電表負荷，今日得見電力公司用戶通信，知所用新大同五安培表可以超載三倍，則十五安培可無問題，如此如非全部電器電燈同時使用，當無超載之虞也。

4月2日　星期一　晴夜暴風雨
職務

　　上週所作之 Gibbs and Hill 與 Taipower 之技術服務查帳報告中所缺之唯一文件為電力公司將予提供之 Evaluation Report，該一報告於上週末寄到，余即插入附件之內，並將報告文字作最後之審訂，一切再作推敲之後，立即交卷，並將 working file 整理就緒。在整理文字之時，有引本分署上次報告文字一句曰 "This problem will be solved when ICA/W makes a determination" 余用間接敘述法，初將 will 改成 would，makes 改 made，又以為不妥，與次女紹中商量，紹中云 made 前可加 had，余照改用 had made，然終不能斷言如何始好也。

4月3日　星期二　陰雨
職務

　　續核李、杜二君所譯美援會查帳報告，今日核完第二件，乃劉溥仁稽核所作馬祖經濟考察報告，實際目的在主張美援贈款為馬祖修改漁港及擴充中小學，並貸款供漁民周轉金，建設內燃發電機等，是經濟而兼及教育者也，教育部分在本報告大體上仍為從屬的，而經濟實只有漁業一種，故此一報告之著眼點只在漁業，原譯文係逐句迻譯，若干原文冗贅重複，余一一為之斟酌刪改，在節約文字中仍望其能不失原意，故在去取之間固煞費周章也，譯述之難由此二篇文字中得以窺見，而改正時適有行文恰當處，亦甚有會心之自娛，此中甘苦非身歷其境者不能知也。

4月4日　星期三　晴
職務

　　最近所寫之 Gibbs and Hill 與 Taipower 之合約查帳報告經劉允中主任核閱後刪去極多，余雖認為不妥，然見仁見智，不欲多言，故雖彼交余複閱並表示意見，余未作任何表示焉，其中整個刪去者計二段，一段為關於一美顧問經電力公司特准報銷來程旅費記美金帳一節，余寫入目的在供華盛頓方面查帳參考，免於核至此帳時再行往返查詢，劉君見地則認為美金不必過問，其實只見原則而忽略特殊情形也，另一段為美籍顧問支用

quarters allowance 未照規定報銷，此問題向華盛頓請示
許久，迄今尚有問題，故述其顛末，劉君亦予刪去，或
只因無剔除之故歟？

4月5日　星期四　晴

職務

　　本月份之工作為 review and comments，今日計審查
Budget/Application 二件，其一為 Agricultural Vocational
Education，本計劃包括大學設備、技術合作合約、農職
與水產學校之建築與設備等，單位在三十個以上，今日
所核者只為其中之四件，然全部計劃前已送來之 General
Application 則尚未見過，乃查卷將原案尋出，始獲證明
此四個單位之申請數與上項 General Application 內之相
當部分相符，然費去時間則甚多也，余為將來在有此一
計劃內之 Sub-application 送來不必再度查案計，乃將前
後已計劃之單位數量及何者已經付過作成一張簡表，庶
可於陸續收到時按圖索驥，縱此項 review 工作由他人
接辦亦可收事半功倍之效云，至於此四個單位內之申請
總數無何問題，只在計算方面有一家之建築施工費數計
算錯誤，當寫明請其自行更改，又李慶塏君認為其中譯
書費應加一項註明事項，請教育廳及各該學校注意不致
有版權糾紛始可云；第二件之 Application 為都市道路
計劃，其中預算甚為簡單，而總數則在一千萬元以上，
且有 J. G. White 核後之來信，余再三考慮，如無條件
准付，預算太簡，如再要詳細計算，而 White 公司已經
核過，於是提出辦法，請該公司將其審核時所根據之詳

細資料送本分署及美援會，為將來查帳之參考，蓋如並無詳細資料亦可連帶證明該公司之敷衍塞責，可進一步再行追詢也。

4月6日　星期五　晴

職務

再度補閱去年底之油料查帳報告，緣該報告稿完成交卷後由劉允中主任交李慶墫君代為核閱，蓋李君為新近指定協辦內部事務者也，李君陸續核閱近月，昨始完成，交余再行複閱其所改動者有無不合事實之處，余閱後認為除一、二小的不妥外，大體均較原稿為佳，此固因李君之文字較為熟練，亦因旁觀者清，行文之是否繁簡適度，可供完全不明內容者之得以一目了然，局中人本在五里霧中，難見廬山真面也；除此件而外，則為 1957 年之油料查帳報告的 Follow-up Audit Report，此一報告本於去夏由葉君所作，當時有八十餘個 recommendation，欲一一將情況洞悉，事所難能，故其report 內容，多有模糊印象之處，當時決定在余等查核 1958-1961 年之油料時，從詳加以 follow-up，其時多係由同時工作之鄭君擔任，而撰寫報告亦即由鄭君為之，此次由李君核閱後認為有許多須加肯定說明之處，乃交鄭君再作修正，鄭君辦竣後即交余再閱，余見無何問題，即不復一一加以推敲矣。

娛樂

晚，同德芳到萬國戲院看電影「錦囊妙計」（Pocketful of Miracle），由 Glenn Ford、Bette Davis 與

Hope Lange 合演，以 Davis 飾演賣蘋果老婦之演技為最
刻化入微，全片諷刺社會人生，亦有入木三分之妙。

4月7日　星期六　晴

瑣記

上午無事，出門在羅斯福路住宅附近處理瑣事，先
到鼎日有以空瓶換購肉鬆，再到南門市場換購醬瓜，更
到南昌路合會儲蓄公司辦理儲蓄轉期，更到寧波西街買
舊原版唱片，因索價太不規矩，選定後又只得放棄，
最後到賣書包店將為紹中修理玻璃皮書包，因其不肯修
理，因而作罷。

娛樂

晚，率紹中、紹彭到愛國戲院看電影 Robin Hood
and the Pirates，寬銀幕五彩，全部取景為一海濱之城
堡，Hood 之同黨皆為海盜，然能肝膽義氣相交，最後
終能除暴安良，大快人心云。

4月8日　星期日　晴

閱讀

新生報連載美國盲啞偉人海倫凱勒著「我的信仰」
譯文，極稱流暢，而書之著作意旨尤有字字珠璣耐人咀
嚼之妙，今日所載一段老哈馬紹之做人的信念，文字鏗
鏘有致，錄此以備省克之助：「我的信仰是這樣的，
在家庭裡親，在事業上誠，在社會中恭，在工作上精，
在娛樂時悅，對不幸憐，對罪惡拒，對強者善，對弱者
助，對悔者恕，對人敬愛，對神如在，力行不懈，心安

神逸，無愧於衷，延年益壽。」
娛樂

上午看小大鵬公演平劇，鈕方雨等演紅鸞喜，成績平平，古愛蓮等演六月雪，程派遺響，不可多得也。
攝影

下午同德芳率紹中、紹寧、紹因、紹彭合拍一影於國際。

4月9日　星期一　陰雨
職務

與李慶塏君就前寫之 POL Audit Report 再作最後之文字修正，即作為定稿，修正後因所分章節略有更動，而報告後之機關名稱與涉及 Findings 章節之對照資料本已寫好者，至此又須依調整之情形重新寫入其章節，因須一一核對，極為不易，故甚難無所浪費也。上週所改之金屬礦業公司某同仁所譯之查帳報告，經余複閱後，本已打出定稿，然今日始知，推敲後果有甚多問題，此皆為原文之漏洞，非細加核對，不能發現也：（1）產銅之數量，有數處為公斤，有數處為公噸，有數處又用噸，不甚劃一，經予以劃一；（2）所寫由所產之 pyrites 提取鐵，謂為百分之 60，余對此比例無何研究，但另由其所製預算生產數量比較，發現其原料與成品之比例不能在 60％ 之標準，如為 6％ 則庶乎近之，但無何佐證，不能貿然予以更改，然由此亦可見美援會所出之查帳報告之素質為何如矣。

師友

晚，鄭邦琨兄來訪，謂其所辦稅務旬刊社將出版各國稅法原文，其中之英國所得稅法擬約余與陳禮同學譯述，全部謂當有三、四十萬字，余對此一工作表示甚有興趣，但恐對法律條文生疏，以致有發生謬誤之可能，故希望能先有時間對此方面之系統著作加以研究。

4月10日　星期二　陰

職務

本月份余之工作為 Review and Comments，今日收到第三件之 review 文件，此即美援會之中文調查報告，有關台灣原棉聯營處與其各組成紗廠間之財務關係的調查報告，此一報告與美援無直接關係，有之不過為各紗廠之進口原棉係用美援商業採購外匯，但本調查報告之重點又不在此，而在聯營處扣收各廠之預付款項而不予以清結，日積月累，對於各廠之實際成本發生甚大之影響，此一報告文字甚長，譯者為本組新來之稽核，只譯其 Conclusions and Recommendations 一段，今日余只從事準備工作，即將原文作較深刻之審閱，以便對譯文作進一步之判斷根據也。

4月11日　星期三　晴

職務

續對 Brief Translation of CUSA Report No.53 之譯文 review 工作，因此一譯文只為 Conclusion and Recommendations，故除表達其原意而外，尚須顧到在

閱者方面仍能由此項簡單之譯文了解其內容之要點，此則固不能由原文全譯而獲致，亦不易由內容要點之摘譯而了解，故必須在 review 時充分在簡繁之中擷取其精英，故工作終日始得短短六條之譯文也，此中甘苦，非局中人無由知之也。

瑣記

　　昨日本組同人共贈內衣一件為生日紀念並招待全體茶點，今日欲往換 Sanforized 者，而店員無一知者，洵怪事也。

4 月 12 日　星期四　晴

職務

　　美援會原棉聯營處調查報告已閱完，譯文經再三斟酌，已不必再事更易，但詢之劉允中主任，知原譯只有其前面之 Conclusion and recommendations 而不及 Findings 實為誤解，於是繼續工作，將 Findings 之大意亦加以補譯，至晚始畢，尚未做最後之修飾。

閱讀

　　次女紹中之英文練習改錯有句曰：My bridge is not nearly as good as yours，余只知不順，但未見其毛病何在，後紹中謂其同學云，應為 ... so good as，余查各字典，不得要領，最後在 *Advanced Learner's Dictionary* 上 "as" 一字內得到解釋，謂在否定句法中應用 so ... as，至此始恍然大悟云。

4月13日　星期五　雨
職務

　　去年所作之 POL Supply 1958-1961 查帳報告經李慶塏君代劉允中主任核後，現在已將 draft 打好，今日余再度加以校對，整個言之，今已為第四、五次之核閱，但原稿內仍發現有錯，舉例言之，開端謂此項經費由 1958 起至 1959 如何云云，實為 1958-1961 之誤，然數次未見其誤，李君亦未見之，又有一句內之一子句，前段寫好，又重複作為該句之一個後段，亦數次核閱未經發覺，今日核閱主要為打字有無誤點，經發覺若干處，當予以改正，然又無時間為第二次之複核，相信仍難免有遺漏之處也。

4月14日　星期六　晴曇
閱讀

　　乘商務印書館七折減價之便，買實驗高級英文法圖解三冊，此書為二位老教員根據原書之習題所作，但原書之要點亦皆以題要方式列入，故看來有甚多之方便處，今日余讀其 Verb 一部分，主要者為關於 Mood 內之 Subjunctive Mood 一部分，及 should 與 would 之用法等數章，此數章內容最為複雜，尤其 Subjunctive mood 一部分可謂千頭萬緒，看後仍不能有清楚之概念也。

參觀

　　下午同德芳到華南銀行參觀蘭花展覽，出品以洋蘭（Cattleya）最多，次為蝴蝶蘭（Phalaenopsis），再次為石斛蘭（Dendrobium），皆有精品，而蝴蝶蘭尤比歷屆為多，想係當齡之故。

4 月 15 日　星期日　晴
游覽

　　本分署舉辦獅頭山旅行，本稽核組以公共積存之公益金繳費全體參加，余與德芳及紹中、紹寧、紹彭事先登記，於八時半乘車出發，十時半到新竹竹東更前方之峨眉鄉，循運砂公路行約十公里，開始徒步登山，十二時到水濂洞，在峽谷之側，風景清幽，洞內供奉佛像，洞口有細水如絲緩緩流下，為獅山第一勝景，中餐後再行，經萬佛庵至靈霞洞，庵甚雅靜，靈霞洞布置亦佳，再經天然古洞上行至海會庵、獅岩洞，兩地均新近整修，引人入勝，洞之上即最高峰望月亭，越山至苗栗境，略陡峭，下經開善寺、勸化堂至前山入山口，二寺堂均欠整修，路亦較近，四時乘車回台北，六時到達，六、七年前曾遊此山，而未至水濂洞也。

4 月 16 日　星期一　晴
職務

　　今日工作為補核上週未及辦完之 Review and Comment，已完一件，為 Improvement of Community Water Supply and Installation of Pump in Existing Wells，此等計劃皆為包括甚多之小計劃者，今日所核亦只為其中之一部分，大體上皆極精細，主辦者公共工程局，該局之製圖工作極具特色，舉凡線條及用字，皆極微細清楚，字則全為印刷體，在各機關中為僅見也。工業組對於上月余所作之

Gibbs and Hill 之查帳報告會稿引起反應，今日來人云 Performance 內一章之完工日期恐與事實不符，余告以乃電力公司供給，彼即回其辦公室與其主管商量，後謂電話台電未找到主管，故文字略加潤飾云。

4月17日　星期二　陰雨

職務

今日核閱受援單位之 Application 二件，一件為 Science Education 內兩所中學與師範大學之建築，經核出其建築師所作之 Cost Estimate 均有計算上之錯誤，但因援款皆為補助性質，此項錯誤影響不大，故只囑其自行改正。另一件為中國生產力中心之陶業訓練單位，此已為改正後之件，但仍有應補送而未補者，亦有科目不甚適當者，發還重新改正。

瑣記

上午有山東籍老人李仕偉者來訪，謂進養老院未果，需路費回彰化居住，請助旅費，余所遇此等事尚不為多，當予以二十元，囑再向他處設法。

4月18日　星期三　雨

職務

本月份第三週工作為準備 Monthly Report of Audit Reports Containing Recommendations and Unsatisfactory Findings，此即華盛頓總署第 448 號 Airgram 所發之文件所要求呈送者，故習慣上稱為 448 報告，向由各稽核輪流填製，但余則一次尚未輪到，故在著手之前先須查閱原規定事項，以求了解，今日即先由此下手，知除 448 Airgram 外，後又來一補充性之 Airgram，謂每月填製太過繁瑣，自去年十月份起改為每季一次，至每月部分則只須填報初次所作查帳報告，及其初步之執行情形加以說明即可，余所作為本月十五日為止之情況，而所應報者為一月份以內本分署與美援會所作報告，今日已將各報告取得副本一件，共為六件，為較少者。

4 月 19 日　星期四　晴

職務

今日繼續 review and comment，為對於美援會函解釋其 Data Processing Center 新屋裝修工程內一項 Water Reservoir 之解釋，係根據本分署之需要而來者，但並非由會計處發動，故認為既經發動部分認可，自無問題云。

師友

晚，樓有鍾兄來訪，據談不久遷居南京東路，該房以十二萬元代價，自付三萬元，美援會貸三萬元，而向銀行以分期付款方式貸六萬元，五年後款還清即取得所有權云。

交際

本分署稽核組同人晚飯在河邊烤肉苑宴請美援會、農復會等單位稽核人員聯歡，由署內交際費內開支，到四十餘人，頗有盛況，但飲食太單純耳。

4月20日　星期五　晴

職務

　　今日 Review and Comment 工作為 Budget and Application 三件，一為衛生處之 TB Center 計劃 Revised Application，其中只有所購藥品種類略有伸縮，總數並無影響，故無可以指摘之處，二為 China Productivity Center 之分計劃名為 Tannery Technicians 者，係請意大利專家指導改良製革，該計劃本已完成，又欲乘該專家由日回國途經此地之便來此續為一個月之工作，因其計算方法與初次合約相似，故主張予以通過，三為該 Center 之另一分計劃，名為 Girardy 合約者，此人本已於去年底約滿，所支台幣經費照原預算亦為到年底終止，不料至一月間又將合約延展八個月，此時本應辦理補充預算，但未見有何行動，反而該 Center 將原有一階段之帳目結束，又於三月間將餘款繳回美援會，至四月初該中心又重新提出新預算，經當時之 Program Office 將原件退回，謂本案已結，無法再行採取行動，今日該中心又經美援會將該項新預算再度送來請款，余調卷細核其內容，初以為新預算為八個月數，後再詳加比較，乃斷定為二十個月數，亦即其中有一部分為已經結案之數在內，如此重複套搭，誠不知美援會之 CEA 將如何處理，意者將已結之案在不聲不響中由死變活歟？誠未見有此先例，故余提出意見，請美援會與本分署計劃組將此一點澄清再議云。

4 月 21 日　星期六　晴

瑣記

　　本巷加修路面事，前經里長與市府請准預算，並將自籌部分收齊，不料市府云該項補助款因本年度已經用完，須待下年度約九月份始可撥付，因而里長對於應否等候或須先行發還，難遽有決定，余於今晨到市府探詢實情，到工務局土木科詢問有關人員，謂羅斯福路主管人為王傳吉君，已經出差，須下星期二始返，余乃轉而問其股長廖君，據云本年度款確已用完，但何以已准者反而向隅，謂實際撥款並不能按核定預算之早晚，須看里巷之準備工作完成先後以為斷，目前正請市府辦理追加五十萬元，下月中可以由市議會通過，如此款有著，必可儘先辦理，否則須待下年度，由於七、八兩個月份常無款可撥，大部事業停頓，故須延至九月份云。

集會

　　下午出席光復大陸設計研究委員會財政組研究會，討論大陸光復後國家建設總方案－改進預算制度、重新劃分中央與地方收支方案草案，此為第二次討論本案，由中間開始，故多不接頭，該會開會時鮮遇星期六，今日能往參加，實為例外也。

參觀

　　在中山堂參觀山東濰縣酆濟榮女士書展，據介紹文字云作者家學淵源，在台又拜溥心畬為師，專攻十年以上，見其作品，可謂功力不淺，然所習由鐘鼎小篆而漢碑瓦當，門徑既寬，遂難有專精，似乎小篆八分尚佳，行楷則又見天分不夠也。

4月22日　星期日　晴

娛樂

上午，到新生社看小大鵬平劇公演，一為王芳兒主演之岳家莊，寫岳雲習武受母責罰，令棄武習文，值金兵將來攻岳家莊，其祖母與母徬徨無計中，岳雲及其姊率家丁拒敵，由於其驍勇善戰，生擒金兵之首領。岳雲時為一幼童，須表現一種半懂事不懂事之態度，此點王芳兒完全做到，其他配角拜慈藹、康炳銓等亦佳；次為春秋配，由嚴蘭靜主演，楊丹麗飾小生，嚴唱工極穩，在小大鵬旦角中似僅次於古愛蓮，不可多得也；末為四杰村，由張富椿、陳良俠等主演，數場武功均見生色，近來小大鵬之趨勢似特別注意於武生戲，次為旦角戲，最無生氣者為鬚生戲，幾乎無人可以為哈元章之繼也。

師友

到南京東路訪樓有鍾兄，賀其移居，此地為一新建築之弄堂房屋，余雖未遇樓君，但見其隔壁空屋，見格局甚佳，惟樓有四層之高，比鄰動作均可望見，略嫌侷促耳。

參觀

下午到國軍英雄館看紀念于右任氏書畫展，此為慶祝于氏八十四壽而舉辦者，出品書畫之最精者有溥心畬、張昭芹、許世英、丁治磐、傅狷夫，以及于氏自己之作品，雖不滿百件，然甚夠分量。

體質

下午到台灣療養院，由李蒼醫師為看鼻症，鼻腔有時出黃色粘液，嗅覺不靈，取來點鼻藥及內服藥各一種。

4月23日　星期一　晴
職務

　　今日 review and comments 為重新斟酌關於生產力中心之 Revised Application 處理方式，余已先寫一段，主先詢美援會對於已結之 CEA 重新恢復將如何處理，今日又思不若積極提出意見，認為 CEA 已結，Final Report 已出，應由生產力中心將已結一段除外，另將第二階段之需要數另提預算，另簽 CEA，但此法經劉允中主任研究，亦謂無此先例，一款而有二 CEA，於理亦不可通，余乃再詢 Program Office，彼等謂 CEA 仍可 open，Final Report 可以取消，故此項 Application 仍可用修正方式出之，余乃引述該 Office 之意見，為第三次之改正，將此意採入，主張予以核准云。

4月24日　星期二　晴陣雨
職務

　　現在本分署似有治事之官日少、治官之官日多之趨勢，即如余所做 POL 查帳報告，自屬稿至今四個月，已 review 兩次，現在已層送至 Audit Branch Chief W. B. Millman 處，彼因身體不好，近來改變方針，因專任查核救濟物資之 Martin 太過悠閒，乃囑其幫忙 review 工作，今日彼已看過大半，其中有不甚明瞭處乃向余面詢，所幸並不甚多，且以文字表達方式為主，內容無何問題云。又 POL 1957 年之 Follow up Audit Report 今日

劉允中主任核訖，交余複閱有無與事實不符之處，經核
尚無，彼即亦向 Millman 交卷焉。

4月25日　星期三　雨後晴

閱讀

　　讀 Palmer 作 *New Method Grammar*，此書條理不甚清
楚，而立意新穎，說理明確，是其特色，余注意其所
述 mood 一部分，在本文內並未提到，只在 Appendix
內作簡要之說明，其所作 subjunctive mood 一項云，
subjunctive mood 下所用之 were 以及第三身動詞不用 s，
皆為古老之用法，現在似已不必採取，余由此點發生疑
問，乃查閱 Nicholson 女士作 *American English Usage* 一書
所談此一項，亦多所啟發，惟不夠明白耳。

家事

　　晚，七弟瑤祥來訪，據談軍事方面有種種跡象顯示
反攻大陸已在準備之中，目前最難了解者即美國之最近
態度為如何耳。

4月26日　星期四　晴

職務

　　今日 Review and Comment 計一件，係潮州之瘧疾
研究所將其本年度之援款預算修正後重新送核，其中包
括二項增加，一為將 1960 年度未用完部分製 DDT 用
款移至本年度重新使用，乃根據美援會查帳報告之一
項建議而來，此建議由於 1960 年度託農化廠加工製造
DDT 將款領足而未製完，需繳回美援會，於今年度重

新 program，自無不可，但無詳細預算，余乃囑其將影片之攝製成本項目，以及製片內容與目的等補具說明，再行核辦，此一預算之總數則未有變更云。

4 月 27 日　星期五　晴

職務

開始寫所謂 448 report，其名稱應為 Mission Issued Audit and Survey Reports Containing Recommendations and Unsatisfactory Findings，此為一種月報，以每月之十五日為報告期，所報告者為二個月以前之月份內所發出之報告，故余現在所作者本年一月份者，計包括本分署二件、美援會四件，後者須待該會將此二個月中之動態報告送來始可彙製，今日下午到該會探詢，始知正式者已於上午送出，余乃向其索取副本一件，以爭取時間云，今日已將大體輪廓寫好，只待再加整理，並將本分署部分查明加入即可。

師友

下午用電話託趙榮瑞君介紹外匯貿易審議委員會匯款組王□忠君，即往訪探詢關於留學生用費接濟匯款辦法，經查其條文規定為：經核准考取出國之自費留學生繼續在學，經學校證明與教育部批准者，得用自備外匯向台灣銀行結匯接濟，亦即用美鈔到該行匯付之意，其限額為每月一百五十元，六個月一次云。

瑣記

本分署醞釀已久之裁員，於昨天起實施，共三十四人，內司機十六人、木工三人，其餘為職員，除木工為

本省人外，其餘皆為大陸籍貫，今日中國日報已將消息
刊載，且謂司機不接受，要求補發八萬違約未發之加班
費等，並請律師準備採取法律途徑，但決不為任何軌外
行動，此次裁員所採方式十分秘密，且安排如臨大敵，
極引起內外反感云。

4月28日　星期六　晴
集會

　　下午，到國民大會黨部出席二十小組會議，據組長
報告，奉黨部通知須完成規定組織並充實會議項目，前
者經決定組訓宣傳保防等職務人選，後者則今日先就
報章所刊本黨推行簡化婚喪喜壽等交際方式辦法交換
意見，認為不必過分形式化，規定繁瑣，結果仍為具
文，則適與上級指示勿流於形式化一節相同，構成強
烈之諷刺，又今日程序中照規定有時事報告一項，因
所擷拾者為眾皆習知之國內外大事，故雖指定余作報
告，余只將要點寫出交紀錄將來填表，包括美國恢復核
子地面試驗，美國發射太空人與月球太空火箭，中國大
陸空前災情，劉承司義士來台等項。

4月29日　星期日　晴
家事

　　本學期已過其半，由於今夏紹寧投考高中，紹彭明
夏投考初中，各項準備工作不能不日趨緊張，近來對紹
寧之英文已由余為之複習一過，將近完成，不久將再採
用新生報刊載之補習資料，指導其加以再度複習，紹彭

則須國語、算術並重，國語已限期每日寫作日記，尚未見顯著進步，算術則由德芳限其一再習作算題，但粗心與算錯不知複閱仍然不一而足，故其學校教師王先生亦認定其毛病為不能沉著，對此點特加意焉。

體質

　　鼻炎仍未愈，下午再到台灣療養院由李蒼大夫開方取來內服鎮靜劑與外用藥水各一種，與前次同。

4 月 30 日　星期一　晴

閱讀

　　日來以略讀方式閱 J. S. Bain 作 *Pricing, Distribution and Employment - Economics of An Enterprise System*，此書分二 parts，Part I 為 Price Theory，Part II 為 Theory of Distribution and Employment，全書七百頁，為大學較有份量之課本，但誠如作者所一再聲明，是書立論之大前提在純料為美國式之資本主義寫照，故在價格之決定方面，由供給方面看，分成五種態式，即 Pure Competition, Monolistic Competition, Pure Oligopoly, Differentiated Oligopoly, and Single-firm Monopoly 等，在需要方面亦有 Monopsony 與 Oligopsony 等型態，此書說理不厭求詳，惜乎文字有時晦澀，乃其缺點耳，又作者在開宗明義即提出 "Measuring the Performance of an Economy" 一節，謂 "Capitalistic, socialistic, or otherwise, any economy performs in some way, and its performance can be measured and appraised. There are several aspects of the performance of an economy which, among others, seem important to most people:

(1) The amounts of Goods Produced - It is important to know what the output of an economy is, in the aggregate and per capita, every year - what its productivity is and, inferentially, its ability to employ available labor and resources.

(2) The efficiency of production - What are the costs, in terms of human effort and physical resources, which are incurred per unit of output relative to the lowest attainable costs?

(3) The pattern of income distribution, or the manner in which the goods produced are distributed among the population.

(4) The pattern of allocation of resources among alternative uses - It is important to know the proportion in which the economy produces the various goods useful to the population and how well this proportion corresponds to that which would best satisfy consumers.

(5) The progressiveness of the economy - How rapidly on the average does the output of the economy increase over time?

(6) The stability of the Economy - To what extent do the output of the economy and also its allocation and income distribution pattern fluctuate over time?"

以上六點確足為衡度一項經濟健全程度之尺度，故錄之於此。

5月1日　星期二　晴

職務

今日完成四月份之所謂 448 報告，即依據華盛頓總署 Airgram 448 而製之 Status of Mission-issued Audit and Survey Reports Containing Recommendations and Unsatisfactory Findings，因四月不為季末，故只有 A 部而無 B 部，A 部以一月份所發出之 Audit report 之排列及說明在四月十五日以前有無 implementation status 為限，一月份共有新報告六份，均未在四月十五日以前有 Follow-up report，故即以此六件為描寫之對象，此六件均先後寫完，並另照規定格式寫一 Airgram 後交卷。

師友

午接陽明山聯戰班一期聯絡人戴仲玉君通知，謂黃煇同學明日上午乘飛機赴美就一新職，不及聚餐祖餞，希望屆時送行，余因屆時無法抽暇前往，乃函電力公司李耀西兄，請屆時代致名片表示惜別，至晚戴君又來信云其行期因故延展，故此事又作罷云。

見聞

旬日以來，反攻大陸聲浪甚囂塵上，財政方面亦有動態，上星期六菸酒加價平均二成，今日又公布一切稅捐均加徵國防臨時特別捐三至五成，鐵路公路三成，因而一般人心浮動，美鈔漲價，其他物價亦將蠢動云。

瑣記

十瓦特之日光檯燈失明，因燈管使用數年，光度已差，故決定不問其是否已壞，至電料行購新管換用，原講明為旭光牌，裝好後見為 TFC 雜牌，往詢彼只得認錯，允明日來換，商人之不規矩往往如此。

5月2日　星期三　晴
職務

　　本月份工作為工礦聯繫小組查帳（Industrial
Planning and Coordination Group，即所謂 IPCG），已
開始由過去之 Program documents 查明其用款經過與自
1960年度起之有關 application 與預算文件等加以審閱，
以明其 background，俾為查帳之初步認識。

師友

　　林產管理局林慶華君本為余籌劃今日下午由余到該
局職工福利會與兼總幹事之邱技正晤面，即約其晚飯，
今日下午林君又來電話謂邱君堅決不肯，但甚願見面一
談，於是於電話中商定余於本星期六往訪，先談與該局
舊約問題，此時再約其吃飯，亦未為不可，此事余本覺
不太自然，只因林君熱心，故未有異言，如此更佳。

5月3日　星期四　晴
職務

　　繼續看 IPCG 之有關 Fy1960 撥款文卷，因其間預
算太過簡單，而要求補送明細表有數次之多，周折頻
繁，欲尋一確切不移之預算根據，以與實支數加以比
較，竟用去全日之時間始略知底蘊，此一機構在初受援
助之時，原欲請款五百萬元，後又減為二百餘萬元，
洎核其 Final Report 所列實支數，又只有一百三十餘萬
元，項目則與原預算亦略有出入，為證明其有無函准之

根據，不能不將有關文卷詳細查閱也。今日幫核來文一件，為美援會請撥颱風救濟款八十三萬元設計重建南機場淹水區之來函。

5月4日　星期五　陰曇

職務

　　今日處理 Review and comment 一件，為 Fund Application，由美援會轉來，謂由 TA Participants 項下支付台幣四萬八千元供金陵女中徐秀英校長赴美進修，申請書未指明係旅費，美援會函內則指為 Per diem，乃向本分署 Training Office 詢問究為何款，答者亦不知，只謂或係往返機票，又詢問 Program Office，云此款根本 TO 不知，乃教育組 Schmid 送人情，敷衍中國方面之特殊職員者，余又查 E-1，見其中規定本年度考察項目無徐之所請者，又考察旅費乃美金支出，Program Office 謂實無美金，乃斷定此款必係補助性質，由收款人支領現款者，此乃規定上不許可之事，乃註明意見，認為對此款之用途應由申請人及美援會提出確實說明，再行核辦，如此比較客氣，劉允中主任則認為須確切指明其不合，彼乃另行起稿，認為美金無此預算，台幣只應支飛機票，不能支日用費，又 TO 謂不知有此事，此諸點須先辨明再行核辦云。

選舉

　　政大同學會寄來選舉票二張，請圈選理監事，此一名單係屬參考名單，無慮數百，計應舉理事 51 人、監事 21 人，余由名單加圈，實不能湊足此數，結果在理

事名單內圈出 31 人，在監事名單內圈出 18 人，皆平素
比較知其底蘊者，在參考名單內有余列為監事候選人，
亦不過點綴性質，余亦無意於此也。

5月5日　星期六　陰雨

業務

關於與林務局舊訂清理合約之善後問題，原定於今
日到該局訪福利會總幹事邱君，但今日上午到該局時，
先詢總務室人員，知經手人林慶華君等均出發參加勞動
服務，下午再往，先晤及林君，據云邱君因公赴陽明
山，但對此一案件尚未作召集討論之準備，余乃與其約
定後日再約定時間晤面，由林君以電話告余云。

娛樂

下午率紹寧到中山堂看電影，為李絲麗卡儂與茂利
斯雪佛萊合演之春江花月夜（Fanny），演技色彩均佳。

參觀

在中山堂參觀台大女生劉海倫之國畫展，花鳥較
長，人物與其他稍次，然筆意甚不俗。

5月6日　星期日　晴

師友

王一臨同學原居於本巷，現移於羅斯福路三段 140
巷，臨去曾來辭行，余今日下午同德芳往訪，並贈食品
罐頭等。又同德芳到羅斯福路三段訪邵光裕兄夫婦，並
贈食品罐頭，因其夫人不久前曾患扁桃腺炎，當時不
知，未能往看也。

體質

午後到台灣療養院由該院李蒼醫師複診鼻疾，認為甚有進步，余亦有同感，但仍須服藥及點擦藥水，余因內服藥只能開三天，公保無法增加，乃請其另以空白處方加開四天，以備補充，李氏欣然照辦，然公保如此刻板，亦有未當也。

5月7日　星期一　陰雨

集會

晚，黨校同學在內政部舉行茶會，此為年來久未舉行者，經決定以後每兩月舉行一次，又每次用費約一、二百元，以前係由基金孳息支出，自前年由溫麟兄借去五千元後，只付息數次，現在欠本利均無法償還，且債台高築，無法自了，現在已無息可收，故開會費用亦屬無著，經決定再行籌募一次，每人五十至一百元，兩月收齊云，以次即交換所聞消息，由吳望伋、李先良、王保身等相繼發言，大體為近日反攻聲中之種種措施的跡象，似乎準備確已加緊云。

職務

續閱有關工礦計劃聯繫小組三年來之預算文件，已將 1961 年部分看完。

5月8日　星期二　晴曇

業務

上午到林務局福利會訪林慶華君，即同往訪總幹事邱君，余聲明立場，謂完全根據七年前合約求圓滿終結

雙方之關係，或續辦，或不續辦，均請局方決定，並再
三強調完全未有延誤處理之責任，彼謂余曾去函請加酬
金，余即告以此全為誤解，余有如包商，今於原約平房
而外又須加蓋樓房，余自應另送估單，造否在局，於人
何尤，彼謂續辦與否均不合宜，擬令託余從事其他，
余未料其有此，故考慮良久，始行答復，謂俟知何項
內容後，視能否勝任再行洽辦，余請其吃飯，彼堅決
不肯，云俟今日赴台中返後再談云，林務局之作風凡
事皆係在公務發展中隱藏私利，此人或又係作回扣之
打算而出此歟？

5月9日　星期三　陰雨

職務

　　今日臨時從事 Review and comment，只 Trade and
Industrial Education 一計劃之 Application 即審閱終日，
而未終結，蓋因：（1）此一計劃涉及之大專有四、五
校，工職有八校，中學之工藝、美術亦有關連，則無
慮二十校，其中雖大部分前已核過，今日所送者只有
七單位，然因其中有已經核定而又改編者，有前未申
請而此次係初次提出者，均不能不將其前後之關係加
以回溯；（2）以前已核過之各單位本應就舊卷加以引
證，俾此次可以知有無重複或脫節之處，然該項文卷不
知下落，又不能等待，故只好一面審核，一面判斷，幸
能大致不差焉。

5 月 10 日　星期四　晴
職務

　　工業計劃內有七堵 Industrial District 者係徵地修路開水道，放領於工廠使用，今日有一致美援會之覆函，為該會請在 PL480 法案台幣款內貸款二百萬元由土地銀行承貸建築勞工住宅，以配合工廠之發展，該函已經打好送來 Controller's Office 會稿，由余審核，首先查閱 Manual Order 內 704.6 節，看其有無有關不准買地之規定，又查歷年所定 E-1，有無用台幣買地之規定，均不能得到有關之根據，而此間分署所定之 S.O.P. 則又明定不許以相對基金買地，而此事之性質亦不盡相同，故甚難作肯定之簽註，由於事在必辦，故雖無根據，亦只有核准之一途也。

5 月 11 日　星期五　晴
職務

　　開始到中山北路二段工礦計劃聯繫中心，即所謂 IPCG（Industrial Planning and Coordination Group），上午與其代理執行秘書任君及會計人員史君先對一般事項交換意見，獲知事項如下：(1) 該中心直屬經濟部，其前身為經濟安定委員會，在 1958 夏工業委員會結束時，留七、八人辦理未了事項，即在美援會內一小室苟延殘喘，越一年而獲得美援，得以還魂，今日則已擴充至下分五組，人員數十，多由前工業委員會留交或由經濟部所屬事業調借而來者；(2) 該中心無會計單位，只有一人辦理會計兼出納，且兼辦另一小組 IDIC 之會

計，本月初始行分開；（3）該中心之人事待遇完全照美
援會本身之所定，但美援會本身改動時因其並不希望大
家隨之亦多更張，故並不正式通知亦加調整，然事實上
因部分人員混合辦公，每日動態，彼此無不知之，故亦
照辦，手續只由本中心批准了事，並不呈報經濟部或美
援會云。下午開始看帳簿傳票，先由制度上求了解，大
體上甚為清楚，但亦有許多不合原理之處，例如其轉帳
傳票，分借貸二種，均係片面式，該會計人員即利用其
眉端所印對方科目所寫者，作為該一分錄之對方記載，
記帳時即據以記入兩科目，顯然錯誤；又如其支領相對
基金總數本表示累計數，而結束時又將支用科目之餘額
全部轉入，以致餘額只代表未用剩餘數，迨繳還即結餘
為零，如此何以製表，亦不思之甚也。

5月12日　星期六　晴

師友

下午，同德芳到和平東路訪紹彭之級任老師王聖農
先生，不遇；又到附近訪王慕堂兄，閒談，與王兄自廢
曆年後已數月未見，據云最近患結石未做手術，服藥已
近痊愈云。

閱讀

讀五月份讀者文摘 Pearl S. Buck: A Bridge for Passing，
此為一本書之摘要，雖只五、六頁，而自然成篇，且寫
來感情豐溢，不類他人重作，文摘社人才之多，可見一
斑，此文寫其夫永別前後之情景與心境，寓悲戚於幽
怨，輕悄寫來，如一縷輕煙，飄渺中有獨特之韻致，含

蓄處極近似東方人之作品，余生平未全篇讀過作者之作品，於此短短數頁已獲深刻印象矣。

5 月 13 日　星期日　晴
閱讀
讀五月份讀者文摘 "How quick-witted are you?"，以八項問題測驗機智，全正者最機智，五至七者夠水準，四以下者則不足道矣，余經試驗後發覺有若干答案為必為獨一無二的，但余全正得四題，其餘四題則有出入，一題為發現汽車拋錨鐵軌，遠望有火車駛來，車上多人，余以為應下來推車，彼則認為應下來放棄，余固不誤，二題為駕駛汽船遇橫木阻路，余以為應靠岸登陸去木，彼則謂停駛，亦見仁見智也，三題為見孩童馳街心拾球，四題為小孩遍塗 DDT，五題為孩童以實彈槍相對，六題為下車時被門夾住大衣，七題鎖孩車內，八題游泳遇雷，只七題未答對，四題略有出入也。
體質
慢性鼻竇炎尚未痊愈，下午續診，取來藥片藥水。

5 月 14 日　星期一　晴
職務
續到工礦計劃聯繫組查帳，全日為探究其人事費，由 Fy1960 年度開始，實際月份為十二月份，今日只看過十二月份及次年一月份，所以如此遲緩，因其當年年底即有年終獎金，雖其餘十一個月並未支用援款，然該組係將其以前工業會時期與美援會時期之人員服務時間

累計計算，此為美援會曾經對本分署來函表示不予承認
者，而該組則並不請示，只由其召集人李國鼎批辦了
事，此種問題支用之款須將原委細數加以記錄，因此比
較費時，加以本分署派車辦法改變，往往等候洋人簽發
派車及等候實際派車，費去甚多時間，以致實地工作每
日不過四、五小時耳。

5月15日　星期二　陰陣雨

職務

　　續到工礦計劃聯繫組查帳，與李焜君一同工作，余
查 Fy1960 年度，彼查 1961 年度，余已將人事費部分
查完，雖只包括短短七個月的時間，筆數亦屬無多，然
內容卻諸多不能了解之事，乃向會計人員史繼光查閱文
卷，其卷內資料相當齊全，舉凡第一年適用之薪級，及
依據美援會所改訂之薪級，以及調用人員發給差額之算
法，並以後又改按全數發給之原委與根據，均有資料，
而其工作人員每年考績晉級之全部文卷亦可複按，經囑
其摘要抄錄備查，彼並對於美援會一直不准其發放不休
假獎金一事認為不平，謂該會不准該組人員連算工業委
員會時期之年資，但工業委員會調美援會人員則照算，
一事二辦，頗引為不公云。

5月16日　星期三　晴

職務

　　續與李君到中山北路查核工礦聯繫組經費，余
查 Fy1960 部分，李君查 1961 部分，余所查為一個

Promotional Expenses 之 Remuneration of Articles，為對於撰譯稿件之稿費，大致譯稿六十元，撰寫相似，有時略高，但中文譯英文則為每千字100-150元，所有帳項皆類是，但最後付出一筆，為代美援會付出，只有美援會秘書處所付之收據，值得注意云。去年所作之 POL 查帳報告，直至今日始行將正本打出，但送至 Controller H. F. Shamburger 在蠟紙上簽字時，又發生數點問題，交劉允中主任再加潤飾，劉君即與余商酌，余即將詳情說明，由彼再加文字說明，計：（1）Fy1961 之付款8750 萬買 Fy1962 之第一季用油，但在送顧問團會稿時該團會計長又加一句謂 1961 之 Program 總數為 332 百萬元，此為不包括上項八千餘萬之數，於是文字前後矛盾，乃由代稽核組主任 Martin 加以補充；（2）Physical inventory 不符原因一項有盤點人員罔顧帳面結存一語，Shamburger 認為此為應有之義，實為就方法言，事實上應指未加核對而言，故亦再加潤色；（3）國防部向石油公司借油 250 萬侖，未述原委，乃加補充，因月份手續不及趕辦之故云。

家事

比鄰許君來商因改修房屋衛生設備，希望改用余樓下已廢之私水管接水表使用，余允所請，但保留將來如有必要時仍可同時亦接水使用之權利。

5月17日　星期四　晴曇

職務

續到工礦計劃聯繫組查 Fy1960 帳，今日已將其

Promotional Expenses 中其他子目與辦公費一科目之文
具、印刷費、郵電費等子目查完，文具紙張該組均擇最
貴之材料購買，甚至職員皆用 Parker 原子筆，每一筆
台亦動輒百餘元，而其採購又多只向集成文具印刷公司
一家辦理，此種方式勢難買進較低價格之物品，郵電費
項下支出則有二問題，一為長途電話無接話人及事由之
記載，私用電話無由知之，二為其執行秘書齊世荃住宅
電話亦由公家負擔，此雖為中國政府習慣所許，然在美
援經費則反是也。

5月18日　星期五　晴晚雨
職務

　　續到工礦計劃聯繫組查 Fy1960 經費帳，今日將
Office Expenses 之 Sundry Expenses 及 Purchases 一科目
查完，連帶的將特殊科目 Telephone Deposit 亦加以審
核。 Sundry expenses 本以為係藏垢納污之所，但細加
核閱，內容則亦甚為單純，反而 Purchases 一項內之
Books and Magazines 內似乎夾雜有個人要求購買之書，
此須待與主管研究之第四組核對始知， Purchases 內又
有一項目為 Furniture and Equipment，乃係於美援會借
來之器具外，另行添置者，且包括一部分投資小組者在
內，書籍亦然，據稱此項代買之原因為該小組成立初期
經費未定之故，理由實欠充分云。

5 月 19 日　星期六　晴曇

業務

　　上午九時，如昨約到林務局訪職工福利委員會總幹事邱君，候至十時始到，謂為使以前與余之合約便於了結，擬託余代向地政事務所查抄土地台帳謄本一批，然又語焉不詳，余只好允諾，以示合作，但聲明此事如有中途波折，又當再行計議，以免再蹈過去之覆轍，迨與主辦人殷亮君及彼所約之原總務室經手人林慶華君與江君共同商討，其內容大約為：（1）金山街房屋十二棟，該會委託焦翠英會計師持余所取回之林業員工互助協會所有權狀向市政府辦理移轉，市府認為土地有其他管業機關，須附使用權證明，但此批房屋何以原來未生問題，抑此批房屋係以前登記以外之部分，則因余之文卷未攜，記憶中已甚模糊，該會文卷亦甚凌亂，當時不能斷定；（2）江君似以以為此批房屋並無土地權狀，故不能主張權利，邱君意欲向地政事務抄取土地台帳謄本，以資證明土地所有權，向另外有所主張之糧食局等機關爭回一節，恐無效力，蓋所有權以登記為準，今無權狀，徒示謄本證明以前曾經所有又有何用，不若即向其索取地籍圖，以證明本機關房屋之座落，此意見與邱原意不同，且該會已將致市府公文辦好，須另更改始可，今日不及決定，又須改日為之矣；（3）余歸查文卷，似乎此十二棟房屋原均在已登記之該會土地上，現在又何以發生問題，果係如此，則又非無權狀之情形矣，須再續查始知。

5月20日　星期日　晴

家事

下午，紹彭在女師附小之級任老師王聖農先生來訪，因上週余與德芳往訪未遇，恐有事談，故來答訪，今日所談者為紹彭功課如何求進之問題，王氏認為紹彭之缺點實為一般男童之缺點，即不沉著不細心，遇事得過且過，於是同樣算術題目做過數次，重做仍然有錯，此皆因不沉著故理解不夠，如再加不細心，則縱使方法無誤，計算亦會有錯，故二者不可缺一云。

體質

下午到台灣療養院看耳鼻喉科李蒼醫師，余之鼻腔已經無發炎現象，現在為喉頭上午有黃色液體咳出，經開另外一種丸藥並加配前用點鼻藥水。

5月21日　星期一　晴

職務

續到工礦計劃聯繫組查帳，今日查 Fy1960 兩科目，一為 Industrial Survey，二為 Operation Full Disclosure，前者為付款其他單位代為查核工礦資料，其中之承辦情形，千差萬別，最出奇者為經濟部統計室利用「台灣工礦調查小組」名義，領辦調查事宜，收據不過一橡皮戳蓋於經濟部信箋上而已，假公濟私，似公實私，公中有私之情形，躍然紙上，後者為委託二教授辦理財務公開，計共辦理三個月，每人每月三千元，助手數人，每人每月二千元，而租用計算機，亦支付數千元，全部計共付出四萬餘元，此事結束後，即不復聞財務公開之呼聲矣，本案之示範作用蓋亦鮮矣。

5 月 22 日　星期二　晴

職務

　　與李君同到工礦聯繫組繼續查帳，余查之 Fy1960
年度帳為最後一科目，即雜費，其中大部分為旅費與汽
車修理費，小部分為加班費，經核問題不多，但亦有甚
費解之支出，例如每月支出保防經費二百二十元，由經
濟部安全室出具收據來領，此為預算所無，不應負擔者
也，全部查完後即瀏覽 working papers 一過，將準備列
入報告之事項用紅筆標出，以資醒目。

師友

　　晚，王慕堂兄來訪，交來原子筆一枝，乃上週余往
訪時遺忘者，閒談大陸情況，及近今大陸飢民蜂湧至港
澳之特殊情形。

5 月 23 日　星期三　晴

職務

　　上午續查工礦連繫組帳，今日開始 1962 部分，先
核對餘額，並對其記帳立帳方法作一般之了解。下午
請假。

業務

　　下午到林務局職工福利委員會與殷亮君洽詢其正在
準備委託余向市府查抄台帳謄本一事，據云仍須此項謄
本，公文已直接送往，余願為之催辦，故將該案文件調
來，其詳情甚複雜，余久未了解，今日始融會各情而

貫通焉，大致為前代該會向市府登記妥當之土地十一筆房屋 27 棟最近再度過戶，為市府將建物十二棟附表卸下，謂座落在地政局、糧食局之其他地號上，須先得地主同意租賃始可登記，此項建物附表實際座落之地號由地政事務所一一抄來，並寫明公有管理機關，計凡八號，其中有四棟房屋在四個地號上，三個地號為地政局管理，另一個為財政部國有財產局管理，據稱此十個均已另行立約承租，是則林務局已承認其只有使用權，至於其餘四個地號附建物八棟，為糧食局及地政局管有，林務局方面意思甚有可能為光復時登記有所錯誤，則林務局應收回管業，否則只好設定他項權利，再辦房屋登記，故希望余能協助其將取得謄本事辦好，即作為以前久懸未決之契約告一段落。余因此案尚非與以前之案無關，雖余所辦登記未有錯誤，然此項改正，或亦非甚困難，故允其所請，以示合作，今日即將各件調來，準備著手辦理。在取來之後，回寓細看，始知該局所辦公文為查抄地號凡八，而該會口頭囑余進行者則為八棟房屋，此八棟房屋實只座落在四個地號上，又余之收據雖寫八案，經該會殷君囑余加註地號，寫成八號，實在只有四個地號與八棟房屋，只因有兩個八件，土地房屋易於混淆，始有此誤，處事稍不細心，即難免此失。

家事

紹南由美來信，擬轉 Virginia Polytechnic Institute 或 University of Alabama 學數學，另函台大教授劉南溟氏備信推薦，為免多費郵資，余下午往訪劉氏致意，劉氏堅執由彼直寄，余不便固卻，道謝而退。為本巷修路面

事再到市府訪廖股長，彼云此次追加五十萬元一定設
法，囑月底到市府繳款。

5月24日　星期四　晴
職務

　　續到工礦聯繫組查帳，開始查 Fy1962 用款，先決
定截至上月底為止，請其將帳簿傳票送來，傳票全部
尚未裝訂，只每一月份者用一卷夾夾起，翻檢極不方
便，如仍用兩週來之查帳方式，循每一科目次序尋找有
關傳票，將全部紊亂，費時費事，故決定改變方針，即
將傳票之固有順序為經，逐一核過，同時先將各科目
應用之 working papers 備好，有如分類帳然，在遇見每
一值得記錄之事項時，即尋到其 working paper 之空白
而加以註記，今日已將 Fy1962 年度之七、八兩月份核
完，九月份者亦看過半數，同時將應加指出之事項加以
註記。今日所發現之問題，主要為其預算之延未成立，
蓋年度開始時該組提出一項六百萬元之預算，經本分署
指示應以 460 萬元為限，所送預算既不能用，該組應另
編送核，延至最近始知一項五百餘萬元之預算正在脫稿
送出，而未奉復，緣此余在核經費時特別注意其究以何
項為準，依理其 460 萬係按前一年度情形核列，本年度
雖未核定細數，仍應以上年度成案為準，而事實上則有
超過，可見其取巧自擅，又用人費本包括煤業小組於
Fy1961，當經本分署取消，然該組由去年一月起即調
用此項人員，而又循名取實，不用煤業小組名義，此種
偷天換日之手段，如非細加推敲，無由知其底蘊，緣此

余乃將此煤業人員之薪旅費實用數記下，以便考慮是否
剔除。

5月25日　星期五　晴時有細雨

職務

繼續查核經濟部工礦計劃聯繫中心帳目，所查為
Fy62 部分，已查完十一月底，所見問題如下：（1）該
組執行秘書齊世荃原住公家房屋，未支房租津貼，此
為 Fy1960 年情形，在該年度內曾改為支半數房租津
貼，此為凡住其他機關房屋者之待遇，但至 1961 年九
月起忽又不支，而未有移居之象徵，甚屬費解；（2）致
海外電報動輒數百元，其中有經濟部長楊繼曾名義發
出之電報，內容完全為交際性，無直接涉及該組業務
者，自屬不合；（3）電話費每月均支付住宅三處者，其
中有一為蔣君，遍查 Payroll 中無此人，後見電話表內
知為美援會職員，然又何以必由此處報支電話費，實
亦費解；（4）共同工作之李焜君已將 Fy1961 部分查完，
正整理資料之中，余囑其準備查點財產記錄與實存狀
況，但須下週開始矣。

慶弔

陽明山受訓時之輔導委員洪其琛氏於最近台灣製
鹽總廠總經理任內病故，今日在善導寺誦經追薦，余
往致祭。

集會

下午到國大代表黨部出席小組會議，由趙雪峰組長
主席，今日主要事務為辦理黨籍總考核，據趙君統計余

共得八十分，因開會請事假五次扣去十分，實得七十
分，實際上余缺席尚不只此數，故只求及格足矣。

5 月 26 日　星期六　晴陣雨
閱讀

讀 *Reader's Digest* 五月號，其一為書摘，前任美國副總
統 Richard M. Nixon 作 "One Heartbeat from the Presidency"，
寫在其副總統任內曾遇數次總統患病不能執行職務之種
種打算與考慮，一種謀國之忠與對人之誠，躍然紙上，
原文題為 "Six Crises"，在此書摘內則未分成清楚之段落
焉。又一為 Five Wonders of the Wilderness，描寫登山旅
行之樂趣，在文末指出五項："（1）Soul-healing renewed,
（2）Time for reflection,（3）Physical well-being,（4）Closer
acquaintance with God's handiwork, and（5）An American
heritage we should not want to lose." 言簡意賅。

5 月 27 日　星期日　晴
師友

上午，李洪嶽律師來訪，據談數年前與吳崇泉共購
之景美土地，原地主陳忠義仍交人使用收租，而吾等則
每期納稅，殊不合理，而該地為都市計劃之預定學校
地，出售不易，故雖市價每坪達四、五百元，而此地只
值二、三百元，渠欲出售，詢余何意，余告以亦可出
售，但不必表現過急，為人所挾云。上午，廖毅宏夫婦
來約余與德芳到陸軍總醫院探徐嘉禾幼女之白血球過多
症。隋錦堂表妹婿來訪，贈紹中自製上衣。

體質

　　下午到台灣療養院看鼻喉炎症，李蒼醫師似表示不易早愈，但仍開鎮靜劑十二個膠囊。

5月28日　星期一　晴

職務

　　續到工礦業計劃聯繫中心查帳，今日因上下午到達均早之故，所查過之傳票較多，計自十二月份以至二月底，共有三個月，在此期中並無甚多之特殊性支出，所能引起注意者，為（1）聯合國曾請經濟部派員到印度出席工業會議，由聯合國負擔旅費，按相當於美金每日十元餘之旅費支給印幣，該出席人請求在會期前後延展之日數亦支旅費，並要求照十七元定率與此項印幣之差額發給補足之，即由此中心出帳，實則與此一計劃無關，不過因本計劃有款，用為尾閭而已；（2）購買精印日記冊三份贈內外人員，顯然浪費。

5月29日　星期二　雨

職務

　　續到經濟部工礦計劃聯繫小組查帳，今日共查二個月，即本年三月份至四月份，此為本次查帳之截止日期，故大體上外勤工作已經完成，只待向其經手人再度詢問其中疑點矣，又今日共同工作之李焜君則從事財產與書籍之清點，據稱其財產帳與書目之登記經抽查均證明尚屬健全云。

瑣記

　　上午傾盆大雨，至午漸小，中午下班照例乘公共汽車，下車後見羅斯福路二段之八巷、三十巷皆溢水難涉，乃至二十八號周君家，承其借傘及木屐，去襪鞋渡過，午後水仍未退清，以原法到周君家換鞋襪，盛意可感也。

5 月 30 日　星期三　晴曇
業務

　　上星期林務局囑向市政府催辦之土地台帳謄本一案，本擬星期六日往洽，因雨未果，遂乘今日放假之便到市府洽辦，先到地政科，訪地籍股許君，彼初謂不必用公文，填申請書即可，但對於林務局已經辦來之公文余囑其查詢如何處理，彼乃向科收發文查詢，遍閱收文簿本，此文未到，乃下樓到地政事務所，收發查此已經作復，係地政事務所承辦，辦事人郭君甚為熱心，告余謂該件包括一部分照抄之土地台帳謄本，另一部分則因無謄本，故將原附之抄錄費四十餘元退回，余為明晰復文內容，請其示以復文原卷，彼則謂已退原辦稿人，渠在陽明山疏散辦公處，不能應命云。

瑣記

　　比鄰許君修建房屋，因過去渠與余之界線有曲折處，希望互相交換拉直，其夫人前曾數次與德芳談起，德芳因測丈不易，徒滋繁擾，未予首肯，今日許君又乘余在寓時，重來作此請託，余因彼原已知余家之態度，而一再干求，實屬不知進退，乃遜與回絕，謂余之院落

已小，萬難從命云。到市政府工務局詢問補助修建門前
巷道自負部分何時繳款，據云明日即可往繳云。

師友

　　下午黃德馨兄來訪，將上週所請之紹南分數單由教
務處取來面交，盛意可感。

集會

　　晚到警務處大禮堂參加革命實踐研究院第廿、廿
一、廿二期聯合聯誼會，主任副主任到會報告，並有空
軍康樂大隊表演歌唱、舞蹈、魔術、南腔北調等，此三
期畢業者在八、九百人之譜，然到者不足三分之一，此
聯誼會之漸漸流於形式也。

5月31日　星期四　晴

職務

　　續到工礦聯繫組查帳，於中午將工作全部完成，並
將查帳過程中之疑問點向會計人員史繼光君當面詢問：
（1）其執行秘書齊世荃之待遇初無房租津貼，後支半
數，後又停支，原因何在，據解釋前次支半數時係因其
所居房屋為省府工礦公司所付房租，後由經濟部之鹼業
公司付給房租，同屬經濟部機構，依美援會待遇之先
例，即不付給房貼矣；（2）齊君及另有二職員各由本組
支給電話費，並由公家代按電話，當時會計方面本不肯
付，因一再要求並由二人具字聲明將來查帳剔除時即自
行負責，故始照付；（3）數人出國支給旅費，甚且有因
聯合國之待遇只有每天十元餘，乃由該組補付其與經濟
部規定每天十七元間之差額者，史君亦不以為然，然因

壓力太大，未能拒付。本案工作至此告一段落，於完畢
後並向其隔壁 IDIC 之執行秘書以前安全分署同人陶聲
洋君告辭。此次查帳間史君曾表示欲設宴招待，經堅決
謝卻。下午在辦公室開始整理資料，並將一個月來之工
作情形題綱送劉允中主任。

6月1日　星期五　晴

職務

上午，綜合整理有關工礦聯繫中心之三年來的帳務檢查所有之 Findings，據一同工作之李焜君交來彼所查 Fy1961 之結果，余再將 Fy1960 及 Fy1962 兩部分將同科目者以一併彙計，最後得以總數，計達五十萬有餘，下午乃先將此項結果與劉允中主任交換意見，彼意所有之 Findings 均屬可行，只有少數之稅捐牌照等在不超過所定之最高限度範圍內，可以 minor amount 之理由予以免剔也。現任本分署會計長 Shamburger 將於本月任滿返國，會計處同人定七日設宴歡送，今日主事者買來綢質簽名單一件，並推余撰一短文，置於其端，初以較鄭重之筆墨寫其對美援規劃調度貢獻極多，後又以為不妥，完全以輕描淡寫方式加以縮短，文曰：「本署會計長向伯葛先生自民國四十七年起主持會計處，迄已四年，同人等朝夕相共，融洽無間，茲因任期屆滿，賢伉儷即將返國，特於五十一年六月七日假台北市峨眉餐廳祖餞並簽名以誌不忘」。額為「向伯葛先生暨夫人留念」，因其預留弧形空格也。

師友

下午，裴鳴宇氏來訪，據談今秋將開國民黨全國代表大會，彼將競選國民大會黨部之代表，競選者又有梁興義君，亦山東人，惟山東人有投外票者，外省人亦有投山東人者，故無法由本省內協議共同支持，裴氏希望余投彼之票，當已承允。

6 月 2 日　星期六　晴

體質

　　月餘以來所患之鼻竇炎，雖經每日服安神藥並用點鼻藥數次，然進步殊微，在最初兩星期，所患在右鼻孔內，其時飲食無味，鼻腔內有黃色分泌物，如不慎將其黃痂摘去，不久即復原狀，如是者周而復始，幸點藥後漸漸告愈，但不久又延至鼻與喉之間，晨起以及上午不斷由喉前咯出黃痰，直至下午始漸減少，食物雖有味覺，而說話之腔調則始終有如傷風後之情形焉。

瑣記

　　小大鵬平劇公演明天為籌款賑災，下午預售入場券，余往訂座，但早到者仍不能得前排位，以致秩序不佳，眾人有謂其一部分被黃牛所買云。

6 月 3 日　星期日　晴

閱讀

　　讀六月份 *Reader's Digest*，其中一篇摘自三月二日之 Life，題曰 "English - The Language for Everyone?" 作者 Lincoln Barnett，謂今日已成為國際語之英文乃兩次世界大戰以後之事，但形成極速，若干國家以政治力量加以抗拒而終於失敗，其故何在，作者加以分析，均極扼要，正如其子題所云 : "It's frustrating, wonderful, irrational, logical, simple and now the nearly universal tongue."

娛樂

　　上午偕德芳到新生社看小大鵬公演，為楊丹麗之雅觀樓，徐龍英張樹森之除三害及王鳳娟等之五花洞。

6月4日　星期一　晴

職務

　　開始撰寫查核經濟部工礦聯繫組經費之報告，因此一報告性質單純，預計文字不多，計為 Background、Fund Status、Budget and Actual Disbursement Compared、Non-acceptable Items 及 Property Control 五段。本計劃內共見有二人出國，但該組會計人員並不知其以何經費支援，今日乃向會計處調閱 Fy1960 至1961 之美金帳，均無此二人出國，洎向主管之業務單位查問，始知 PIO/P 之號數，從而知其一有關本計劃，其二則為煤業小組人員使用一般工業之出國訓練經費也。

交際

　　美援會稽核組全體同人晚在河邊請本稽核組同人吃烤肉聯誼，但主客為 Shamburger，送其回國。

6月5日　星期二　晴

職務

　　余去年所作 POL 查帳報告，上月即已發出，因係密件，故未自索一 copy 自存，今日將最後文字與初稿以及中間經顧問團洋人修改處相比，發現若干文字上之有興味的區別，如："as ~~no~~ further detailed information was <u>not</u> available, ~~no~~ further investigation could <u>~~have been~~ not be</u> made; it would ~~be rested upon~~ <u>rest with</u>; ~~laid stress on~~ <u>stressed</u>; could ~~get~~ <u>have had</u>; ~~in which~~ <u>wherein</u>; JP-4 Jet

Fuel 等（紅字為最後改用之文字，但藍字為初稿，以至數次 review 皆此中國人所不加改動者），無疑若干用法更為順適，亦可見中外人使用英文之區別處也。

【編註：原稿藍字以刪除線表示，原稿紅字以底線表示】

6月6日　星期三　晴有細雨
職務

寫作 Industrial Planning and Coordination Group Administration Expenses 之查帳報告，今日寫三個年度之 Non-acceptable Items，此一項目雖大致前已確定，但亦略加複核，其一為重新將印製費內之應由經濟部負擔的第三屆四年經濟計劃中文本部分加以推敲，余與李君均認為其代經濟部負擔費用實為毫無理由之事，其次為歷年零星稅款，因均為細小之數，每年度均不至達到本分署 SOP 所定之可豁免標準新台幣二千五百元之最高限度，故即予以取消，但尚在文內將加以說明，以明責任云。

6月7日　星期四　晴
職務

續寫工礦計劃聯繫組之查帳報告，已大體完成，今日所寫為一部分之 Non-acceptable Items，及本文中之 Background、Accounting System and Personnel、Project Fund Status 等三部分，並由李焜君寫最後一段亦即 Property Control，至於 Attachment 之三個預算比較表亦

由李君填製，均亦於今日完成。本月份支配之工作為中
國開發公司查帳，此為美援會所提議速辦，直至昨日始
決定即辦者，今日上午先與美援會所派之樓有鍾君粗略
交換意見。

交際

　　晚，會計處全體同人在峨眉餐廳為會計長
Shamburger 餞行回國，並送全體簽名之紀念單一件，
今日之宴會為本會計處空前盛大者，因打字小姐亦全體
參加也云。

6月8日　星期五　雨

職務

　　將連日所寫之 Industrial Planning and Coordination
Group Fy 1960-1962 之經費查帳報告作最後之審訂，
準備下週一交卷，其中余所草之部分因在寫作之時
未十分注意用字，故在審訂之時費去甚多之推敲功
夫，始覺妥貼，又由李焜君寫作之部分計有最末一節
Procurement Procedure and Property Control 及三個年度之
Budget and Actual Disbursement Compared 表各一張，後
者經將數目加以複核，均屬相符，前者則文字太過累
贅，經予以簡化，去其大半矣。今日另一工作為 Review
and comment，此為上項單位之 Fy1962 修正 Budget
application，因月來所查即此單位，故不甚費力，即寫
出意見，按該組去秋核定預算為四百六十萬元，該組未
有異議，直至今年三月一日又提出新預算，請增加七十
萬元，大部分為人事費，該件經三月三十一日由美援

會轉來本分署，由投資組業務組互相交閱，其中有一router 註明 CUSA is preparing justification，然未附有此件，即送至本會計處，副會計長 Tunnell 認為如無理由增加，本處不必 bother reviewing，余即簽註云，此案 justification 不足，且年度即將終了，本處應暫予以保留云。

業務

　　林務局職工福利委員會殷亮君電話云，託余催辦之土地台帳本已由地政事務所寄到，認為余之任務已行告終，將來函請余準備總報告，以資對全案作一總結云。

6月9日　星期六　晴晚雨

家事

　　兩月前紹南由華盛頓寄來包裹今日到郵局領取，計有尼龍毛線一磅半，軍艦飛機拼湊模型二種，小錢包一件，及染髮水一瓶，現因郵包不如聖誕及舊曆年之多，故領取時不甚困難，但稅負則增重多多，計有關稅及其原有之防衛捐，新加之國防特捐，毛線另徵貨物稅，及其附帶之國防特捐，故共有稅五種之多，比關稅本稅稅額，其餘四種適為百分之百，共增加之負擔比毛線原價超出一倍矣。

瑣記

　　乘赴郵局附近之便，將本期房捐亦到台灣銀行完納，又到中國石油公司買去漬油備用，並在郵局付劃撥儲金專戶陳果夫先生教育基金捐款二百元。

6月10日　星期日　陰雨

師友

　　上午，李公藩兄來訪，談及前日來訃聞之陸軍總司令部軍法處長張天權係魯西人氏，近因鼻癌逝世，而家庭極其複雜，故友人中既不能不為之料理身後，而又甚感棘手，又談及友人中近患癌病者實繁有徒，而有治愈之望者極少云。

體質

　　鼻竇炎已近二月，本星期仍服安神藥並點鼻藥，但甚鮮效果，且已經痊愈之鼻部又有分泌黃液之現象，尤以上午為甚，今日到台灣療養院由李蒼醫師續診，察看後謂無異狀，仍開安神藥十粒，詢以是否再用鼻藥，云不須再用，彼意似甚輕鬆云。

6月11日　星期一　陰

職務

　　今日開始一項新的工作，即查核中華開發信託公司之帳目，此事乃美援會所發起，且由樓有鍾兄已進行半月而中途停頓，現在又請本分署一同執行查核，該公司亦表示既然本分署亦要查帳，即希望一同不必分開，於是美援會乃更必須約本分署一起，本組乃將預定查核之 Law Revision 計劃改為由陳少華君一人從事，余則與樓兄同往該公司查帳。今日先與主辦財務之王德壽副理談其應供給之資料，大致有以下情形：（1）會計制度尚未規定，現在只用財政部所定之銀行業統一會計制度，（2）五月份月報已編竣，可供此次查帳之張本，俟將

近完畢即屆六月底，彼時當可將六月份以至上半年者補
入，（3）該公司有稽核一人司查核放款之責，有此制
度，比較控制有力；（4）該公司資金來源為資本金，相
對基金與開發基金均記入一帳，開發基金為美金，照定
率折合記帳云。余預定本星期休假，因新工作關係改為
只休半天，故下午未往。

家事

今日開始由華興工程行來寓改造房屋，今日為第一
部工作將廚房移至前院之東北角，與臥房銜接，將來臥
房改為飯廳，將後院改為新臥房，而將現在之廚房拆除
改為後院，工務局手續亦全由工程行代辦，大致係暗地
與經辦人請託，作為修理云。

瑣記

國大代表魯青聯誼會改選，余今日函寄圈票，計
圈楊揚、何冰如、汪聖農（三人函請），及喬修梁、
張敬塘等。

6月12日　星期二　晴陣雨

職務

下午，續到中華開發信託公司查帳，仍為對於一般
性之了解，所獲 Findings 如下：（1）該公司分業務財務
技術經濟研究秘書等處，但一切放款均須由董事會通
過；（2）該公司之特性為貸放 DLF（Development Loan
Fund）美金，counterpart 台幣，IDA 美金折台幣，並
該公司資本金之台幣共四種，但並無存款匯兌等業務，
財政部予以管理，但並不加入銀行公會；（3）該公司尚

無定好之會計制度，大體上採用銀行業統一會計制度，但因 counterpart 部分須依美援會之規定分別年度 CEA 造表，故依其現有制度不能產生年度 CEA 表報，該項表報係由明細分類帳分析而得，故該公司之會計制度實一跛行之制度也；（4）樓有鍾兄一同工作，彼之重點為相對基金，因已有兩月前之經驗，故正進行逐筆放款之查核，余之目標為注重其一般之 procedure，而其成文之 procedure 則迄未交余，故迄尚茫然也。日昨於到開發公司後曾訪晤其總經理霍寶樹與副總經理潘鋕甲，霍君談其以前在中國銀行之經過，又談其主持本公司之目標，謂在做到夠國際水準，此無異於謂其現在尚不足以語此也，又謂放款不能無呆帳，安全分署與美援會所放者尚更多，此語在掩飾其近來發生倒帳，亦即引起美援會注意之理由也。綜觀該公司之情況，似乎規模尚未成型，此蓋因方始成立不足三年之故，但若干措施不適合市面之胃口亦為一種事實也。

6月13日　星期三　晴下午雨
慶弔

上午到極樂殯儀館弔山東張天權君之喪，並贈賻儀六十元。

6月14日　星期四　晴下午雨
職務

續到中華開發公司查帳，仍在求一般性之了解，同時閱覽本分署所存之文卷，得知其一般制度上之特點，蓋開發基金（Development Loan Fund）在併入國際開發總署（AID）以前已有其一套之制度，而制度隨基金運用發生區別，例如現在之中華開發公司乃為一貸款之經辦機構，其所放之款為 Sub-loan，但開發總署授權貸款須按其 procedure 進行，余今日見此項規定，但詢之開發公司則又云未訂定由該公司核備之此等文件，則其間似又難免不一致之處，又規定可以委託 Independent Public Accountant 作查帳證明，且定有其報告之應注意事項，該公司 1960 與 1961 兩年決算均由陳寶麟會計師查帳提出報告，其 1960 年之報告則又經開發總署提出若干疑問囑其答復，顯然此種制度之運用尚在草創，未見有形成一種型態之可能云。中華開發信託公司為一極特殊之構成，只有放款，並無存款，業務實為銀行，而又無銀行之名，以余見此情形，甚懷疑何以不能即由 AID 及美援會等機構委託各銀行辦理，豈不省費省時，現開發公司待遇奇高，為全省之冠，開支浩大，何以必設此機構辦理放款，實難捉摸云。

6月15日　星期五　晴下午雨

職務

　　下午續查開發公司帳，因此一計劃之查帳係應美援會之約與該會人員共同為之，倉促間未遑先行將有關之文件閱讀一過，故工作時茫無頭緒，只有在工作中發現問題，一面於每日出發前在辦公室之預備時間內補閱有關之文件，於補閱中逐漸得知其應有若干文件須向該公司調閱者，於是乃於查帳時向該公司調閱，今日所調閱者為華盛頓 Development Loan Fund（DLF，乃一基金之名稱，同時為機關之名稱，現在則併入國際合作總署矣）致該公司之 Implementation Letter，據稱至今為止已有三號，余今日閱其第一號，文字甚多，只扼要閱之，即費去二小時，此一 Letter 之目的在規定在簽訂 Loan Agreement 後如何 Request for Letter of Commitment，在申請時應附何等文件，又在進行業務中應填製之報表為何，其中規定在每季作 Monthly Progress Report，在每年度終了則作年度決算報告，須附有經 DLF 核准之會計師之簽證與查帳報告，此一 Letter 內又規定購買之程序，凡美金十萬元以上者須在美採購，不足十萬元者，則除鐵幕國家外皆可採購云。上月所作之 IPCG 查帳報告，今日初稿經李慶塏君代劉允中主任核畢，對於剔除私宅安裝電話一節，主將理由改為不合預算名稱，余本為非主管人不予核銷，如此則其主管人所裝亦將剔除，但經與劉君洽商後，認為主管人之一部電話不必提起，或不虞其援例也。

6月16日　星期六　晴下午雨
家事

修理房屋已六天，由於每日下午有雨及人手不夠，故尚只將廚房及玄關與院內加鋪水泥大致做完，至於後院新加房屋，則尚未開始也。此次修建房屋，為爭取時間計，未等待省政府已經擬訂只待發布之簡化申請辦理，一切皆委之於包工華興工程行，蓋此等小工程在目前之規定仍須先有申請核准手續方可動工，但因比鄰之

房屋改建後，舊廚房已無法通風，亟待改進，故上月即
準備從事於此，包工並負責辦理申請手續，其方法實並
非向工務局作正式之申請，而係用紅包方式向有關方面
疏通，此法雖不正當，但未免遭無期拖延之苦，亦只好
不加選擇矣。

6月17日　星期日　晴

師友

上午，李德民君來訪，談股台公司一般情形，認不
久又將改組，因虧損已多，業務並無起色，如此不能繼
續維持也，李君在該公司服務，最近裁員未遭波及，亦
云幸矣。于政長君上午來訪，談其在外貿會稽核組服務
之一班情形，並對賴美援為生以該組資料處理為主要業
務之一的 Data Processing Center 之人員缺乏，常有處理
不當之事言之批評，甚值得參考也。

瑣記

大門外巷道加修路面事明日即當著手施工，聞水溝
加蓋事並不在內，余擬自備材料為之，乃訪詢陳里長，
據云加蓋補助已由區公所核定，日內亦將施工云。

6月18日　星期一　晴下午雨

職務

繼續到中華開發信託公司查帳，今日仍檢閱其有關
文卷，計 Implementation Letter No.1, 2, 3 均已看過，據
云只此三通，然內容實甚賅備，其主要者為規定放款動
用手續，延請會計師查帳之程序，各項會計報告之規

定，關於此項，余初見其報告甚與現行者不合，洎後始見其所接 Implementation Letter，知已完全修改，該項報表於放款之本息是否按期收回及有無經營上之缺點規定甚詳。余又見一函，係 DLF 致開發公司，對陳寶麟會計師所提其 Fy1960 年查帳報告書提出疑義要求補充之事項凡十，部分為完全形式的，部分則極為著眼其內容的說明，此為該 DLF 所規定者，惜陳君當時尚未之先見耳。余與樓有鍾兄聯合查核中華開發信託公司之帳，彼全日工作，余因修理房屋，上週因雨進度太遲，故本週仍工作半日，進度甚緩，今日起在寓趁空暇時將應先閱而未閱之文件加以超速補閱，今日即補閱兩項，一為 DLF 與開發公司之 Loan Agreement，文字太多，尚未看完，其中規定多極詳細，二為華盛頓總署所定 Audit Program on DLF Loan，文字甚簡賅，然將應查事項已全部包括，因余係初次在此方面工作，故閱後印象不深，易於忘記。今日本組 Chief W. B. Millman 詢余有何發現，余只告以尚在閱覽文卷，未見帳冊也。

6月19日　星期二　晴

職務

繼續到中華開發信託公司查帳，實為接續查閱有關文卷，此項文卷對於其帳目處理方式均有直接關係，俟此項文卷洞悉大概，則查帳時自然有事半功倍之效也。今日所閱文卷有二項要點，一為所謂放款之 MOV 條款（Maintenance of Value），此為不易將全部 DLF 美金放出之原因，蓋商人對於台幣貶值之風險心懷慄懼也，於此有一變通辦法，即在借款時由借款人申請任擇二項之原則之一，一為照原規定，美金借還，年息七釐，二為改為照台幣酌訂定額，但利息照台灣目前之銀行息一分六釐二，其中付美國 DLF 者照美金數，開發公司收二釐手續費，所餘差額約八釐由台灣銀行收取，作為由該行負責保值之報酬，此一辦法因台灣銀行所得太多，美援會及安全分署均尚猶豫，故尚未有結論，此一問題甚有趣味，蓋含有利息與幣值之拗雜關係也。二為美金開發貸款之每筆最低貸額問題，據副理王德壽君云，原合同規定每筆為五萬元，但因有只需小額者，故報准該 DLF 改為一萬元起，且不必逐筆送華盛頓，只須在每季報告上表示即可，又償還期間規定為每筆至短三年，但亦有不願負擔 MOV 風險而情願早還者，故該公司亦希望在此方面亦有變通，至於最後如何決定，尚待由換文內了解之。此次查帳因美援會共同工作之樓有鍾兄注重台幣方面，余為時間所限，只有儘量注重美金，而於台幣採取間接了解之方式。

6月20日 星期三 晴

職務

因中華開發公司本日上期結息，故未往查帳，在辦公室查核其有關之文件。上月所作 Industrial Planning and Coordination Group 查帳報告今日已有打清之 Second draft，先由李焜君校對，迨余複閱時發現若干錯字並未改正，乃又重新校對一過，然後交卷。

瑣記

　　鄭邦琨君約中午在竹林之家便飯，在座尚有陳禮同學，商洽共同擔任英國所得稅法之翻譯工作，第一至四章彼已早開始譯就，故如何分配，尚待余將內容審閱後再作計擬，余提出就未譯部分平均分擔，鄭君則主張則其中有獨立性，尤其有關會計部分之章節，由余擔任，尚未作最後決定云。

6月21日　星期四　晴

職務

　　下午續到中國開發公司查帳，今日為核閱其 Central file 之 DLF 卷，自開始往來起至第二冊止，其中可以表露若干開發公司開始代辦美金貸款業務之經過情形，其中有一時期為美國 DLF 之重要負責人 Brand 來台時之考察記錄，並有該公司副總經理張心洽之前後經過說明，對於 Brand 數日訪問之經過為記起居式之敘述，而歸結於由於在台種種接觸所獲得之印象，大有改變，對本省殊有幫助，由此種表現式之文字，可見其人也。

家事

　　今日為加建房屋上樑之日，中午以酒食饗工人，乃故鄉之習慣，亦所以在溽暑中對工人之眷顧也。

6月22日　星期五　晴

職務

　　繼續到中華開發信託公司查帳，仍核閱其有關之 Central file，此中文件漸漸為開始代理 Development Loan

Fund 初期有關者，多為對於合約之解釋，手續之規定，貸款之申請核對等，故看卷記錄需要較多之時間，而進度因之延緩。綜計此次對於開發公司查帳事，已進行兩星期，而所獲殊鮮，即因工作時間只有半天，在此半天內須二時至二時半前往，五時返回，實際工作不逾二小時半，難乎其不易有迅速進步也。劉允中主任對於李慶塏君已代核之 Industrial Planning & Coordination Group 余與李焜君之查帳報告再度詳核，對於若干細小事項不斷的再加推敲，例如余主張該 Group 廢止其舊式分類簿而改用 SOP 內所定之多欄式 Project Journal，劉君必須將 SOP 之章節與格式號碼加入，以余觀之，皆畫蛇添足也。

瑣記

多日前在于右任氏華誕書展見許世英氏書自作詩，久久不能忘懷，再錄於此：「蕭蕭風雨下東寒，燈火依稀夜已闌，碑訪士元崇墓塚，詞尋工部拜衣冠，可憐萬姓瘡痍盡，且喜三湘寇虜殘，盡夕爐紅衾未暖，微聞耒水攪江干」題為三十年救僑回渝，寒夜宿耒陽，此詩最易勾起二十年前抗戰期間流離顛沛之往事也。

師友

晚，隋玠夫兄來訪，帶來郭福培兄由剛果寄來象牙製品，據云參加合作考察團，將於後日赴日。

6 月 23 日　星期六　晴

瑣記

所住羅斯福路二段八巷之巷道加鋪路面事，已告實

現，並於昨日施工，今日可以完成，據里長云，工務局
所估包工價並不包括余門前對面水溝以外之部分，其原
因為對面係屬菸酒公賣局宿舍，里長曾與其中之一鄰
長接洽分擔費用，不得要領，遂決定不予同時加修，但
實際上受其影響最大者仍為余之一家，因對面使用後門
之情形較少也。昨日德芳即與里長交涉，請其勿將對面
除外，如費用不夠，余家可以負擔，今晨余再到六巷五
號吳君家提出此一問題，謂今日修路，原估價不包括對
面，余因如此不好，經請里長仍將對面包括在內，里長
之理由為經費不夠，頗希望吳君能對於公賣局之負擔此
款予以促成，吳君云請里長對公賣局備一公文，當不患
其不能達到目的也，至於此事以前確屬不知，並非有意
不肯負擔也，吳君旋與余同到工作地點與里長亦表示同
樣意見，余回寓後即應陳里長之請為之起草致公賣局
公函一件，謂市府核定修路預算為八千七百元，補助
五千八百元，住戶自付二千九百元，又水溝改善需三千
元，區公所可補助一千元，以上兩筆因路之一側全為公
賣局宿舍，希望能按半數二千四百五十元負擔云。偶在
一英文文件內見有一美國人引用孔子名言，用英文道
出，曰："The noisiest wheel gets most grease."，余假定
出處在論語，乃囑紹中將全部論語翻完，未見此句何
在，姑誌出以待將來之查證。

6月24日　星期日　晴

師友

　　下午六時半偕德芳到飛機場送隋玠夫兄赴日本考

察，此一合作事業考察團共有團員十五、六人之多，故送行人士極為擁擠，因家中事多，未待其起飛即先行回寓照料。

家事

修理房屋已滿二星期，今日開始舊屋換裝地板，地籠掃清，並打掃頂棚，由於此項工程必須騰挪，故搬移物件最為必要，今日幾等於全部物件均移於走廊及院內，幸無陰雨，增加無限之便利。乘各木瓦工來寓做工之便，利用其工具將數週前所買之唱片用木箱加以改造，計原木箱為奶粉箱，適可裝十寸半唱片二行，故內加木板間隔，並將其原釘不固處予以加強焉。

6 月 25 日　星期一　晴

職務

續到中華開發信託公司查帳，並仍閱其第四冊 Central File，其中資料多與實際帳務有關，惜乎證明並不完全，此蓋由若干文件之不相銜接而看出，譬如該公司陳報開發基金之擬議放款，皆有其號數，而其中若干號數隔斷，或未去信徵求同意，而居然有復函前來，皆其明證也。今日起因連續二週之 annual leave 每日半天已經告終，故到署全日辦公。

參觀

到中山市場看家具裝飾展覽，包括水電設備，其中最出色者為櫸木地板，及樹膠面桌子等，款式均新穎可喜，惟定價稍昂耳。

6月26日　星期二　晴

職務

　　全日在中華開發信託公司查帳，全部 Development
Fund 之 Central file 均已閱完，但其最後一冊只有去年秋
間之資料，今日繼續閱覽兩種文件，一為所謂放款對象
之 Eligible Items 與 Ineligible Items，據云並無 Eligible
Items 之列舉，只有依經濟部與美援會所每年度規定之
不予貸助工業之規定，只作為參考，並不報開發基金
會，另一為放款之信用調查文件，係經濟研究處技術處
與業務處之合作文件，只就其形式觀之，似甚切實，余
抽查一家為大同製鋼公司，其調查為綜合美金、台幣二
方面者，調查者亦只綜合詳斷，若欲指出美金係用於何
項物資，則未確指。

6月27日　星期三　晴

職務

　　繼續到中華開發公司查帳，今日為審閱 1961 年 12
月 31 日決算報表之陳寶麟會計師查帳報告，此項報告
為美國開發基金所必需者，自 1960 年底即已照辦，當
時開發基金曾提出十點要求陳君補充，此次送出已兩月
餘，尚未有反應，或無甚問題，但余閱其報告，深感
DLF 所要求之 "Independent" public accountant 一辭似不
能不符合，因十之七八為正面肯定之敘述也，又文內有
將 debit 字樣誤為 credit 處，亦不妥。

師友

　　晚，李德修原都民夫婦來訪，送利息並囑填房屋續

保要保書，經將保額由 12 萬提高為 15 萬元。

6月 28 日　星期四　晴
職務

　　續到中華開發公司查帳，進一步研究其去年底之財務報表，今日所探究者為其盈餘分配表，此表最表示該公司之特性，蓋其年度盈餘分配除按一般慣例，分別所得稅法定公積特別公積員工獎勵金股息等外，尚有一種分成 Group 1 與 Group 2 之分欄式，各計其各項盈餘分配項目，此係根據該公司資金來源之一的相對基金借入款合約而來，緣去年底聯合國開發協會（IDA）曾與該公司擬具合作辦法，IDA 提供五百萬美元交該公司貸放，但認為該公司資本八千萬元與全部負債相比，資本成分太少，以改善此點為條件，始簽訂合同，此點之作法即可將相對基金之受償順位移後，性質略等於資本，無形中上項比例即為之提高，於是以相對基金作為 Group 1 之負債，其他為 Group 2 之負債，Group 1 負債所得之盈餘只提盈餘不予分紅，如此則淨值部分得獲累積增高之效，為表示此點執行情形，乃有此種分欄分配表之編製，但 IDA 並不需要報送此表，只須有法院方面提供證明此點已做到即可云。又此項合同規定紅利不得超出 18%，該公司又去函請求補充為如紅利不能發出 12% 時，可以動用相對基金下之 reserve，此一補充在使該公司之股票能保持市息之收益，故美援會及安全分署亦予以同意，由此一端，亦於焉可見該公司理財情形之極為特殊云。

6月29日　星期五　晴陣雨

職務

　　續到中華開發公司查帳，開始查核其 DLF 開發基金放款帳，此項基金至五月底止已訂約者廿一戶，已有支付者只十二戶，此因其用款係在海外，須接到付款通知始得轉帳也，又其還償方法係用年金法，每次均為定額，利隨本減，帳內記載均極清楚，惟放款號碼與向 DLF 申請號碼各不相同，易滋分歧耳。因劉允中主任將參加開發公司查帳之赴外工作，今日下午與樓有鍾君及王德壽副理排定程序，訂於下月九日赴高雄，劉君工作一星期，余等則轉中部再工作一星期，劉君之參加主要為以半年未有出差，非如此則須將預領旅費繳回云。

6月30日　星期六　晴陣雨

集會

　　下午五時半出席台灣省會計師公會第六屆二次會員大會及慶祝會計師節大會，直至六時半始開始舉行，然猶不足法定人數，故一面開會，一面由主席徵求自動代理出席待後補足手續，今日之會共有三部分議案，一為通過事業計劃與預算，二為修正公會章程，三為修正收受酬金標準，均只略有討論，即照修正案通過，會議程序本有的請尹仲容（美援會主委）演講一項，但尹始終未到，無人知其原因，會散後舉行聚餐，同時開慶祝會計師節大會，由王庸報告稅理士案情形，散會後開游藝會，由海光輕音樂隊演出歌舞滑稽相聲等節目，大體熟練緊湊，十一時散。

7月1日　星期日　晴陣雨

師友

　　上午，牟瑞庭君來訪，談失業已久之生活已有轉機，原因為其女已出嫁，其本人則進行基隆市府家畜市場與自由中學三處工作，夏秋間必有一成，故不復焦慮云。

家事

　　繼續由華興工程行修理羅斯福路住宅，因該行數日來延宕，進行甚緩，三星期來只將廚房建好，增加之正房五坪則只磚牆屋頂完成，格子門與地板等候數日，尚未送來，舊房則換地板二間完成，正油漆中，全部房屋同時油漆，但粉刷須待瓦工修補工作完成，此項修補工作今日方始開始，在修補中壁櫥內物件完全取出，乃乘此機會予以整理清掃。連日雨多，決提前按裝新屋水流子，今日到東南鐵店約其前來估勘。

7月2日　星期一　晴陣雨

職務

　　所查中華開發公司帳，因該公司今明兩日為半年決算期，並不上班，故未往該公司，只將調來之文卷加以檢閱，余所閱者為美金 DLF Loan 之 sub-borrower，計有三家，今日只看開南木業一家，此家自申請至購買，卷內均有資料，甚為詳細。辦理 Field trip request，計劉允中主任一星期，余則二星期，但高雄車自第二星期始有。

交際

晚，中華開發公司潘鋕甲、王德壽在圓山飯店請
客，適為留美同學會開會慶祝美國國慶，演說者有美代
辦 Claugh、中國郵報余夢燕等，末為游藝，美國一歌
唱團及菲律賓一歌舞團表演，後者較佳。

7月3日　星期二　晴
職務

繼續閱中華開發公司美金貸款各案之專卷，今日
所閱為林商號合板公司與南港輪胎公司兩家貸款。上
月所寫 Industrial Planning and Coordination Group 查帳
報告，今日本 Branch Chief W. B. Millman 又發生一項問
題，認為所寫之 Accounting System and Staff 一段太長，
須加刪節，當即取回，將其中各一段重寫，不詳述其現
制內容，只指出會計、出納應有二人為之，而會計制度
應用 Counterpart Project Journal 之多欄式云。

師友

昨日鄭邦琨兄來訪不遇，今日通電話，云翻譯英國
所得稅法事，已與需要方面訂約，希望趕速進行，余答
以將於星期六日面晤相商。

7月4日　星期三　晴
瑣記

今日為美國國慶，休假一天，本分署晚在敦化路
Compound 舉行游藝會，余不能往，由德芳率紹中、紹
因、紹彭往觀。今日出門為一極無謂之事浪費許多光

陰，緣余由南京東路乘 12 路公共汽車至中山堂，其途中並不經過中山堂，須由小南門折回後始到中山堂，及到小南門，牌為終點，車掌堅持必須下車，即另給一票亦不肯，僵持半小時，終為所勝，此處終點距起點約有半里路，而又有如此不近人情之規定，當時極為氣憤，且去程時曾步行至起點，因不及車快而為所遭，實皆可一笑置之也。

慶弔

上午到極樂殯儀館弔許揆一兄之喪。

7月5日　星期四　晴

職務

續到中華開發信託公司查帳，看其催收款項帳內之 Delinquent Borrower 情形，此中計有十餘戶，多數為八七水災案之貸款，只有該公司本身貸款一戶為慶祥棉織廠，相對基金二戶為山子腳煤礦與祥泰鋼鐵廠，尚有一戶未轉入催收款項者為富國公司，亦即余今日所閱者，當將卷內有關要點加以摘錄。開發公司因下週余等將出發中南部查其借款人，由財務處簽呈其總經理有關事項，其中有謂將由該公司準備中晚餐，余與樓君皆不以為然，歸白劉允中主任，亦主張要求其加以改正，彼陽允如此，實則仍維持原文，置於傳票之後，殊不妥也。

7月6日　星期五　晴

職務

　　續查中華開發公司帳，續閱 Delinquent Case 文卷一宗，此即高雄祥泰鋼鐵廠，該廠借款七百五十萬元添購機器，卷內未提及該項機器是否已經按裝，繼即宣布週轉不靈，亦未提出資料證明此點，於是債權人蠭起索債，且有祥泰之律師振振有詞，希望開發公司不堅持其所設定之抵押權，而顧全大局，維護民營工業，一時紛亂不堪，後又有欲租賃該廠對開發公司出租金者，則已由法院作成筆錄，亦未實現，最後拍賣抵押品亦無人出價，只有由該公司承受其一部分之法矣。

7月7日　星期六　晴

業務

　　六年前受託為林務局清理林業員工共濟組合財產一案，停頓已久，該局有不了了之之議，後經向陶局長交涉發文職工福利會核議，中間經余為之向地政事務所有所接洽而後，即來函認為可以解約並支給公費尾款，但須照約編具總報告書，已半月矣，無安坐疾書之環境，始終未能編完，今日無工匠修屋，乃以一下午之力完成之，約五、六千字，重點為組合員登記、財產登記，及財產估價等。

師友

　　上午到稅務旬刊社訪鄭邦琨兄，陳禮兄亦在座，余與之商洽分擔譯述英國所得稅法事，並請陳兄指定自 P.197 至 366 共 170 頁，余數日來看稅法，因陳兄已譯一部分，故不得要領，只好任其指定矣。

7月8日　星期日　晴
家事
上午，同紹中、紹彭到工業專科學校看招生之有關文告，蓋紹寧將於明日參加五年制專科之考試也，至則知紹寧之報名號數在第三試場即第二女中，乃到二女中，門前張掛紙條謂須下午三時始克排出考場位次，其時學生家長來者相繼，余乃商准該項人員請用電話通知工專在其布告註明下午三時字樣，以免往返徒勞，且徒費唇舌，於是回寓待下午由紹中再度前往，始獲見其考場安排云。

娛樂
上午到空軍新生社看小大鵬公演，張富椿等演一箭仇，平平，王鳳娟演三堂會審，頗精彩。

瑣記
下午到中華路大江與奇美等家買椅腳用橡膠。

7月9日　星期一　晴
旅行
上午九時乘觀光號火車由台北出發赴高雄，同行者本分署劉允中主任、美援會樓有鍾君、中華開發信託公司王德壽君，下午三時十分到達，住六合二路華園飯店，此為高雄二家觀光旅社之一，不近鬧市，地點偏僻，且有冷氣裝置，暑中旅行，得少勞累也。

職務

　　下午四時同到台灣鳳梨公司製罐廠參觀，此廠並無開發公司之美援貸款，只有以前美援糖業公司製罐設備轉讓該公司，由該公司以自有資金貸款之設備，故今日只為參觀性質，由董事長謝成源廠長劉君接待，先參觀廠房，包括車床、製罐工廠等部分，所用原料為馬口鐵（tin plate），凡製外銷罐頭用者係用進口部分，內銷者則用機械公司所產，外銷部分由物資局控制，據稱此項製罐工作為台灣獨步，若干罐頭工廠俱仰給於此一工廠，不僅製供鳳梨公司一家已也，該公司罐頭以鳳梨為主，但去年亦作洋菇十餘萬箱，洋菇去年出口六十餘萬箱，有工廠二十七家，今年將添新廠四十四家，又有舊廠改作洋菇者十餘家，今年生產總量將達五百萬箱，故滯銷削價之威脅甚大也，又台糖公司在東部經營之鳳梨亦受新廠紛紛增添之影響甚大云。

交際

　　晚應鳳梨公司之約在厚德福晚飯，是日為該公司生產會議聚餐，凡六、七十人，極一時之盛。

7月10日　星期二　晴陣雨

職務

　　上午，由台灣鳳梨公司葉財務課長陪同到鳳山鳳梨工廠查帳，先到其辦公室看閱記錄，該廠向開發公司借款定額一千二百萬元，擴建農場與工廠，其工廠雖有三處在內，然主要為在此處之新廠，此新廠內用款項目凡 18 項，依預定進度須於六月底完成十六項，但只完

成十項，其未完成者有建築二座及鍋爐輸送機二種、給
水管等，據稱大約八、九月間可以完成，屆時將新廠之
工廠按裝新機器並拆遷舊廠，舊廠改為倉庫等用，當囑
將六月底已完成之進度百分比及用款細數百分比造表備
查；於是到舊廠參觀，由鳳梨鮮果進場前去皮去心，至
切片、選色、裝罐、加封、消毒、裝箱等程序均歷歷在
目，全部用 assembly line，全部女工，但果汁部分係單
獨設置，皮心榨汁後，牛車拉出充飼料之用；然後視察
新廠建設情形，規模宏擴，且有鐵路裝卸，深井水質亦
佳。觀畢轉至鳳山午餐後，轉龍泉老埤農場參觀，此處
有地 1070 甲，經常種鳳梨六百甲左右，為該公司最大
農場，正在夏割，而田內新苗亦自茁壯可觀，亦有小果
發育未成，又是一番風味，巡行一周後辭去。在九曲堂
過永豐餘造紙廠，看其貸款造銅板紙改進情形，此廠以
打字紙生產為主，貸款已過大半。

游覽

歸途遊大貝湖，雨中別有情趣，惜不能散步耳。

交際

晚，鳳梨工廠約宴，九時散。

7月11日　星期三　晴

職務

上午，同劉、樓、王三君到高雄合板公司查帳，該
廠借開發基金六百五十萬元，用於廠房建築，現在大部
分開工，只有鋸木廠尚暫作倉庫，情形甚為正常，經理
葉大中君為一製合板之專家，精幹之至，其帳內情形亦

尚清楚，但有一項隱藏情形，即在募股之時唐榮鐵工廠
曾認股三百萬元，以鋼鐵建築材料提單付給，其後唐榮
擱淺問題發生，葉君已提不到材料，但帳則仍借方有建
築貸方有股本同數，顯然為一種未收資本，科目不符，
目的在便於驗資登記，此雖與開發公司貸款無關，然在
表報上則大誤也，查畢後視察工廠作業，此為余初次見
夾板工廠之工作，所用原料柳安木由大池吊起後即行旋
片、再切斷、加膠、熱壓、冷壓、切邊，而後完成。裝
箱則用廢木心換來雜木，成本較低也。下午，同到台灣
夾板公司高雄廠查帳，由陸廠長接待，此人雖學工程，
但對夾板無經驗，而公司設在台北，雙方資料分散，故
不能由任何一方算出成本，謂因開工甫二月，尚未釐定
制度之故，緣是未能由此間獲得建廠之財務資料，乃於
漫談後出發參觀，此廠地面大過二萬四千坪，廠房僅夾
板工廠亦達二千五百坪，但恐管理不易耳。

交際

今晚由高雄及台灣二夾板工廠在圓山飯店約宴。

娛樂

晚看電影「釋迦」，日本片，場面甚大，意義亦
佳，翻譯亦大致平妥。

7月12日　星期四　晴陣雨

職務

上午，同劉、樓、王三君到台灣塑膠公司查帳，
該公司製造塑膠粉，為台灣唯一之生產者，其聯繫公
司南亞，即在隔壁，乃專用粉料加工成塊或其他實用

品，其又一隔壁之台達化工則亦為資本相似之公司，製
Formalin 及夾板用膠，本派在明日視察者，因地理相
近，且云帳目在台北，故亦順便提前前往參觀。在台灣
塑膠時由其謝處長陪同，余詢其美金 DLF 部分共九萬
餘元之情形，謂只知貸款簽約後 L/C 與比價均在辦理
中，資料在台北辦事處云。下午同劉、樓、王三君到大
華公司看其耐火磚廠，此為相對基金貸款，所造之隧道
式窯已生產，成效比舊窯高出甚多，原料不全恃舶來如
非洲來之鋁石等，現在則已在花蓮採矽礦，使用情形甚
好，參觀廠房時見其管理甚有效率，與上午所看之三家
均有相當水準，使人為之神爽。並順便看其正在興建之
夾板工廠，計占地二千二百坪，其後有水路通港口，地
點甚為理想。今日並順便視察已倒閉之祥泰鋼鐵廠，此
中有開發公司放款七百五十萬元，雖有抵押，然除土地
外，已成破銅爛鐵，而土地亦不值抵押之價，故此筆貸
款除曾取回少數零星機器二、三十萬元外，已等於無法
收回矣。

交際

　　晚，台灣塑膠公司王副總經理、謝處長等在厚德福
約宴，九時散。

7 月 13 日　星期五　晴

職務

　　上午，到復興木業公司查帳，該公司為台灣內地人
所設夾板廠之最早者，且兼營鋸木，新近又有實芯洋門
之製造，此等膠合板有精工膠製，面板用高級木材，

如柚木（泰國進口）、桃花心木（菲律賓進口者較普通）、櫸木等，技巧精細，得未曾有，此種實心膠合板原為 loose core，因海外有需要 edge-close core 者，乃添置機器廠房，用於此項製造，其中部分即為開發公司之貸款。經到廠房參觀，於所謂空心洋門實心洋門之內容情形，皆有了解，又見其所製柳安方塊地板，謂已乾燥處理完善，正面貼紙，每方約有二十小塊，亦甚美觀，該廠歷史甚久，在上海時即為合板業，據云彼時膠料甚差，現在皆用樹脂性人造膠劑，比前進步多多云。下午到通用化工公司參觀，該廠規模甚小，開發公司貸款亦無多，出品為硫酸、硫酸鋁及明礬三種，而以硫酸鋁為主，其客戶為水廠及紙廠等，其貸款時申請之用途本為增加設備產製三複磷酸鈉，但還款已及其半，而此項計劃尚未見端倪，故其生產情形雖甚正常，而使用情形分明為一 diversion 也。

業務

上星期所寫林業員工互助協會清理財產總報告書，乘在高雄公暇託五洲打字行代為打字，昨日取來，錯誤頗多，今日校正後再往修改，尚未裝訂。

交際

午飯大華耐火磚廠邱協理在圓山飯店邀宴。晚飯，復興木業公司歸廠長在華園約宴。

7月14日　星期六　晴

職務

上午，同劉、樓、王諸君到開南木業公司查帳，該公司因添置設備向 DLF 借美金貸款，但所定項目並未完全採購，一部分且已取消，但此間並無資料藉知是否已經通知開發公司，又其價款在最後之致中國銀行函內云須修正 Letter of Credit，共降低三百三十餘元美金，在卷內亦無由判斷其是否屬於其中之何項機件，尚須候其查閱進一步之資料也。此一開南木業公司之股東與台灣塑膠、台達化工、南亞塑膠、東山電石等家均大同小異，皆特殊公司也。數日來所查之工廠均在高雄最大工業區之成功二路，該路之大廠有鋁廠、電力公司南部火力發電廠、復興開南兩木業公司、大華耐火磚、台灣機械公司、唐榮鐵工廠以及倒閉之祥泰鐵工廠等。下午到林商號查帳，該公司地五萬坪，規模最大，實為一家族工業，其董事長已七十七歲，其三子一任總經理在台北，一任嘉義廠長，一任高雄廠長，非台籍人員只有三人，其中之一即陳顧問，今日來此陪同查帳者，此次開發公司貸款九萬餘美元所買日本機器已到，部分且已按裝，但其整個需要為二十四萬美元，均需向日本購買，DLF 限十萬以下不買美貨，故該廠請求政府核准自籌資金增購，尚未核定，緣是機器暫時不能發揮效率云，參觀時見其特產之麗光板、化妝合板以及柚木空心洋門，均甚精美，其包裝用油紙，為他家所無，又自稱夾板膠係自製，故品質易控制云。

7月15日　星期日　晴

旅行

　　開發公司 sub-borrower 之抽查工作第一階段已於昨

日完畢，高雄部分在此期內共看十餘家，上午九時乘本
分署自備車先到火車站送劉允中、王德壽二君乘觀光號
火車回台北，余與樓有鍾兄則乘自備車赴台南，住成功
路東都旅社。

師友

　　上午，同樓有鍾兄到南門路訪夏忠群兄，因數年來
時常經過台南，但甚不易遇假期無事可以訪友，今日則
為最難得之機會，但因地點不能全知，故先託樓兄陪同
訪夏兄，因彼二人昔為製鹽總廠之同事也，由夏兄處
得知各師友地點，乃於十一時告辭。下午到樹林街訪馬
忠良兄，並由其引導參觀今年核准改為中學之建業補習
學校，此學校現有教室十三，辦公室、圖書室各一，財
產已值百萬元以上，其地皮主要為向市政府租用，代價
甚低，則因市政地政主管人為政校同學也。學校今日為
暑假招生最後一日，將取三百人，而報名者已達千人，
可見學校聲譽不惡也。下午，到民族路訪劉耀文兄，道
謝數年前為開拓會計師業務將在其寓所設通訊處之事，
因雖未成事實，然盛情可感，劉兄在校時往來不多，而
遇事如此眷顧，在同學中為極難得也。劉兄又陪余訪王
秀春兄，相值於途，又同訪吳挹峯先生，先生已七十五
歲，而精神矍鑠，無絲毫老人病徵，惟言談之下，對時
局尚多不滿，可見心平氣和，亦自不易。晚，吳挹峯先
生、馬忠良兄答訪，未遇。

7 月 16 日　星期一　晴

職務

　　上午，開發公司接替王德壽副理之王覺幫核來台南相晤，將共同工作一週，乃於九時同赴開元寺附近之生新麻織廠調查，該廠已經借到相對基金八百萬元，且已部分償還，其借款目的為擴充設備，俾原可月產五十萬袋之能力可以擴充至七十萬袋，但事實上該廠今年上半年之每月平均生產量只有四十餘萬袋，謂原因在糖米外銷減少，自然需要減少，但該廠已有新出路，即六月份起接受泰國麻袋加工，每袋工資 US $.1025，預定一年內繳足一千萬袋，於是該廠可以發揮最大產量矣。繼即參觀工廠，內部安排甚為整齊，大門用電動開關，處處表現新氣象焉。王覺君謂台南東和紡織廠申請開發基金貸款美金九萬八千元已經於日前核准，即將開始採購，謂不妨到該廠對此一事實加以了解，乃於下午前往，先到青年路其染整部分參觀，再到其東門外新廠紡織部分參觀，此廠自紡紗（棉、人造棉、尼龍、太特龍、維尼龍）至染成花布可謂一貫作業，新設備目的在增加漂白設備使用新漂白劑 Sodium Chlorine，可以不降低纖維強力，庶再將 Tetoron 等加工，可以合國際標準予以輸出矣。

參觀

　　上午參觀生新麻織廠之姊妹事業兒童樂園，規模甚大，新近並增建游泳池，營業鼎盛。

交際

　　午、晚餐分別由生新廠及東和廠約宴。

7月17日　星期二　晴陣雨

旅行

上午十時由台南乘自備車出發，約二十餘公里到佳里，工作至中午後，轉麻豆，凡九公里，午餐，見鎮上庭園之柚子文旦均已結實纍纍，極為賞心娛目。復行八公里到隆田，此為縱貫公路，北行於下午三時到嘉義，住世界旅社。

職務

在佳里與樓有鍾、王覺二君查核佳里製冰廠帳務，該廠因擴充設備向開發基金借一百萬元，並自籌款八十萬元為之，開發公司部分只用至六十餘萬元，因該廠設定抵押之財團亦即麻豆製冰廠估價折扣後，只有六十餘萬之故。至於支用方面，則分為三部分，一部分為新力冷凍行訂購安裝壓縮機部分，付款有帳無據，並有結匯證二千四百餘元，進口手續尚未辦妥，謂一、二月內當無問題。第二部分為高雄一機器廠（承安）包工安裝鋼管冰槽等，已付款八十餘萬元，工程亦完成其半，第三部分為建築八千坪，以擴充冷藏及製冰兩部分，只完成一部分，此一製冰廠雖為公司組織，實只為洪君一人獨資所設，其岳家在麻豆，麻豆亦設一廠，專製食用冰，原料為氨、鈣及鹽酸而已，絕對有利可圖，佳里廠近海，故供應冷藏冰船用冰為多。

娛樂

晚，看高福特技團表演，包括魔術、走鋼索、空中飛人、鋼索走自行車等，多驚險表演，歌唱有劉痕客串，其男高音甚韻致。

體質

連日有輕度腹瀉，服 Sulfaguanidine 五次十片。

7月18日　星期三　晴陣雨

職務

上午，同樓、王二君到嘉義油廠查核，由廠長胡丕基君接待，該廠之開發公司貸款乃用於新法搾油機器之按裝，已於前年底前完成，彼時即未達到預期之每天五十公噸黃豆之產製量，原因為原料不足，今日查詢其去年全年及今年上半年之產製量仍不足預期之三分之一，故當時擴充設備之真正目的並不在此也，余等詢以可否於代糧食局加工搾製美援黃豆而外，收購本地花生加產花生油，胡君謂如此耗息存料，反不若小廠粗營之有利，對此胡君又不能進一步說明細節，余等因此等經營上之問題應屬於該廠之上級機構台灣油廠有限公司之事，故不復再加詳詢。繼即參觀工廠，舊廠用壓搾法者仍然同時存在，但未見搾油，只見正在選豆、烘乾、壓片，至此為止，然後以壓成之豆片轉至新廠房內用液提法，先由高處漏斗加入豆片，機器拌勻，再加液體藥液，即正己烷，經過提油程序後再予以分析，正己烷仍然釋出，油則流入油槽，豆粉則開坦克門用人工扒出，然後篩出粗的，以細粉再度處理毒性成分，去其水分，打包內外銷，目前豆粉不受歡迎，有外銷乃一新出路也。

交際

中午，台灣油廠胡丕基君約便餐。

娛樂

晚，北行抵員林，住金山旅社，並看電影，片為哥
侖比亞出品 The Guns of Navarone（六壯士），G. Peck、
D. Niven 等主演，為一戰爭名片，極佳。

7月19日　星期四　晴

職務

上午，同樓、王二君到員林毗鄰之社頭鄉大同實業
公司查核其生產情形，該公司曾借開發公司所貸相對基
金，已償還大部，現在正進行再貸開發貸款，用於擴
充機件，加速撚製伸縮尼龍絲之產量，以應外銷之需
要，但此案是否已進行至比價階段，則此間所知不多，
因係由台北辦事處經手也。此公司之廠長曾當選四月份
模範經理，由於廠務發展迅速之故，該廠之業務分二大
部分，一為尼龍襪之織製，一為伸縮尼龍絲（stretched
nylon）之加工，而以後者為主，原料來自日本，據云
美貨太貴，意大利貨規格數量有時有所出入，日貨開價
不高而比較合用，日本 Toyo 之 Nylon、Tetoron（按即
美貨 Dacron，英貨 Terylene，完全相同）現在台灣銷場
可觀，該廠之業務蒸蒸日上，而帳面盈餘永不太大，秘
密公積之多可以想見也，最近中國人造纖維公司與開發
公司聯合投資設立尼龍製造廠，大同等家即以供應原料
之地位參加投資云，十二時完畢，該公司董事長招待至
員林午餐。

游覽

下午同樓、王二君於途次彰化時上八卦山游覽，大

佛已落成，游人可入內攀登，但只可及肩，上望可見
耳、目、口等通光部分，惟梯內甚狹，由窗口遠眺不
易耳。

旅行

下午三時半由員林乘自備車轉台中，住永豐旅社。

體質

自星期日著涼腹瀉，直至今日始恢復正常，昨、今
兩日共服表飛鳴 24 片。

7 月 20 日　星期五　晴

職務

上午，同樓、王二君到彰化查核兩個開發公司放款
單位，其一為環球菓子廠，該廠專製蜜餞，大部外銷，
所採原料以芒果居多，其次李、桃、橄欖、生薑等，程
序為大致先用鹽漬，然後加糖，該廠所借開發公司款
已經還清，營業情形極好，其二為世界罐頭公司，製品
視季節而異，目前正在製竹筍，亦供外銷，其他季節則
洋菇外銷聲譽似亦甚佳，廠房甚小，若干程序均用手工
操作之簡單機器，該廠貸款本為擴充設備，然不能照申
請項目一氣呵成，均係陸續零星添置，項目亦不能事先
控制，今日依事實狀態大約可以將借款五十萬元之數兜
起，然中間已有部分之移作週轉金矣。下午同王、樓二
君到豐原美森製木廠參觀，並查詢其所借開發基金進行
採購情形，其廠長公出，由工程師侯君接談，該廠所出
人工木板雖為獨家製造，然滯銷過甚，除非颱風過境，
平時需要不多，出口試辦，前途難料，故申請開發公司

貸款進口兩種機器，一種為 Printing Board Machine，塗布塑膠面用，另一為天然木板膠合機，用以製實心木夾板，前者出品可供器物裝潢用，後者則可供建築模版用，均可望打開銷路，惟進行甚遲，配合建築廠房與內購其他機器均尚未有發動模樣，談畢參觀廠房，建築宏敞，設計新穎，但據云通風不良。

交際

午在彰化應兩廠約午餐，晚美森約在台中便餐。

7月21日　星期六　晴

旅行

上午將旅社帳結付，於中午十二時五十分離台中，乘觀光號快車北返，於三時四十五分到台北，電話通知本分署車輛來車站接送回寓。

參觀

上午，在台中參觀故宮博物院文物展覽，本期展出精品有黃子久富春山居長卷，有乾隆題識五十餘處，又有宋柯丹丘竹軸、夏珪雪屐探梅軸、馬遠仙侶觀瀑軸、宋朱熹箚子、趙肅魏宣人墓誌、明唐寅雙松飛瀑軸、文徵明絕壑高閑、宋克公讌詩、文徵明大字中堂、董其昌謝春衣表、宋張孝祥尺牘、清人仿滕昌佑蝶戲長春圖卷、明人仿李吉萬年寶枝圖卷、王翬溪山紅樹、王原祁夏山旭照、以外有王徽之琴、宋緙絲花鳥、明太祖象六幅等等，以外為玉器、銅器、瓷器等。

7 月 22 日　星期日　晴陣雨

師友

上午，同德芳到新店訪崔唯吾先生及張志安師母，因昨聞張氏不久以前在醫院行眼部手術，結果良好，特往探望，崔氏談及新竹中德醫院本不上軌道，且無意走上軌道，但經一再督促，已漸漸改善，現在會計人員孫瑞華之職權已逐部可以貫澈云。下午，到中和鄉訪陳禮同學，取來將由余共同擔任翻譯之英國所得稅法部分條文。

家事

下午到中和鄉探望姑母，並送尼龍襪半打及陳皮梅一盒，皆上週到各工廠查帳承送來者。

交際

晚與德芳到悅賓樓參加徐軼千子結婚典禮。

娛樂

上午看小大鵬演監酒令及打漁殺家，均尚佳。

7 月 23 日　星期一　雨

職務

續到中華開發公司查帳，今日為會同樓有鍾兄及王德壽副理商定台北及新竹一帶各借款人之查核單位及進行方式，當作初步決定。今日余由美援會所製之一種 Delinquent Report 四月份觀察開發公司之放款，發覺有祥泰鋼鐵公司及富國製棉廠均為信用欠佳之戶頭，而開發公司仍予以貸款，惟其信用發生問題之日似均在開發公司放款以後，開發公司經辦人員自可諉為不知耳，但究其實際，似決不能無蛛絲馬跡可循，亦徒見此等借款人之長袖善舞而已。

體質

自上週南部發現副霍亂，範圍似日益擴大，今日余亦赴醫務室注射第一次預防針。

7月24日　星期二　晴有陣雨

職務

今日續到中華開發公司查帳，余閱有關世界銀行開發協會與開發公司間貸放款項美金五百萬元之文卷，此卷有四冊之多，但雜亂無章，久久不知其中之資料有效性究為何如，無已乃請王德壽副理調其所保存之合約原本，始覺略有頭緒，計有二件，一件為開發協會與中國政府所定之約，另一件為中國政府與開發公司所定之約，並有基本文件 Regulation No.1。

業務

下午，到林務局訪林慶華君並訪邱文球技正不遇，託林君代為約邱君何時可以參加余之邀宴，又擬往職工福利會面交總報告書，因辦事人下班而未果。

7月25日　星期三　晴

職務

續到中華開發公司查帳，余將其與財政部所定之貸放財政部與國際開發協會（International Development Association, IDA）所訂撥借美金五百萬元合約款一案之兩個母子合同內容加以扼要之分析，此項貸款在 IDA

對財政部並不計息，只收 .75% 之手續費，財政部貸放
於開發公司則照年息 12% 計息，開發公司轉貸時則又
加 4.2% 計算，聞事實上財政部須還美金，而開發公司
則只還台幣，故財政部之百分之十二只供為匯率風險之
準備，否則財政部乃一行政機關，何來利息收入？又如
何處理？均費解也，此其一，又還款期間在 IDA 與財
政部合約內規定至西曆紀元二〇一一年還清，互五十
年之久，而財政部與開發公司間則規定 1991 年即行還
清，分明提早為三十年，然則財政部掌握此款二十年，
如不為約定之運用，又將何為？殊屬費解，開發公司人
員對此亦無滿意之解釋，但余頗以為財政部對此必有一
種說明之理由，斷不致不明不白也。

業務

　　下午到林務局職工福利委員會，訪總幹事邱文球及
經辦清理案之殷亮君，面交余之公文附送清理工作總報
告書及公費收據，並約二人後日晚餐，同時又訪林慶華
君約其參加，彼因出差，當改日另約，當在林君處又備
卡片約請總務周股長等參加。

7 月 26 日　星期四　晴

職務

　　上午到中華開發公司查帳，事先約定與業務處經副
理研究放款之各個 delinquent cases，計有八七水災貸款
項下四戶，該公司本身放款項下一戶及慶祥棉織廠，
相對基金貸款下三戶，即富國棉織廠、山子腳煤礦及祥
泰鋼鐵廠，由此項談話中亦只知有此等事，骨子裡究竟

如何，仍然不知，但一種普遍的原因可得而言者，則為在該公司初期業務並無 commensurate with progress 之控制，亦無 end-use check 之舉行，以致非至發生問題尚如蒙在鼓裡，此弊後已糾正矣。下午看下週將視察可借款戶之有關文卷，只閱永豐藥廠一家。

業務

　　林務局邱君電話對昨約決延期，因須赴台中也。

7月27日　星期五　晴陣雨

職務

　　上午。到中華開發公司查帳，與王德壽副理及樓有鍾稽核先行排定下週視察台北區借戶之日程，及有關交通工具之安排，然後又將昨日準備與業務處接洽事項與該處嚴副理作進一步之交換意見，並將對於應由該處提供之資料，亦請其速作準備云。下午，同樓王君視察中華開發公司借戶陷於困難情形之富國棉織廠，該廠董事長趙培鑫先期來接，先視察其第二廠，現在名曰永隆，有紗錠二千錠，在開工中，係用廢花紡十支棉紗，為織帆布棉紗用，據云原料乃各紗廠下腳，轉售圖利，月盈五萬餘元，後則漸為另有特權者分享，且以設廠紡製粗紗為業，漸漸感覺困難，中間為改良生產，更新設備，曾向中信局借到美援小工業貸款美金三萬元進口機器，但未發揮預期之效用。然後又視察第一廠，現在未掛富國招牌，但有新光字樣，云係其舊有員工借用生產，但租金條件亦未言明，此廠內之房屋設備多為開發公司相對基金貸款八十萬元項下所置，用於產製藥棉繃帶，與二廠在生產程序上並非一事，趙君云該廠之產銷情形雖有困難，但一因人事不協，二因高利借債，乃一蹶不振，現在利息雖已停付年餘，而內部安排仍然不易，故如何更生，尚無眉目，據稱其另設永隆時之條件為由一黃君投資二百萬元參加二廠，成立永隆仍由趙君任董事長，其條件為將當時估計負債 850 萬元內之 650 萬由永隆負責償還，但又未言明何戶在此總數以內，而一廠則作為二百萬元，負責還債二百萬，（約略指上列美金三萬與台幣 80 萬之兩筆約合此數，但開發公司之 80 萬押品實為永隆之資產），當時未列有筆錄，故雙方均無切實執行之事實，於是趙君之二廠為黃所據，一廠又為新光借用，完全太阿倒持，因循不解決者已久，開發公司雖已準備拍賣而不下手者亦因未絕望之故也。

集會

晚，到三軍俱樂部參加陽明山聯戰班 1-4 期聯誼會，有紫薇及中廣演員等歌唱及美高梅電影 "Bachelors Paradise"（王老五天堂），十一時散。

7 月 28 日　星期六　晴

譯作

與陳禮兄共同擔任之英國所得稅法條文之迻譯工作於今日正式開始，但仍未能著筆一字，只是腹稿已近開始有所成熟而已，緣余擔任自第二六五條起，為固定資產之折舊減免規定，曾看其條文數條，完全不知所云，第一為行文內所夾之單獨子句太多，第二為內容與前後條文多有相關之處，知其一不知其二，但余之譯文

目標終期做到使讀者能一目了然，至少亦不致艱澀費
解，或造成錯誤印象，於是乃儘量參考有關資料，以
期融會貫通，然後下筆，自然水到渠成，故今日對照
Harvard Law School 世界稅法叢書內 Brudno 作 Taxation in
the United Kingdom，雖仍不夠詳盡，然在專書中已為
資料充分而有系統者矣。

7月29日　星期日　晴

師友

中午，同德芳到板橋自強新村應韓華斑兄之約午
餐，此為兩週前韓兄與王美雲女士結婚後之答謝宴，計
在座尚有宋志先、王虞甫、石鍾琇等三夫婦，該地在郊
外，故往返甚費時間，下午四時始歸。

家事

晚，七弟瑤祥與其同事李君來訪，閒談，七弟對於
紹寧本屆之考取北一女中甚致贊美，蓋亦略感意外也，
今夏紹寧畢業於五省中新店分部，報考省中高中所填志
願為一女中、二女中、景美女中等，又投考工專五年
制，以期省中不取時可入工專，不料一女中獲中，而工
專反為備取，或謂工專或參考省中錄取名單而有此。

7月30日　星期一　晴

職務

上午，同樓、王二君到關渡種德實業公司玻璃盛器
廠視察，該廠用開發公司貸款二千六百五十萬元，並自
籌款六千萬元（多為華僑投資），目的在製造玻璃瓶用

於酒類及藥類，預定去年十月完成，但至今方始完成，訂於後日開爐，其廠房宏敞，機器安裝均為有規模之姿態，但營業前途似尚無把握，蓋其想像中之唯一大主顧之菸酒公賣局最近又自行興工擴充製瓶工廠設備，則對於種德之產品勢將無從消納，如非種德有外銷出路，其前途黯淡，可以預見也。下午同樓、王二君視察大中華窯業公司灰沙磚廠，此廠為台灣塑膠系統工廠之一，建廠宗旨在消納製磁業洗餘之白沙用於壓製沙灰磚，此磚之特點為見水不透，而且色澤可以隨心所欲，紅白深淡均可，價格則與紅磚相似，聞此一企業最初發現者為英國，英國之泰姆士河河床下發現有石灰與沙相混而成之石塊，因而發明用人為方法將白沙加入少量石灰，加重壓而成磚，此在我國尚為一新事業，無人與競，故前途燦爛，可以預見，至於設備方面，除向開發貸款美金九萬五千元進口一部分之德、英製壓製機與鐵板外，其餘皆顧廠長一人所設計安裝，省去外匯甚多，設廠第一批磚六千餘個早已出品，成績甚佳，現預定一星期內正式開工生產，據計算利潤甚為優厚云。

7月31日　星期二　陣雨

職務

　　上午，同樓、王二君到樹林中國發酵工業公司查帳，該廠係借中國開發公司一千五百萬元配合自有資金建立此廠，共用資金一億元左右，生產麩酸醪與味精，用糖蜜及樹薯粉為原料，其中發酵一段之酵母係向日本協和購買專利權，按出品價百分之五計付，但最低應為

美金五十萬元，此一代價使其出品成本高出同一出品之
味全工廠，蓋此項發酵方法味全自行研究成功也，即此
成本亦已使其盈餘大有可觀也，該廠於上項相對基金借
款而外，亦正在進行美金之開發基金貸款三萬元，已經
採購完畢，下月半便可到達安裝，屆時味精產量可由
現在每月 80 噸增至 160 噸，銷路方面現在仍以內銷為
主，外銷無多。下午同 Millman、劉允中、王德壽、樓
有鍾等四君到樹林視察永豐新藥廠，該廠為由三重埔昔
設之塑膠廠內移設而來，新廠房一千三百坪，完全現代
化設備，衛生條件亦今非昔比，參觀後均為激賞不止，
此一新藥廠之遷建共用資金九百餘萬元，其中五百七十
萬元係由開發公司借來，另為三百萬元之自籌資金，故
共達約一千萬元，其每年營業額約七千萬元，純益約四
百萬元，在比例上不若若干其他工業如沙灰磚、味精業
等之大，惟就此廠之設備與條件而言，殆為台灣獨步
者，故今日開發公司特約 Millman 亦往視察也。

8月1日　星期三　晴陣雨
職務

　　上午，本組組長 W. B. Millman 在劉允中主任排定本月份 work schedule 時，對於其中之開發公司查帳工作之外勤任務預定須至月半一節，表示對本計劃前後所耗之時間太多，但亦無具體意見，今晨余乃準備資料同劉君向 Millman 說明預定本月之工作內容，計自 1-3 日須檢查該公司借款單位五個，下星期須檢查新竹區借款單位五單位，其中開發基金與相對基金各具相當重量，至十日止此項外勤工作始可告畢，彼時該公司已有之 115 個借款單位即可查過 35 單位，為全數之 30% 云，Millman 見此資料後甚為同意，亦即未言其他云。午前同樓、王二君到天工實業公司查帳，該公司借款係用於建築遷建廠房與增加機器，款皆用足，新廠房在南港亦已完全，只待水電工程完成，即可移入，該廠房甚為寬敞，其遠景甚好。繼至舊廠參觀，在新生南路市內，地點甚小，而能生產牙膏、牙刷、鞋油各種出品，營業額日有增加，可謂奇蹟。下午同到樹林中華電纜電線公司查帳，該公司所借款有美金十六萬及台幣五百二十萬，用於機器設備，生產電力公司用輸配電高壓銅心線與全鉛線，已試車而尚未生產，等待其獨家主顧電力公司解決其價格問題，蓋因鋁業公司內銷鋁價較高，使該公司生產成本高過電力公司之進口價格約百分之九，如何解決，尚未獲結論也。

交際

　　午、晚分別受天工實業公司及中華電纜公司約便餐。

8月2日　星期四　晴

職務

　　不久以前所查 Industrial Planning and Coordination Group 之 1960-1962 年經費查帳報告現經美援會轉准該組簽註意見，除少數表示接受，多數皆準備以解釋理由之方式申請重新考慮，美援會秘書長兼該組召集人李國鼎今日囑稽核組主管趙既昌君前來，訪本稽核組 Millman 及劉允中主任交換意見，余亦參加，對於 IPCG 所提理由之悖離事實者，加以辨正，照此情形，Millman 無一表示通融，而趙君云李國鼎將訪本署 Haraldson 當面解決一節，恐亦缺乏基礎矣。今日查核開發公司帳目之預定事項為赴金山視察金山農場之貸款使用情形，於十時由北市乘自備車起身，經過基隆、萬里、野柳等地，凡五十五公里左右到金山，又循金山通至陽明山之公里路行六公里而至金山農場，車行上山凡四、五公里，於中午十二時始到該農場，由主持人任顯群接待，解說其開闢草萊之經過，舉凡墾田畝、興水利、修築冷凍倉庫等，皆為一一說明，並引導場內參觀，共有土地七十六甲，不為不大，所植草莓已收成二年，不甚理想，但對未來信心仍堅，將來將以果醬為重點，約占總收成十分之九，鮮果與冷涼品甚少，而開發公司貸款五百萬元全為將來開始生產冷凍品之用，本末倒置，據解釋為洋人股東意見，一直參商，故此一問題甚費解也。

慶弔

　　上午到極樂殯儀館弔王覺君父喪。

8月3日　星期五　晴

職務

　　上午，同樓有鍾兄及開發公司之高君到裕來化工公司查帳，由楊廠長解說，該廠與利台化工廠在一地點，只有新舊設備之劃分，開發公司貸款之用途為增置乾燥塔，出品由粉狀改為粒狀，品質成分亦比利台非肥皂提高，俾符合外銷標準，但因外銷市場尚未打開，故不能發揮全量生產，只可每月開工五、六天，此一問題甚費周章，若干方法均已試過，但無成效，目前利台化工廠只作內銷，液體完成後亦委託裕來代為處理乾燥，故兩廠實難以劃分也。下午，同樓兄及開發公司劉科長到新店安坑查核長豐煤礦借款經營情形，由秘書吳君陪同前往，該礦老坑產量本為每月不及二千噸，只借款開採此項新坑後，已每月可產四千噸，每噸可淨益四十元，但向開發公司所借之款須於兩年還清，每年本金三百五十萬元，即須另有來源，方可應付，此點為該公司之來年難題也，至於設備開採等等均甚正常，純益亦自前年之五十萬增至去年底之九十萬元。查核後即入礦視察，此一新坑已開六個煤巷，坑道用斜下式，比以前習用之平坑為進步多多，余等由 hoist 放下約七百公尺，到第六巷，見其中有煤層，工人正在挖掘，赤身露體，厥狀至苦，探坑為余生平初次經驗，當時換用礦上衣服，頭戴有小燈泡之鴨舌帽，腰後掛電池箱，並隨戴毛巾拭汗，亦奇趣也，歸途參觀吳君葡萄園。

8月4日　星期六　晴陣雨
譯作

正式開始英國所得稅法之翻譯工作，今日只譯成一條，蓋斟酌推敲，使其既能以我國之法律文字方式重現，亦能將原來之涵義完全表達，欲求兩全，煞費周章也。

業務

下午到林務局職工福利委員會訪邱文球及殷亮二君，據稱公費尾款已在簽撥，詢以下週可否完成手續，據稱計時應可辦到，余再約其於下星期六飲宴。

師友

下午到南京東路聯合新村訪本稽核組同人李慶塏君與靳綿曾二君，二人比鄰而居，皆此次新遷入之住宅也。

交際

開發公司王德壽君請吃晚飯，似為新居移入而約者，故隨帶糕餅水果二事，以表慶祝。

8月5日　星期日　雨颱風
譯作

繼續譯作英國所得稅法，上下午各譯成一條，不滿千字，此項譯文最感困難為原來形式雖儘量加以保留，然行文有時而窮，例如原文多處有 "Subject to provisions of the Act." 或 "Subject to provisions of XX"，若一一加以譯出，作為「除本法另有規定外」，將觸目皆是，處處有如贅疣，但該項原文亦皆有其周密之處，如其立法之特長，則譯文不能完全表現，深以為憾也。
颱風

　　今晚強烈颱風 Opal 過境，下午風力漸強，新建之
屋因大雨有漏水之處，因無雨遮，窗外不能防水，磚牆
亦然，處處照料，煞費周章。

8 月 6 日　星期一　雨
颱風

　　颱風 Opal 歐珀於昨夜過台北，風勢最強時為十一
時至十二時，據報載有十一級風每秒五十公尺以上，其
時房間搖撼甚烈，而大雨如注，電燈時明時暗，一種恐
怖氣象，視前年波米拉颱風有過無不及，新造磚屋由窗
下滲入雨水，屋頂亦漏水甚劇，只有單獨一間之木造房
屋始終未漏，亦云幸矣。余日間又至新竹竹南一帶，據
云風亦甚大，直至今日仍有陣雨時作，至夜方停云。
旅行

　　今日先到分署辦公室，見公告休假，問前週已派定
之車，乃與樓君有鍾同到中華開發公司，約該公司一同
出發查帳之李思民君，並先後到分署 Motor Pool 及樓
君及余之寓所取行李物件，於九時半出發南行，同行者
並有華民紙廠經理孟君，於十二時到新竹午餐，一時到
竹南，住新開之亞洲旅社，尚佳。
職務

　　下午，同樓、李二君到華民製紙公司查帳，該廠與
其他紙業同，年來俱在滯銷虧損之中，乃向中華開發公
司貸款美金八萬三千元、台幣五百九十餘萬元增加製銅

版紙（coated art paper）設備，預期投資約一千萬元，每年可盈餘五、六百萬元，現在美金部分機器已由西德裝船，台幣部分向西德結匯，亦已由中信局開標，但廠房須自籌 150 萬元，尚無著落，乃當前問題，繼參觀其現有設備後，晚飯，辭出。

8月7日　星期二　晴陣雨

職務

上午，同樓、李二君乘自備車到竹東迤東之亞洲水泥廠查帳，該廠係向開發公司借 DLF 美金二十萬元，擴建新窯，原舊窯年產十五萬頓，擴建後可達三十萬頓，然據其廠長談稱，自四月開始生產以來，新窯月產已達一萬八千頓，則年產可超過二十萬頓，連舊窯幾近四十萬頓，水泥成本低廉而售價昂貴，在台可謂一枝獨秀，該廠之舊窯投資，連資本及貸款達一億四五千萬，而新窯則不足一億，產量可倍之，可見成本之可更趨於低下也，該廠有一不利之點為石灰石係由九公里外用索道運來，增加成本因素，但在總成本中則所占微不足道也。下午到竹東新竹玻璃廠查帳，此工廠之營利能力亦佳，內銷玻璃成本不及售價之半，且係全省獨家，無人與競，曾向開發公司貸款新台幣一千萬元，已還二百五十萬元，當時為建立第二廠之用，早已完成，參加生產，今日只向其查索去年度產銷數字，以觀生產情形與預期者有何出入而已，該廠刻又進行第三廠之籌建，台幣部分完全自籌，美金部分則直接向華盛頓 DLF 洽請貸款一百六十萬元，已經簽約，尚未開始採購云。

旅行

　　因等候分署司機昨日回台北今日再來，故十時始由竹南出發，十二時到竹東，下午七時離竹東，七時半到新竹，住皇后旅社。

8月8日　星期三　晴
職務

　　今日全日照預定日程赴頭份中國人造纖維公司查帳，該公司向中國開發公司借 DLF Loan US $ 670,000 用於 Short-aging Installation 者 15 萬元，用於 cellophane 新廠製玻璃紙設備者 52 萬元，前者本擬借 9 萬元向日本購買，因 DLF 不願一事兩辦，乃恢復為合併辦理，並增為 15 萬元，後者為向美訂購新機器，擴充設備。上午到後因等候其會計處長潘明德由台北趕來，故先參觀廠房，除正常之固有生產程序外，見 Short-aging 部門之 von Kohorn 廠機器已經安裝完成，Cellophane 機器亦有一件裝在舊廠房內，但均尚未使用，玻璃紙新廠房機器到達者有一九萬元之譜，已付款者則達四十萬元以上，廠房則已建築完成，等待機器到齊始可安裝云。下午由潘君解說建廠購料之程序，謂凡美國已經付款之帳項，均係開發公司轉來，開發公司已付款之件未必能即行運到，故運到之件另作紀錄，並將入庫及發出安裝均設專欄記載，當抽查數項，工程及倉庫人員均能一一指出，足見不亂，但購買方面則不甚就緒，例如在訂約前該公司所開詳單之總名細目幾乎近千，而均無價格，每批到達幸尚能照事先所編號碼核對，此時發票上已有價目，但又未見會計單位記帳，潘君云材料到時原則上均記帳，領發時轉入未完工程科目，於完工再轉固定資產，惟帳不在手，詳情難明。

娛樂

晚到新竹看電影，希區考克 "I confess"。

8月9日　星期四　晴

職務

上午，同樓、李二君到新竹埔頂路啟明化工廠查帳，據開發公司資料，該廠曾於前年借款三百萬元，以三分之一用於建築廠房生產薄荷腦，以三分之二用於製造葡萄糖，但後者迄未進行，款則用於訂製葡萄糖機器，付之大隆鐵工廠，開發公司曾因證明此點事實而向大隆查詢，而大隆否認其事，但查帳人員亦未寫查帳報告，其後至今年三月開發公司又據啟明之請而准其改製洋菇，但未附有預算，據此資料，乃於今日向該廠作進一步之查詢，到時由會計廖君接待，謂公司負責人在台北，不及前來，其會計帳冊在此，但舊帳及傳票則均在台北，遂就其此間資料加以審核，結果如下：（1）帳上機器科目列110萬元，謂係全部製薄荷腦之設備，另有預付款190萬元，為付大隆定製機器款，今年五月份收回50萬元，餘款謂由該大隆定製洋菇機器，但付款憑證及合約等件均在台北，經囑其於下星期一送開發公司補閱；（2）興建洋菇罐頭廠謂已計劃妥善，十月間在廠內動工，洋菇每冬一季收成，今年因出口配額已分配淨盡，只能明年收購原料從事出口；（3）上項收回50萬

元歸入周轉資金收購薄荷油；（4）第二次還款五月底
到期，直至七月底始還。查畢參觀一週，製造程序為冷
凍、結晶、分離等程序之重複使用，頗富興味。

8月10日　星期五　晴

職務

　　上午，到山子腳煤礦查帳，同行者美援會樓有鍾兄
及中華開發公司李思民君，該礦負責人顏滄海早去日
本，現在該礦係由員工開採抑由礦主開採，尚不之知，
該礦舊坑漸漸枯竭，新礦開採之源起甚早，且曾向美援
會借款開工，因未繼續而將款追回，去年又向開發公司
以同一目的申貸，美援會曾提起往事請該公司注意，然
未發生功效，不料款貸後未作此用，即本息拖欠不還，
舊坑則在苟延殘喘，一說亦停止開採，開發公司前曾去
查過數次，然對近況亦不甚了然，今日往該礦察看之目
的即為明瞭其舊坑是否尚有開採，新坑究竟有無進行，
到山佳站附近該礦山下辦事處時，無人辦事，僅有礦上
職員之幼子在該處讀書，乃請其帶路上山，初沿公路行
走甚久，乃決定放棄步行，乘車上登至山腰始行改用徒
步，到達時礦上有職員在該處等候，但未在山下等候，
據稱老坑刻尚在開採之中，上半年每月可出五百噸左
右，七月份則因颱風，只出一百餘噸，然一直不夠開
支，欲夠開支須滿五、六百噸左右，因而欠薪工數月，
未能發出，至於新坑則數年來一直未動云。

旅行

　　上午九時半由新竹乘自備車出發北行，經桃園鶯歌

至山子腳煤礦查帳，十二時到，一時離去，折返桃園午
飯，飯後並看電影「千軍萬馬戰古城」，意大利片，四
時再行，四時四十分到台北，因分頭送各人回寓，六時
始竟。

8月11日　星期六　晴

業務

　　林務局之清理案自余將總報告書送該局職工福利委
員會後，又在拖延中，昨日下午訪主辦之殷亮君，據云
其股長周徹甫對本案尚有若干瑣碎意見，其中之一為報
告書上並未加蓋印章，又謂其總幹事邱文球君赴南部
明日不能回此，故余上星期約其晚餐一節，恐又須展延
云，余今日下午到該會將原總報告書一一加章，殷君謂
為待邱君回會時再行催辦，周所提各項瑣碎問題諒無妨
礙云。

師友

　　晚，本稽核組同人在李慶塏、靳綿曾二兄家舉行聚
餐，由中國之友社代備自助餐，同人十五人中有一人
未到，另約打字小姐四人，亦有一人未到，故共到十
七人。

8月12日　星期日　晴

譯作

　　繼續譯英國所得稅法，今日譯成第 268、269 兩
條，第 268 條為折減與殘價之意義，最為複雜，所謂
折減，原文為 write-off，此一名詞指固定資產可以折

舊而言，由於固定資產有未必始終用於營利事業者，亦有在使用期間常有轉讓，在轉讓時未必恰按其殘價（residue）成交，於是有加以調整之必要，此項調整乃根據本條計共十款之規定而為之，各種情形出入甚大，余初見有數條文甚費解，及解釋清楚，又覺中文不易表達，只好儘量就其大意為之矣。

師友

上午，樓有鍾夫婦來訪，係因余擴充房屋，近始完成，特來訪問。

8 月 13 日　星期一　晴

職務

全日到開發公司查帳，今日處理下列各事：（1）上週在新竹啟明化工廠查得之葡萄糖建廠計劃作罷改製洋菇案，今日其會計補送有關文件以資了解，計有兩年付給大隆鐵工廠之訂買機器合約一百九十八萬元，該約只云將機器交貨期延至去年六月底，但至今未交，亦未改製，只在今年退款五十萬元，仍欠 150 萬元，此數與計劃中將由該廠改製之機器約一百二十萬元又相去約卅萬元，同時改建計劃亦無來源別之預算與計劃進度，經囑其早將變更計劃與預算送核，並與大隆工廠完成新約云；（2）審閱業務處上兩週交來資料，並請有關人員說明，其中美金 DLF 之撥款程序依其表列各項數字，語焉不詳，經詢明始知為分列下述各欄，一為核定額度，二為實際放出數額，此數額亦即放款帳上之借方總數，與月報表上之已經抵除貸方數額者不同，故前者既大於

後者，又有一表為 DLF 先後簽撥 Letter of Commitment
兩次之支用情形，表內先列支用數，後列未用數，此一
支用數經詢問後，始知乃開發公司經由中國銀行通知紐
約兩家代理行開發 L/C 之通知累計數，與紐約代理行
實際開出者，自又有相當之距離焉。

家事

晚七弟來談吳伯實來函云投考大學失敗，託余為其
謀事，余囑回信詢其願否為司機，及是否用錢，以及信
內所提之輔導會特考究為何項內容。

8月14日　星期二　晴

職務

兩月前所作之經濟部工礦聯繫組查帳報告，該組反
應對於剔除的五十萬元一項表示異議，上週其稽核組主
管趙既昌曾來分署與 W. B. Millman 交換意見，又聞其
第四處代處長瞿永全來與 A. W. Tunnell 交換意見，而
最後該組召集人亦即美援會秘書長李國鼎來與署長 W.
C. Haraldson 交換意見。昨日劉允中主任交余美援會來
文一件，轉述該組對於該查帳報告之書面意見，其中對
於剔除款除承認繳還一萬餘元外，其餘四十八萬元有餘
概請免繳，其上並附有 Haraldson 致代理會計長 Tunnell
之小條，謂彼以為對於 local currency 不必 fuzzy 如對於美
金然，彼 agreeable with 該信之所提，不知彼意云何，
云云，Tunnell 轉交 Millman，Millman 絕不甘休，因
Haraldson 近已離任，且未作斬釘截鐵之表示也，劉君囑
余簽註意見，以作對案，余於今日將 memorandum 寫就

草稿送代理劉君之李慶塏君先行核閱，李君提出若干意見，於下午再事潤色，大意為對於為數最大之剔除煤業小組部分三十餘萬元更提出當時不准其有此 activity 之公函根據，又對於其函內捏造事實部分亦予以揭穿，以明其強詞奪理與指鹿為馬之雙重技倆云。

師友

下午到內政部訪陳禮兄，取來英國所得稅法續收到修正條文，及其三、四、五章譯好之中文稿。

8 月 15 日　星期三　晴
職務

繼續到開發公司查帳，審核其開發基金貸款分戶帳之內容，該帳正面所記為放款額度、條件、時限、攤還表，以及客戶與保證人地址等，下端則記放款數、違約金等項，因只有一戶開始還本，其餘皆只尚按期付息，俱無遲延情形，故情形甚為正常；繼審核其反面所記之押品情形，除以本貸款進口之機器擔保七成外，其餘尚有三成則須於申請開發 Letter of Credit 時繳足其他足供擔保之物品，惟帳上所記不詳，據云係有所脫漏，又此項進口機器雖充作押品，但保管在借款人處，無適當之標誌，亦無防止其再押之方法，此點尚須進一步加以檢討云。

8 月 16 日　星期四　晴
職務

繼續到開發公司查帳，已將開發基金放款帳之各項記載詳加審核，尤其有關抵押品方面，昨所記之進口機器本為作為六成，另以其他押品補入四成，此項規定現改為七成三成，乃徇借戶之請求者，但余對照該公司所定，送經 DLF 同意之 Regulations Governing DLF Sub-loans 其中硬性規定為四成六成，依 DLF 之規定，凡經該 DLF 核定過之文件如有變更亦須送 DLF 備案，開發公司未必有此手續也，又余在開發公司卷見 DLF 同意之 Eligible Items 與業務處送來者不同，亦未知變更時是否曾經報過，亦待查明。

8月17日　星期五　晴

職務

上月所查之經濟部工礦聯繫組經費，本已依據本組 Chief W. B. Millman 之意，就該組所提之解釋與申請各點提出意見，交渠與代理會計長 A. W. Tunnell 商洽對策，昨日並依據渠之意見在辦公室守候半天，等待參加討論，後因無確定時間而罷。今晨詢之代理主任李慶塏君，謂昨日根本未有討論，只有由 Millman 將原件交回，囑李君擬復，對全部美援會轉述之意見完全接受，亦即對原報告剔除款四十八萬元餘，除該方承認之一萬餘元外，完全免於剔除。此一舉措證明 Tunnell 接到署長 Haraldson 之通知時只加一簽字不置可否，實為默認之意，但未明告 Millman，又證明 Haraldson 所放起身砲並不能因其人去而有所變卦，本組自 Millman 至劉允中、李慶塏等君之想法以為可以翻案者，實太天真，而不知政治即是如此這般也，又今日李君謂今日擬復之稿已至週末，須下星期一新署長 Parsons 簽發，尚不知如何，此亦一天真想法，新人上任絕不會反替舊人負責也。續到開發公司查帳，查閱其一部分關於委託中國銀行代理開出申請美國銀行開發信用狀之手續及所定之條件等，卷內並發覺該公司報英國開發基金會之放款對象 Eligible Items 中間又有所更改，當囑查卷求證是否照章報過開發基金會備案。

8 月 18 日　星期六　晴
譯作

全日從事英國所得稅法之翻譯工作，今日工作效率最高，共譯成五條，計自第二七六條至二八〇條，其條文有甚為簡單者，但速度加快之原因尚為對於該法原文文氣之較為習慣，並該法為求文字周密，習用長句，其中插入之子句或片語，均用截斷方式，此等語句在中文最難移來，有時無法可想，即分成數句，然又有不能一氣呵成之弊，現在余儘量採用意譯，只有原意不變，或為一般參考而不慮其有適用上之漏洞者，即對於種種限制之文字加以省略，省略反有助於整個意思之傳達也，又註腳甚多，余初未譯，後因陳禮兄均譯入，故亦予補譯焉。

8 月 19 日　星期日　晴

下午，同德芳到本路六十六巷訪蔡復元兄夫婦，託為紹寧擔任到第一女中註冊之保證人，蔡兄刻已擺脫教育廳職務，請准退休，據稱去年舊曆九月初三為其七十歲生日，但不願鋪張慶祝云。

家事

今夏修理並加添房屋，自上次颱風降臨發生漏水現象，泥水匠及油漆匠均曾前來補綴，普通小雨自然不致再漏，將來颱風再來考驗，尚不知情況如何。新裝檜木地板三間計十二坪，均由德芳負責清潔處理，並由兒女輩通力合作，打蠟揉亮，光可鑑人，得未曾有。

8月20日　星期一　晴

職務

上午，與樓有鍾兄續到中華開發公司，與其法律顧問葛邦任律師談各項催收款項之訴訟情形，上週由樓兄單獨與其談過山子腳煤礦一家，今日續談富國棉織廠與祥泰鋼鐵廠，前者因等候其股東間糾紛或有解決辦法，則繼續經營，自然償債把握較大，但無結果，將催法院早日執行押品；後者因財團之抵押處裡困難，故遲遲未有結果，葛君認為工礦財團抵押法雖對於工業界有極大裨益，但對於放款作為擔保品仍甚薄弱，因其中往往包括動產與不動產二種，其處分方式依法各有不同，曠日持久，在經營中有價值之押品至處分時常一落千丈也，余由葛氏之說明，提出工礦抵押法之質問二點，一為其中如含有不動產部分，不動產因登記而生效，今既在建設廳登記財團，設又秘密向地政機關另行登記移轉，如何防止，二為動產部分既不必由債務人占有，則如有移動，何以防止？葛君認為問題極佳，目前只賴建設廳之公告登報認為眾所周知而已，實為極大漏洞也。下午

續核有關文卷，此為余自開始即向該公司索閱而始終
未獲全貌者，即該公司依據貸款合同向華盛頓報告之
Eligible Items for Sub-loan 是也，現在始調齊原案，以及
送出及獲復之日期文號。

師友

下午到空軍醫院，看于紹奎君病，係癌疾甚劇。

8月21日　星期二　晴

職務

上午，續到開發公司查帳，今日求解兩問題：（1）
因昨日看過該公司在開發貸款開始前，致開發基金之公
函表示其各項先決條件之已經完成，內有一項提及該公
司將對開發公司之債務優先清償，附有美援會同意函一
件，該函在相對基金亦有清償權之立場承認此舉，因而
余對於最近該公司及美援會因向聯合國開發協會借款亦
有同樣條款，發生有無矛盾之問題，經與王德壽副理討
論，彼初就其記憶，謂對開發基金未曾有此承諾，洎余
示以該項函件，乃無異詞，惟研討結果，認為文字不
同，相對基金之清償在資本以外為最後，同時對開發協
會只表示此點，對開發基金則對於一切債務均列於其
後，故第一為開發基金，其次始開發協會及一切債務
也；（2）在所定開發轉貸款之 Regulations 有未執行事
項，如貸戶決算報表之須會計師簽證，如借款時提供等
額資金等，王君云前者有意不予執行，以減客戶負擔，
後者則問題甚不單純，有時為顧全事實；余囑其為余備
一資料，列舉 Matching Fund 之實際狀況。今日查帳工

作已畢，臨行與其潘鋕甲副總經理告別，所談之呆帳問題，咸認增加稽核工作為最切要，但人手難得，潘君謂五年前如沐松濤君者不加考慮，今日則即此亦難求矣，而沐君五年前固薄成功大學系主任而不為者，真不知從何說起。

8月22日　星期三　晴

職務

在辦公室對於在開發公司取來未經細閱之資料加以補閱，主要為其資產負債表及陳寶麟會計師之審查報告，該報告為對於去年底者，發現筆誤數處，未知其是否於送至美國開發基金後亦被發現，因至今未接美方之反應也。余對於該項報告之觀感為避重就輕，應詳述之處多從簡略，或且有掩飾之處，例如對催收款項山子腳煤礦認為有充足而有效之抵押品，即非事實也。

見聞

在裝池店見丁治磐書聯一，其詞可供深思：「事擾書從零碎讀，時來花自整齊開」。

8月23日　星期四　晴

職務

複閱中華開發公司之有關資料，並與樓有鍾兄互相核對，其中一項為其 Contingent Liabilities 之保證款項及應收保證款項，計共八千餘萬元，雖兩方相抵，然其負債為不可有絲毫含糊者，而資產則全視其抵押之是否確實及是否足數而定，經核其中有棧單之類，此等棧單如

為借款人本身所開，則其情形實亦只如該公司有時以借
款人本身之股票為抵押者相類似，蓋似是而非者也。新
任分署長 Howard L. Parsons 於二十日到職，今日到各
辦公室與中外職員全體逐一握手為禮，據云此為以前各
任所無，皆預料其作風亦甚開明也。

8月24日　星期五　晴有陣雨

職務

　　上午，在美國新聞處參加本分署頒發服務五年及十
年之職員紀念品典禮，參加者二百人，觀禮者亦同此，
由二十日方行到任之署長 Howard L. Parsons 主持，首
先報告其到任前對此間分署所知為一最好之分署，迨到
任後知名實相符，希望今後多所協助策勉並隨時多所接
觸，繼即頒發備就之件，計五年者為證書一張，由此間
分署簽字，中英兩文，十年者則另加紀念章一枚，係美
國政府服務十年紀念章，其證書亦由華盛頓所印發，至
十時半禮成，上午即行休假。

瑣記

　　今日因上午休假一小時而發生一趣味之插曲，Parsons
在頒獎完畢時曾有尾語曰：Why don't we have holiday after
lunch，多數人均因其聲音低沉，只聞後半句，乃紛紛
認為下午可以放假，余亦其中之一，後知前面有人聞其
全句如上，乃一幽默語句，故下午仍然上班，此時論者
又有謂 after 以前有一 until 字樣，但余實未聞此字，故
疑其為揣踱之詞，依余之判斷此仍然為一幽默語也。

娛樂

樓有鍾兄贈送戲票，晚與德芳到國光戲院看復興戲劇學校應美援會約所作出國前之演出，第一齣為泗州城，並不十分熟練，末為全部貂蟬，由呂布建功起至刺卓止，服裝及排演形式俱佳，主角王復蓉、葉復潤，均夠水準，但亦無特殊擅長之處。

8月25日　星期六　晴陣雨

譯作

上午及下午從事英國所得稅法之譯作，其中大致無十分艱深之處，但文字累重，且多反覆再敘之處，感覺無法完全表達無遺，其中又有一句為闡明該一條文之要旨，適用於凡在該條制定時未有該項條文之條件者皆可援用，字雖不多，而如繞口令，尋繹良久，始得其正解，此一工作之困難往往類此。

娛樂

下午，同紹、寧紹彭到國都看電影，為美高梅長片萬王之王，King of Kings，寫耶穌一生事跡，場面偉大，彩色絢麗，演來亦精彩動人，演員為傑夫利亨達、碧姬貝絲林、羅勃雷恩、麗泰金及薇維嘉蘭馥等。

8月26日　星期日　晴

家事

晚，同德芳到信義路訪王聖農先生，因王氏為紹彭之級任教師，下學期即為六年級，故往與交換意見，希望秋季開學後能繼續鞭策，俾有考入公立中學之望。蓋此兒智力不低，而成績不佳者，其原因一在於無自治力，故不被動督促，即不肯前進，二在於欠缺專心，故學過之功課，再做未必做出，此二痛能改始有望也。

娛樂

到新生社看小大鵬公演，首齣白水灘，童伶林光華演，極緊湊精彩，二為夏元增、鄒國芬頂花磚，亦佳，大軸嚴蘭靜等大登殿，唱工已無懈可擊。

8 月 27 日　星期一　晴陣雨

職務

中華開發信託公司之有關資料已將次完全核閱完畢，今日分析其歷年之盈餘分配，第一年為一九五九年，當年之盈餘只分配於所得稅及一成法定公積，其餘即作盈餘滾存，迨一九六年底又併入當年盈餘分配，但次年始行記帳，故年底時之滾存所記者仍為上年數，次年分配後之餘額尚未及在報表上有所表現，即因所得稅之調整額計增減各一次，而又造成年底報表上之新盈餘滾存餘額，於是陳寶麟會計師在其查帳報告上說明，此兩年年底由於滾存不同之原因為所得稅稅額有所核退，使盈餘滾存有所增加所致，而將分配盈餘一節略而不提，此點設其 1959 年查帳報告不提當年滾存額，閱其報告者亦只好馬虎過去，無由對照，但其一九五九年查帳報告又明言滾存若干，至次年又全不相符，而次年之說明又輕輕帶過，明眼人自一望而知也，此點余係根據其差額以電話向開發公司王德壽副理查詢而得，乃採取抽絲剝繭之方式，發覺其鬆懈處者也。下午開始寫作此一報告，已將照例之開端事項如同報告之 Subject、Purpose、Scope、Project Summary 等項填寫就緒，本報告雖為對於其一般財務之分析核對，但主要為對於 Aid Fund 之評價，其中又有 Development Loan Fund 與 Counterpart Fund 兩種，尤著眼於前者。

8月28日　星期二　晴

職務

繼續寫作中華開發公司之查帳報告，Findings 之第一段 Function and Organization，大體依照該公司第一年之年度報告內所用資料，加入其最近半年來增資資料，第二段為 Sources and Status of Funds，擬寫除該公司資本外之三大來源，一為 Development Loan Fund，二為 International Development Association 之貸款美金五百萬元，前者已動用若干及 Letter of Credit 開出若干以及經該公司核准之計劃若干，均有細數可考，當照列入，後者則合同雖訂，亦有計劃送開發協會核定，但尚未動支，第三為 Counterpart Fund，此段擬根據該公司報表撰寫，但經詳細核對該公司有關表報，發現有須加以 reconcile 之處，蓋其六月底之資產負債平衡表所列相對基金放款總餘額，與其另行編送之 Counterpart Fund Status Report 並不相同，逐一核對之下發現以下原因：（1）資負表所列戶名有少數另加利息者，而後者至列本金，（2）資負表內有兩戶移入催收款項科目，後者仍統一編制，經將各因素消除後，其數目已經一致，又該項 Status Report 係按 CEA 分列，其中有的年度放款多於援款總數，乃有負方現金餘額，但總餘額仍為正數。

瑣記

晚有邵普澤君來訪，自稱與七弟瑤祥及衍訓為同學，現在海軍機校為助教，來考研究所，談吐甚好。

8月29日 星期三 晴

職務

續寫中華開發公司查帳報告，今日所寫為第三段 General Procedure of Loan Extending，主要資料為其 Internal Procedure of Operations，實際即完全為其放款之程序，其末一段為 End-use supervision 一點，立意甚好，但執行甚晚，故於寫完其 Procedure 後即指出此項 End-use function 直至 1960 年 8 月始開始實行，前此則放款往往一次支付，亦不問其內容及將來支配情形，自是第一次查帳報告發出後始為正式查帳工作之開始也。至於對付款之 Commensurate-with-progress 一點，亦自九月起實行，前此照程序內無財務處之地位，自此始在付款時先考核其進度及付款根據憑證，甚至最歡迎其用已付之發票來請 reimburse，但此最後一點只用於相對基金，在美金方面則既不可能亦不許可也。續寫 Development Loan Fund 項之放款，但因本段最為吃重，資料亦最多，且為本報告之中心部分，故預擬之大綱不能適用，乃參照有關資料重新擬一本段以下之子目，此等資料最重要者為開發公司 DFL 間之合約，AID/Washington 所定之 Audit Program on DLF，以及 CDC 所擬經 DLF 核准之 Regulations Governing DLF/CDC Sub-loans，以及

DLF 所來重要文件等。

8月30日　星期四　晴陣雨

職務

繼續寫作中華開發公司查帳報告，今日為繼寫第四段，此段較長，乃 Development Loan Fund Loans，今日只寫兩小段，一為該一款源之情形，標題名稱曰 Funding and Disbursing，寫出 DLF 在合約簽訂後即由開發公司委託中國銀行為 Approved Applicant，由彼再向紐約委託 Irving Trust Co. 及 Morgan Guaranty Trust of New York 兩家接受代開 Letter of Credit，並接受由 DLF 撥還之款，此項款項為事先應開發公司之請所開之 Letter of Commitment，迨購買開始即行正式支用，下面列舉兩家之 Letter of Commitment 各為若干，已指撥若干開出 Letter of Credit，在寫作時發現後者之總數在開發公司所開資料內並不一致，乃電話王副理德壽查復，第二小段為 Portfolio Examination，係將該公司已放出之 DLF 及未放出但已核定之案，照其 Classification of Industry Eligible for DLF Loans 之分類，按核定數與實支數作一細數表，以明其至六月底之實際情況，並說明已核定六百餘萬元，但實支只一百餘萬元之原因為有三百餘萬元核定甚晚，且待 DLF 之事先核准云。

師友

以電話問候張景文兄，其夫人住院已否作手術，據云尚未，余告以德芳將於其開刀時前往照料之意，彼表謙遜。

8月31日　星期五　晴有陣雨

職務

續寫中國開發公司查帳報告，仍為其中 DLF 之一段，題為 Fulfillment of DLF Requirements，敘述關於雙方合約所定開發必須履行之事項，其中之一為所謂 Conditions Precedent，乃就法律觀點由律師或公司主持人聲明組織人事之合法性，及應按規定執行業務等等事項，本擬下面接寫 Covenants Affirmative 及 Covenants Negative 等項，但因其中所涉及者較為廣闊，須於另外之有關專節中加以說明，故此處不復提及矣。本會計處卸任 Controller H. F. Shamburger 調職印度，於回美後途次台灣赴任，將居留一星期，日前劉允中主任等發起公宴，余因與氏雖無交誼，亦無甚隔閡，故亦參加，而本稽核組十五人亦幾全體參加，但會計部分反應不佳，十餘人中只有一人參加，重輕之間頗不相稱，今日乃改變計劃，縮小範圍，只設一席，由各主管人員凡八人參加，余亦退出。下午，會同陳紅華君檢查本分署 Cashier 之帳目並點查現金，但查帳報告由陳君提出。

集會

下午，出席國大黨部小組會議，余為主席，經組長趙雪峰報告後，余因事早退。

颱風

昨夜萬大颱風過南部，本市亦有風雨，昨日本分署曾通告如美軍協防部宣告 Condition I 時，今日即休假，但只宣布 Condition III，故照常辦公。雨頗大，屋宇有漏。

9月1日　星期六　晴

譯作

　　續譯英國所得稅法，開始第三節礦業與油井及其他以耗竭為終局之自然蘊藏，因其原則與前二節之建築物與機器設備等相似，故進行甚速，今日譯成四條，由此亦深悟溫故知新之理，該等條文中甚多意義不明者，因一再涵泳，因而漸漸明朗，例如 "the appointed day" 一詞，使用最多，余初以為係指某種規定開始實行載明於法內之年月日，今日始知不然，因其所指甚有伸縮，不指某一特定之日期也。

師友

　　晚與德芳到羅斯福路三段訪張中寧夫婦，其長子、長女均將於本月十五日在美結婚，故購繡花衣物等相贈。

9月2日　星期日　晴

譯作

　　續譯英國所得稅法，已將第三節所謂 Mines, Oil Wells and Other Minerals of Wasting Nature，此語在有關條文中用過數十次，如每次直譯，殊覺累重不堪，如只譯意思，實亦無法更簡，去取之間，實不易斟酌，又其中有句法雖長而結構嚴密足供欣賞之處，不一而足，然此亦最難曲曲道來之處，因其全句有長近百字者，分成中文數句，意義鬆散，不甚理想，作成一句則非我國文字所能，每每為之詞窮。

師友

　　上午，李德民君來訪，談其進行造船公司會計處組長事，進行之方式等。

9月3日　星期一　晴陣雨
集會

　　光復大陸設計研究委員會財政組討論會余已多次無暇參加，今日上午開會，余適在安全分署有美國勞動節假期，故往出席一次，現在已不若兩年前出席人數之多矣。

師友

　　上午到交通銀行訪王慕堂兄，閒談，渠詢及紹南在美情形，余憶及王兄曾數次為介紹往訪顧翊羣氏，紹南至今未往，亟為解釋其或因女性一貫之不肯訪人習慣所致云。

瑣記

　　門前水溝及路面兩月前已做好，今日里長將捐款姓名公布於巷口，見路之對側菸酒公賣局宿舍一文不捐，斯亦奇矣。

9月4日　星期二　有陣雨
職務

　　續寫中華開發公司查帳報告，今日所寫為 DLF Loan 大段中之 DLF Requirement 段內之 Repayment 一小段，以下接寫 Collateral 一段，均已完竣，在寫作中間，忽擬將該公司帳內之開發基金貸款與開發基金借款二科目

餘額加以核對，發現數目不同，一時不知其原因，以
電話詢該公司劉科長，經解釋始恍然此事已為所知之
事，但移時又見其差額有不能解釋處，已撥電話，但
未接通，乃自行思索，始恍然其中之差額乃六月底以
後帳項，六月底之數固能相為對照也，乃私幸電話未
通，免于貽人以顛倒之譏，此等情形余不知是否由於
年事日長之故也。

9月5日　星期三　雨
颱風

　　兩日來在菲律賓東方形成之颱風 Amy，本向西北
西進行，本省可能南部受其影響，但自昨日轉向西北，
直指本省東北部而來，據昨日下班時之口頭通告今晨八
時最大風速可達 90 knots，且必由美軍協防司令部宣布
Condition I，故大體上今日不辦公之可能最大，昨晚余
聽廣播至夜分，知颱風進行速度降低，當夜台北可平安
無事，至今午將入最緊張時期，故一夜尚能安眠。至今
晨聽美軍廣播，即已全省宣布 Condition I，美方機關學
校均停止辦公，故終日在寓照料，其間收聽各電台廣
播，涉及最大風速者，並不一致，如美軍電台係用每小
時英里數，謂可達一百四十英里，省氣象所用每秒公尺
數，謂每秒將達七十公尺，二者相似，但空軍電台則預
測最大風速為每小時八十海里，只折合每秒四十公尺，
相差太多。今午十時左右為台北風速最大之時，謂已達
四十七公尺三，如達五十公尺即為台北六十六年來所未
有，惟是否達到，則未聞續有報告，至下午二時許，風

漸漸減弱，廣播即謂已由新竹出海，但直至晚間尚未解除，雖時風平浪靜，然仍在暴風圈內（暴風半徑有四百公里），而美軍之 Condition I 直至七時未改也，余寓所房屋因方向關係，未感有強烈之風，廚房門且未關閉，惟巷內因雨大積水甚深，又新建磚屋東牆滲水，舊屋則瓦頂漏水，頻頻騰挪耳。

9月6日　星期四　晴陣雨

職務

　　續寫中華開發公司查帳報告，今日共寫兩段，均為 DLF Loan 內之問題，其一為 Physical check 之結果，寫明在出發視察時共在核准貸款三十四件內看過十三件，此十三件內計用過貸款者六件，已開 letter of credit 尚未用款者四件，已核准在簽訂合約中者三件，此十三件中所發生之情況如下：（1）凡已完成者皆能滿意運轉，其進口機件亦皆用於預定之用途；（2）進口之來源皆照 DLF 規定，十萬美元以上者限於美國，十萬以內者則可自其他民主自由國家進口；（3）採購方式多採三家比價，並在採購通知 AID/Washington 後四十二天內不予決標，以待小商業處之反應；（4）凡在建設中之機器保存狀態並未發生不合理想之處；（5）已完成而貸款達到最後之金額，經與開發公司帳列餘額核對相符；但亦有不能不指出之問題，其一為在建設中之計劃，開發公司未要求其作短期之報告如月報表，目前只憑實地觀察知其進度；其二為自籌資金有不能配合需要者，如華民紙廠預定十一月間即將機器進口，安裝完成，但至今建築

廠房未有開始之跡象。第二段為 DLF Loan 所發生之困
難，其一為十萬元以上者必須購買美貨，於是皆趨於十
萬以下者，故三十四件核准案內，只有六件超過十萬，
其二為利率比 DLF 直接放款為高，有此二因，故年底
即屆 deadline，放出之款尚比例的甚微云。

9月7日　星期五　雨

職務

　　續寫中華開發公司查帳報告，今日共寫三大段，
一為 Other Aid Loans，寫該公司經放之 Counterpart
Loan，及八七水災貸款，此二者皆為此次美援會一同
查帳之重點，在余之報告中只作概略之敘述，尤其放款
程序條件等項，只擇其與 DLF 不同者言之，而稍詳於
其中各戶之 Delinquent cases，如富國、如祥泰、如山子
腳等，第二大段為 Physical Inspection on Sub-projects，
將此次看過之各工廠借有相對基金者除外，只對 DLF
之借戶加以列舉（寫至此處知與昨日有重複，但第二
大段之內容忽又不能記憶，只好從略），第三大段為
Financial Statement and Independent Public Accountant's
Certification，此段乃依據查帳需要必須加入者，乃敘
述該公司每年底皆有決算，且自 1960 起有經 DLF 認許
之會計師陳寶麟的查帳報告一同附送，此次查核該項
1961 年之查帳報告，認為其 Report on Examination 內
容甚為簡明適合，但指出兩點，認為如能更求詳盡，
將更合需要，其一為 delinquent case 之山子腳煤礦，陳
君認為有「充足之押品」，但內容欠詳（實際並不充足

也），其二為年終盈餘分配採用新方式，未見其中提過，蓋此與 DLF 合約內有關盈餘分配之條文有直接關係也。寫至此處本報告之本文已大體告終，將來須續作者只有附表矣。

9月8日　星期六　雨
師友

上午，李德民君來訪，謂台灣造船公司復業人事已經核定，彼本人甚為失望，因該公司會計處長已決定由一協理兼任，以下各組長均為數年前該公司開始保管時期以前之組長副組長，而股台公司曾任組長者連李君共四人全皆落空，其會計處長曾約李君談話，有所解釋，李君意希望能有新增之組，可謀一組長，余意此是後話，目前不必與其有何芥蒂，容後晤及經濟部張會計長景文時再與商洽云。下午，王慕堂兄來訪，談其夫人可能由大陸到香港相聚云。晚，李德修原都民夫婦來訪，並贈酒類餅乾等，原女士並帶其子來訪，已三歲，明年可就讀幼稚園云。

9月9日　星期日　晴
師友

上午，佟志伸兄來訪，談三月前已轉職至中央銀行任專員，辦理該行金融監查處工作，據談該行在台並無收入，等於賴國庫補助，此乃一般所未知也，佟兄又談此間金融界財政界有一奇特情形，即除該行總裁徐柏園，其餘幾無一為本行，過去者如俞鴻鈞、任顯群，現

任者如嚴家淦、尹仲容，皆不習此道者，等而下之如目
前之錢幣司長金克和、中央銀行金融檢查處副處長何顯
重亦皆外行，亦異數也。

譯作

　　續譯英國所得稅法，今日譯成一章最短的，農地與
建築，共三條。

9月10日　星期一　晴

職務

　　上午，完成中華開發信託公司之查帳報告初稿，今
日又增加第八大段，亦即最後大段，為對於該公司會計
制度之實況報告，即至目前為止，該公司雖處理會計程
序日趨周密，然成文之會計制度尚未完成，其一般準
則根據財政部統一銀行會計制度為之，然開發銀行究不
同於一般銀行，故必須有單獨適用之會計制度也。又將
附錄之資產負債表與損益表利用其原來印成之 1960 與
1961 兩年年底者，將 1960 部分用紙加蓋，另填以 1962
六月底之資料，藉作比較，至此初稿報告始為完成也。
下午開始本月份之支配的工作，即對來文之 review and
comment。

9月11日　星期二　晴

職務

　　今日又補寫有關中華開發公司查帳報告之一段，即
關於 Financial Statements 一段原在分析其去年底盈餘分
配方式後，即無進一步之說明，今日又加入一段對於全

部資產負債表與損益表之觀感，庶對於末附之原表不致無意見表示也。又寫最後一大項，即報告本文之最要者，為 Recommendations，本欲只寫四項，後因採樓有鍾兄之見解，認為對 Delinquent cases 應速解決，亦應作一表示，乃又加入早日解決此等案件之一項，全文脫稿。計占去篇幅黃紙三十二頁，為一較長之報告，然於相對基金等部分則又簡而又簡也。

9月12日　星期三　晴

職務

本日工作為 review and comment，所核為 IDIC 之本年度經常費預算，此一預算本已送來經美援會與本分署之審核，後知若干項目須改變或補充，現已根據加以改變或補充，本已無何問題，乃其所補充之有關一項 Other costs 之細數，有一項派人赴美之旅費，為該中心之 New York Office 人員，包括飛機票與二成之日用費，此項日用費乃外交官所專用，該中心顯不應援例，況前次囑其改變之項目即有將紐約辦事處經費另列他計劃之規定，此次又列旅費，亦不相符，乃據此理由囑其刪列。

交際

晚，中華開發公司副總經理張心洽、潘鋕甲約宴，在座本分署與美援會各三人，為一般性之聯絡。

9月13日　星期四　晴

職務

日昨所核之 IDIC 經費預算，今日與前來討論之主管部分 Grande 研究，彼意該 New York Office 之一職員到職旅費無法在其經常費內旅費項下開支，仍擬在 IDIC 經費內開支，余以為亦無不可，但其日用費不合規定，Grande 亦謂其無外交身分，於是持回重新研究，移時由該組之吳元德君送來原件，謂已由 Grande 與 Controller 談過，希望照列，至於旅費標準，則去年該 Office 主任胡光泰亦無外交身分，但曾簽准美援會支百分之二十，如不准列，亦望指出，按百分之二十約為美金 120 元，如照普通規定則每天不過三、四元而已。

9月14日　星期五

職務

與樓有鍾兄互換彼此所作之中華開發公司查帳報告初稿，彼對余之初稿，提出若干小問題，均不無見地，（1）余在述美援會撥相對基金三億元時，用字為 allocate，但下面只為實撥二億七千五百萬元，故主張改用 program 一字，以示並未全數 release，余在字典雖查出前者為 set apart funds for specific purpose，不同於 release 之意，然如改用 program 確更清楚；（2）余述其壞帳發生之原因，其中有一項為未參考美援貸款過去有無不良紀錄，當即舉山子腳煤礦為例，謂其時已有不良紀錄，樓兄謂此點並非不予參考，而係美援會提示此事實，該公司未予理會也，余即解釋此固是事實，然余為符合此一

標題且意存餘地，不使人發生不可原諒之絕對印象，乃
作此語，經決定加以較含蓄之修改；（3）分配盈餘表所
提公積金後之盈餘滾存與資產負債表上不符，余曾另加
說明，樓兄認為不妨直接將數改為相符，以資產負債表
為準，余意甚好；此外尚有少數文字斟酌之處。余對樓
兄部分亦隨閱隨改，對於文字略有修飾。下午王德壽副
理來將余之報告原稿翻閱一遍，認為 Recommendation
5 建議該公司定會計制度，希望文字略有委婉，以免報
告開端即為建議事項，未見後面之 Findings（所述甚和
平）即有先入為主之印象云。

9 月 15 日　星期六　晴
譯作

　　續譯英國所得稅法，第五節 Miscellaneous and
General，為對於全章 Relief on Certain Capital Expenditures
之概括的參考資料，若干名辭之解釋，亦在其中，然余
有若干不能明白之處，如云 Profession 及 vocation，又如
云 profit 及 gain，又如云 employment 及 office，均不能確
切譯出其中文明顯之不同涵義，又有若干累重不堪之語
氣，訂定時無非為其語句之嚴密而無漏洞，但譯成中文
目的只為了解其大意，如將若干累重之文字一一照實插
入，反使不易閱讀，而文意亦為之曖昧難明，凡此皆極
為費時費事，無辦法時，即予以省略矣。

9月16日　星期日　晴

旅行

　　本分署俱樂部舉行八里釣魚旅行，余與德芳率紹寧、紹因、紹彭參加，事先並攜帶漁具，今晨由紹彭挖掘蚯蚓，以作魚餌，於八時到分署集合出發，車經一小時到達成子寮轉向而至八里，至則知海濱停止開放，無法垂釣，折回至淡水河略上游處，謂可釣魚，但到處泥漿，無法插足，一部分勇氣較足者則犯難而往，余等大半人員則繼續折回，改至觀音山遊覽，由山腳徒步至凌雲寺，新寺舊寺，風景均佳，新寺後山陡峭，山林茂密，尤為勝絕，下山後於三時賦歸。余至觀音山數次，但到此寺則初次也。

家事

　　下午隋錦堂妹婿來訪，閒談。

9月17日　星期一　晴

職務

　　今日對中華開發信託公司查帳報告作最後之校閱，一面將上週樓有鍾兄提出意見各點亦再加潤飾，其中有一點關係頗大，即余原稿敘山子腳煤礦一節，本為說明其在計劃貸款時應參考美援會與安全分署之 delinquent record，而山子腳在貸款時則美援會已有該項紀錄，未述其已否知悉，乃為經辦人存餘地耳，樓兄之中文報告將不肯如此含蓄，故余亦於今日加以修改，雖仍相當含蓄，然已甚為具體，其文字即為加 "but not recognized at the time of landing"，則謂已而不予注意，亦固可以作此解也。

9 月 18 日　星期二　晴
職務

　　本星期工作仍為 review and comment，今日閱 Budget/Application 一件，係 Fy1963 年高雄擴港計劃內新生地之水道工程，貸款初步計一千萬有餘，余閱 E-1 內所列之預算為三千萬餘，足見只為其一部分，欲知去年如何撥款，查卷因經手人不在，亦無結果，但由其所列預算，亦能自圓其說，故加註認為合理，主張予以同意。
業務

　　下午到林務局訪職工福利委員會邱文球總幹事及殷亮君等，公費尾款明日可將手續辦完，余並約其明日晚餐，並訪林慶華君不遇，留字相約。

9 月 19 日　星期三　晴
職務

　　本週規定工作為查帳報告建議事項執行情況月報之編製，本月份為屬於四季之全份的月份，除將二月前亦即六月份之發出報告加以逐一列報，附其二個月間的進行情況外，尚有另一附錄，係將其中三月來全部報告之累計狀況亦加以逐一之敘述，故篇幅較多，本月份之安排為余與劉明德君合作，本週歸余，余於今日起開始整理本月對二個月前新出報告之敘述事項，其中大約本分署占七件，而美援會則十八件，在一般情形已為相當多的情形矣。

測驗

下月份起本署之 English Center 又將為員工舉行英文進修班，余亦曾進行參加，今日集體舉行測驗，其法為先行聽覺測驗，以考題一份印有三個類似圖畫之題四十道，然後開放錄音，聽後認定其所敘述者為何一圖畫，另一部分為三個短句或題目，聽後認明係何句，亦四十道，此為第一部分，下面為造句用詞選擇題 150 道，余交卷最速，自認錯誤不多，聽力之錯誤或較多也，原定除此項類似去年所用之方法外，尚有會話測驗，因人多而罷。

業務

下午到林務局訪職工福利會總幹事邱文球，面交余所保存之最後文件，即台北、羅東、埔里、花蓮、北投等地圖面，當掣來收據，因余以前所開者一時查不出也。晚約宴該會與該局與支領尾款有關之人員聯歡。

9月20日　星期四　晴

職務

今日從事一項臨時工作，即本組 Chief W. B. Millman 交辦之調查軍方支用台幣費用與撥付數之差額問題，此事由於代會計長 A. W. Tunnell 所發生之疑問而起，蓋彼曾隨新任署長 Parsons 赴國防部參加簡報，收到相對基金收支組之 Cash Summary，共有兩份，一為 1962 年度者，表之日期為本年六月底，另一為 1961 年度者，表之日期為本年三月底，此日所示者實已為最後之數額，而 Tunnell 所知者則為 1962 年度共計預算撥款十億元，何以在六月份表上只有七億元（Why the summary does not approximate the amount programmed），於是為調查此差額而展開工作，首先為向本處會計組方君處查得有關之各個 CEA 之六月底 amount，為求核實，又到台幣計劃組朱君處查閱 CEA 原件，余抄得其最後之 amendment 數再與原來得自報表者相比，竟多有歧異，於是又在方君處查證，乃知朱君所保存者多非最後之 copy，此君昔曾供給余以錯誤情況，今日又重演一次，且費去許多時間矣，再度核對相符後，乃進而以此項 CEA 最後 amount 與 cash summary 上之最後 MLCA amount 以及所記之 receipts 數相對照，發覺 1962 年度數三者均可互相核對，只須作 reconciliation 即可，1961 年度數字三者各異，迄晚尚未獲解釋結論。

9 月 21 日　星期五　晴
職務

今日全日處理零碎事務，而又侷促忙迫不堪，其一為繼昨日為軍方台幣用款支用表報與本分署付出數間之差額作 reconciliation，其中 1961 與 1962 兩年之差額皆查出，只有 1961 年有一項特別情形，即相對基金收支組之 cash summary 內不含 other receipts，但美援會在收到該組所解此項 other receipts 時卻在 CEA amount 作減少之修正，故須消除此因素，始能知 CEA amount 與相對基金收支組之 amount received 是否一致，但須費太多時間，故決定即以此差額列入 reconciliation，不復解釋原委矣。另一為 Financial Review Branch Chief Martindale

審查 Fy1961 之陳寶麟會計師對開發公司查帳報告，參
考余上月所作之該公司查帳報告，但其重點與余之注
重 DLF loan 及本年六月底財務狀況者不同，緣是渠提
出若干問題，余均無資料解答，雖最後仍向開發公司索
取，然亦費去甚多時間，余由今日 Martindale 之應付
上感到有二大缺點，一為查帳之 working file 須不厭求
詳，且須有詳細之 index，二為英語之口頭應付仍然極
感不夠，然改進亦非易易也。

業務

連續四天到林務局洽領林業員工互助協會之辦案尾
款，直至今日下午始得領到，本案已告一段落矣。

娛樂

本分署晚舉行舞會，有便點、飲品、摸彩、音樂、
歌唱等，余與德芳參加，七時半往，十時半返，會將開
至夜分。

9月22日　星期六　晴

瑣記

今日假期在寓無事，因德芳感冒，余上午到市場買
菜，並到合會儲蓄公司辦理存款，下午到中和鄉農會繳
納潭墘土地稅，因逾期已近一個月，原擬便中前往繳納
者，而始終無此機會，今日乃專往辦理之，又以前無戶
稅，現在中和鄉又來戶稅通知單，顯然由於此項土地而
來，因戶稅之合理根據不足，余向未照納，故此次亦未
繳納也。

體質

腿根部常有樹葉形癬疾,但敷藥即愈,以前用足可淨,因已用完,改用脫濕靈藥膏,效力亦佳,但由於藥膏常沾於陰囊兩側,感有刺激性,略覺痛疼,

9月23日　星期日　晴
職務

此次在中華開發公司一同查帳之樓有鍾兄所寫中文查帳報告交余一閱,前日未及閱完即交開發公司王德壽副理先閱,昨日王君交人送來,余乃於今日下午補閱,計為第九章之後半及第十章,又回頭閱其置於前面之結論與建議,共計五十三點,其實只有少數為建議,大半為結論,皆可由調查事項內尋得,結果恐其報告之閱者只有此一部分尚為閱覽對象,其二百頁之調查事項恐無人可以卒讀矣。

瑣記

今日假期上午買菜,並因重修屋漏之泥水工今日開始工作,故終日在寓與德芳會同照料。

9月24日　星期一　晴
職務

開始寫六月份資料之所謂 448 報告,即所謂 Audit Reports Containing Recommendations and Unsatisfactory Findings,與劉明德君合作辦理,此一月份為包括 Attachment A 與 B 二部分,A 部分為六月份新出之報告,計有本分署七件,美援會十八件,B 部分為對於過去一

切未結案之報告逐一均須寫一單頁，說明現狀，累計
共有一百五十餘件，由劉君擔任，余則寫 A 部分，然
進度甚緩，本日只寫一件。

家事

再度修理房屋，由二瓦匠工作，昨、今兩天完成，
此事一誤於原始包商偷工減料，二誤於修理後立即經過
颱風，故逢雨必漏，此次修理，自料點工，比較實在。

9月25日　星期二　晴陣雨

集會

下午四時市立女子中學召開家長代表會，余為幼女
紹因一班之家長代表，屆時出席，於四時半開會，由現
任家長代表會委員會常委主席，校長施學習報告校務，
分教務、訓導、總務三方面，然後討論提案，學生家長
提出意見者有六七人之多，由家長代表說明，由校內主
管主任答復，最後由家長代表之一的市教育局長盧啟學
作報告，認為學校要能辦好，須好校長，好師資，好學
生，以及有力之家長會，市府向不為學校建設而發動募
捐，但如家長會有所發動，亦樂觀其成，今日之會並投
票選舉新委員十四人，票上共印代表一百五十餘人，余
圈投十人。

9月26日　星期三　晴

瑣記

余在羅斯福路居住已十三年，此為生平居住一地之
為時最長者，房屋雖老，然最近裝修工竣，亦頗煥然一

新，所缺者只固定之浴缸耳，此處水電均屬方便，最近
巷路加築路面，鋪蓋水溝，清潔情形日有改進，但巷之
地下水道自加厚路面後埋藏漸深，日前突然漏水，由地
下滲至路面，汩汩外流，通知自來水廠日昨修好，今日
更由日昨修建屋頂之瓦工代為將路面之破壞處補好，至
此擾攘全夏之種種修理工作，已可告一段落，而今日突
然金風送爽，深秋已臨矣。

師友

　　晚，同德芳到公館萬盛街六十六巷五號訪汪焦桐
兄，其新居落成不久，極寬敞幽靜。

9 月 27 日　星期四　晴

集會

　　下午到國大代表全國聯誼會出席研究院小組第二次
會議，召集人傅小峰報告因家事及木柵兩次水災，致今
年只召集會議一次，但依規定上半年應二月一次，下半
年應三月一次，今年共應舉行五次，故擬於今後三月每
月補足一次云，繼作專題討論，並推定喬修梁兄為整理
執筆人，題為台北地區此次水災之檢討，蓋九月五日愛
美颱風之雨勢不算太大，而到處淹水，多處且為數十年
無水患者，聞其主因為永和鎮修築堤防之故，此一事如
何善後已成難題云。

師友

　　晚，蘇景泉兄來訪，閒談。

9月28日　星期五　晴晚雨
家事

晚，同德芳到中和鄉姑丈家訪問，因今日為孔子聖誕休假，表妹婿隋錦堂亦由頭份返台北，據談本月五日愛美颱風由大門方面灌來洪水，與以前之照例由和平街沖入者不同，此即因永和堤防完成之故，蓋堤防完成以後新店河身變狹，水位高漲，故除永和鎮竹林路一帶適在上游影響較小而外，其餘無處水位不高，此一堤防甫告築成，如何善後大成問題，有謂修堤由於受永和居住之民意代表壓力而陷入錯誤者，此亦未經深思之論，蓋縱然民意代表有此意見，其防水方法為修堤或否，即修堤其路線為如何，則政府專門技術問題，何得諉責他人。

9月29日　星期六　晴
家事

上午，到郵局為紹南寄包裹，計普通郵包一件，約二公斤，裝乾筍一簍、竹製盤四個、枕衣一對，附觀音山照片四張、瑤祥弟結婚照片一張，另有印刷品一件，係絹印畫一幅「風雨歸牧」，印刷品之郵資單位為每五十公克一元五角，第二 50 公克起為八角，加掛號費為十二元七角，均係平寄，希望可於聖誕節之前到達華盛頓。紹南之同學童綷女士約請德芳率紹中、紹因、紹彭到板橋其寓所吃飯，童之父母極表親切之意，故皆前往，余於上午在果攤上買日本梨十個交德芳連同其自烤之蛋糕帶贈。

9 月 30 日　星期日　晴

慶弔

　　上午，到善導寺與祭曹挺光兄遙祭其在大陸逝世之封翁，事先並送花圈一架。下午，同德芳到書店買照片簿一本，並同訪蔡子韶代表面贈為其七十壽禮，據云其生日為舊曆九月初三日亦即明日，但今年為希望能待至更覺秋涼時節，故決定改用陽曆，應為十月十二日，但仍不擬公開師友有所鋪張云。

參觀

　　上午到歷史博物館參觀十友書展，以前每年舉行余必往觀，今年展品略有不同，一為陳定山有臨右軍書，在條幅上字大如拳，雖有的不免筆弱，而風神飄逸，使余數年印象為之丕變，但另有楷書臨池之作，則不見佳；二為曾紹杰書更見工力，其中條幅臨黃山谷，字字有致，佈局則略呆滯，而其最出色者仍為篆隸，篆只一橫牓，筆筆有力，隸則有臨鄭板橋、金冬心、何子貞、伊秉綬四家四條幅，鄭、金者失之於媚，且間有用筆隨便處，伊、何二家者則無一敗筆，神采奕奕，為之傾倒，乃十人中最傑出者，三為張隆延寫黃山谷，臨鄧石如，摹瓦當小品，皆似往年，而臨鄧最為神似，四為傅狷夫草書章法最勝，堪比王覺斯，以次為丁念先，最穩；陳子和，最庸；朱龍盦，最板；李超哉，最野；丁翼，最媚；王壯為，最平。

譯作

　　續譯英國所得稅法，已將第十、第十一兩章譯完，當全部由余擔任之三分之一，已兩閱月矣。

10月1日　星期一　陰

職務

今日起辦公時間由夏季之七時半至十一時半與十二時半至四時半改為八時至十二時與一時至五時，故搭車回寓，以十五分在歸途，十五分用餐，十五分小憩，十五分回程，為時十分緊湊，以余住所之近，一般不致遲到也。今日賡續上月填製九月份之 Status of Audit Reports Containing Recommendations and Unsatisfactory Findings，亦即習稱 448 報告者，余仍從事附錄甲亦即六月份新出之報告之 Recommendations 之大意與執行概況，另由劉明德君寫作附錄乙即在四、五、六，三個月一切過去之報告的 recommendations 之執行情形，已完成三分之一云。

10月2日　星期二　陰雨

職務

繼續填製 Status of Audit Reports Containing Recommendations and Unsatisfactory Findings，今日所寫為美援會所出部分，因習於此種寫法，故進行較速，其中共應填入附錄甲者為十八件，今日已完成其半，其後因美援會所供資料已經用完，須待繼續，故暫時停止，待明日續作。

師友

下午陳禮兄來訪，取去其交余參考之已譯成的英國所得稅一至五章，謂稅務旬刊社將先行略事展觀，並希望此項工作能於年底前完成，余則表示所擔任部分年底前不能完成，除非再行減縮云。

10 月 3 日　星期三　晴陣雨

職務

今日為 Review and Comment，計二件，一為審核軍事工程局之一種 "Contracts Signed" 報告，其中列九月份所發包之工程，分 Fy1960、1961、及 1962 三部分，Millman 不了解何以 1960 之款尚在動支，經詢該局始知並非指用款之年度，而係指計劃之年度，該一計劃在 1960 年度將辦未辦，延至本年度始行撥款者，即歸入此表，經以其 Military Local Currency Authorization 之情形驗之果然，二為審核一項 PPA，尚未完竣，此項文件已非正式之計劃文件，然各部分尤其工業組等仍常用之，而撥款又不憑之，蓋亦只有參考作用而已。

娛樂

晚同德芳到中山堂看國民大會電影「旭日東升」，寫羅斯福患麻痺症一段傳記。

10 月 4 日　星期四　晴陣雨

職務

續核 Kaohsiung Harbor 之 Industrial District 一項 PPA，與主管組之吳元德君談下列問題，但彼亦不完全知曉，（1）文件內敘修路與溝渠貸款之還款來源為處理土地收入，但另一計劃曰：Harbor Extension 亦謂其還款以此為財源，二者不知如何劃分；（2）利息為年息六釐，比一般及 Harbor Extension 為低；（3）還本分二部

分，一部分十五年，一部分五年，彼囑余再洽詢中國
主管方面。

10月5日　星期五　晴陣雨

職務

繼續審核 Kaohsiung Industrial District 之 PPA，經
與美援會主管方面張金鏞及公共工程局張總工程師通電
話，對其中解釋不清者，已均大體明瞭，乃起草一項
Router 寫明三點，（1）還本財源係以道路溝渠修好後之
土地售租所入之差價（據公共工程局云約三百元），作
為此計劃之財源，亦即 Harbor Extension 之款，（2）利
率係各 Industrial District 所共同，乃在降低工業用地地
價之成本，故只年息六釐，（3）還本期限一部分為十
五年，一部分為五年，乃依據收入之來源情形加以預
測者。

瑣記

近來瑣事有足可顯示生活情形者略記一二如下：
（1）前日有颱風過恆春西去，此間亦有大雨，次日已
有放晴之象，余於下午照例步行回寓，過女師附小牆
外，忽有大雨傾盆而來，其時無建築物可以掩避，乃
就近在馬路安全島上之大榕樹下蜷伏，而雨賴以未濕
衣履，此情景在四十年前鄉居時有之，今日則罕見也；
（2）陳禮兄來電話託將所保存之一部分英國所得稅法
原文於中午取出，待其下午來取，余中午回寓因往返只
一小時，竟然忘卻，下午急趕回取出，然彼直至余下午
下班後始來，然為信用計，仍以採前者為妥也；（3）分

署將更換服務證，余遍尋舊證不得，忽憶春間曾於收藏冬服時，遺忘零星物件於口袋內，開箱尋之果然。

10月6日　星期六　晴
閱讀

讀十月份 *Reader's Digest* 內文兩篇，其一為美國前總統 Eisenhower 作 "Are we headed in the wrong direction?" 全文為文摘內除書摘外之最長者，其中批評現任總統甘迺迪之走向集權主義與通貨膨脹之路，極為嚴酷，其二為 Charles L. Allen 作 Three Steps to Happiness，全文三段，一曰 By Yourself，二曰 Make up your mind，三曰 Learn to believe，大意為首先須認識自己，不必妄慕他人，或嫉妒他人，次須忠於自己，凡道理上應為之事，一往直前，最後須信賴自己，凡意願之事無有不可能者，易言之，其一可謂之平心，其二可謂之決心，而其三可謂之信心也。

10月7日　星期日　晴
慶弔

平度國大代表孫丕光氏病逝，今日開弔，上午前往祭奠。
譯作

續譯英國所得稅法，完成第十二章對於虧損之寬減，多數條文本無問題，但至第 345 條時因其所涉之第 170 條非余所譯，且內容極費研究，故研究數小時始略知其問題之所在，此一條文為余開譯以來之最困難之遭遇。

娛樂

上午到空軍新生社看小大鵬公演平劇，小淨演萬花亭，唱得極好，楊丹麗演雅觀樓，武功極好，黃音演蝴蝶夢，亦尚佳，此劇似無道理，然寄意甚深也。

10月8日　星期一　晴

職務

今日為零星之工作忙碌終日，（1）多日來所寫之所謂 448 九月份報告本已完竣，並彙齊送核，但其中有空號三件因等候美援會之有關資料而尚未寫就，今日因該項資料已經送來，乃補寫三件，加入 Attachment A 之內，同時劉明德君亦將 Attachment B 內所缺之三件補齊，至此 A 部分為二十四件，B 部分為 128 件，均已備齊，真可謂洋洋大觀矣；（2）在上項 448 報告所列入之一件 1730 報告應可結案，今日乃寫 1730A Follow-up Report 一件，依其國防部來函謂已辦到，據以結案；（3）續核 PPA 一件，尚未完竣。本會計處新任 Controller Albert D. Nemecek 今日就職，在辦公室與各同仁逐一握手介紹。

10月9日　星期二　晴

職務

今日工作如次：（1）查詢美援會九月份所作之 Monthly Fund Status Report 之 TA Fund 部分，緣 W. B. Millman 欲知其中之 Temporary Advance 究為何項內容，

經以電話詢問美援會會計室，始知此乃為本分署所經付之一種額外費用，其中 32% 應由分署每年度撥還，而 68% 則列在該 Fund 之本身內，32% 係在分署 Adm. Fund 內，如此勢將該 68% 不列 Adm. Fund 之內，以使其開支數目不過龐大，乃應付華盛頓之手段也。（2）校對打成 second draft 之開發公司查帳報告，等於再看一遍，發現數處不妥，又加潤色，然後繳卷。

10 月 10 日　星期三　晴

國慶

今日為中華民國五十一年國慶紀念，政府照例每年閱兵，今年停止舉行，但總統府前之廣場仍有群眾活動，上午為二十萬人之慶祝大會，就讀市立女中之幼女紹因前往參加並於會後游行，下午為團體表演，就讀省立北一女中之三女紹寧前往參加，此外又有雷虎小組飛行特技表演及蛙人表演與花車提燈游行等，一片歡欣鼓舞四海昇平氣象，余休假在寓，未往參觀，只收聽廣播節目，其中蔣總統宣讀國慶文告，雖仍音調鏗鏘，然發聲似已不若往年之有力，聞氏今年數度檢查身體，且數度未出席中央紀念週，為一般所關心，今由廣播中已感有高年之衰象，西望大陸，已偏安十三年，頓興時不我與之感焉。

閱讀

從事迻譯之英國所得稅法，今日方欲開始第十三章關於重複稅之救濟一項，原以為此一規定不致十分複雜，不料審閱之下，大謬不然，其中開始一條之文義即有無從明瞭之苦，乃參考哈佛大學叢書之 *Taxation of United Kingdom*，然仍有不能十分了解處，無已，乃將書內前二章從頭細讀，其一章為 Five Schedules，讀時發現一項數月未明之錯誤，即 Industrial Building 余一直譯為營業用房屋，今見書內解釋，謂不含 Commercial Building，然在稅法內則尚未見有關文字，想見此等錯誤不一而足也。

10月11日　星期四　晴

職務

審核教育部所送之僑教修正計劃，其中計有 General Application 一件，另附 Sub-application 一件，係以原來列為 International travel 之一百萬元改為在金門馬祖作為僑胞子弟國民學校教室建築修理費，余因此項費用之性質不明，到教育組詢問，遇專委柯泰，據稱彼亦不知，迨向其代組長 Byrely 詢問，下午來電話云，彼亦不知，須待另一專員由台中出差回北方知，余初擬待其歸來問後再辦，劉允中主任以為不必，可即先將本處意見列入，不作十分肯定之表示，以待教育組從長計議即可，此法亦是，乃即寫出此項意見，認為該項經費之變更使用係有違原計劃之目的，蓋僑教計劃為對於僑生回國之一種招徠方法，即 International Travel 亦係以此為目的，今為僑胞子弟建教室似與目的有距離，又教育部此項 General Application 之內容予以核准者除上項外皆相同，然上次附有條件，即須先將美援會數次查帳報告剔除款繳還方始撥款，經詢明美援會仍未照辦，故意見內寫明上次所附之條件仍然有效云。查閱 Non-profit Type Assistance 之 PA-0124 與 0126 之文件，藉以明瞭內容，蓋本年度本組已經列入待查之計劃之內，經詳加查核，知該二個 PA 為九家公營事業所用，似乎已近結案階段，但最後之 PA Amendment 似尚有待最後之 issue 云。

10 月 12 日　星期五　晴

職務

今日為從事內部工作：（1）歷來由本會計處所作對於 Counterpart Fund 之 Budget/Application 之 Router Comment 均係按 Project 之號碼分類先後加以排列裝訂，以備查考，然屬於 Fy1962 者已經年度終了三閱月尚未如此辦理，查考漸感不便，余乃於今日將屬於該年度之 Router comments 按分類號碼先後整個加以排列，最後為一般性的 Miscellaneous comments，共裝成二冊，並各加封面；（2）向 Program Office 及美援會查詢 Fy1960 年以後 PA 進口之 Industrial Machinery and Equipment，據稱 1961 年度有一個 PA 含四種貨品，其中之一為此項貨品，到達情形已接近到齊，至 Fy1962 則未有此一方面 PA 簽發，又已查過帳只有四類中之其他各類，Machinery & Equipment 則連同昨日所看之 1960 年兩個 PPA 皆未查過云；（3）上月所作之中華開發信託公司查帳報告打好後已由劉允中主任 review 中，彼隨時提出意見，多甚中肯，乃隨時加以增損潤色云。

業務

下午到林務局職工福利會訪殷亮君，面交已前調來

之建屋附表八份，原定之清理合約一份及登記時期與組
合員往來信件約十餘件。

慶弔

中午到蔡子韶氏家拜其七十壽，並於晚飯同到電力
公司食堂參加壽宴，客人共二席。

10月13日　星期六　晴

譯作

繼續譯英國所得稅法，已至三百四十九條，今日所
譯為重複稅之救濟有關條文，余最初以為甚易，不料極
難，蓋重複稅之救濟係看鄰國之稅率如何，該項稅率應
退者以二者孰低為準，余初看條文不懂，及看 *Taxation
in the United Kingdom* 一書之舉例，始大致了解，而可以尋
繹其條文之所指，又有關於Ireland 共和國之與英本土
間，亦有若干重複稅之問題，該項重複稅與其國外者亦
不相同，均費推敲也。

家事

晚與德芳到市上購衣料為即將來臨之姑母生日禮品。

10月14日　星期日　晴有陣雨

集會

上午，到三軍軍官俱樂部出席中國地方自治學會第
四屆會員大會，此次大會為數年來應舉行而未舉行者，
事先曾先後接到四次通知，一若唯恐會員之缺席不到
者，通知中並催繳六年來欠繳會費六十元，余於今日到
會場繳納，因憶其間曾繳納一次或二次，故今日只納

五十元，開會首先由李宗黃報告，余因事早退，今日在
會場後面並展覽地方自治資料圖片等，甚多有用之資
料，惟有若干為李宗黃氏各人行動，如國民大會內充任
主席團之類，實毫不相干，徒見學會內布置人員之個人
中心傾向而已。

慶弔

　　政校同學葉鏡允兄在極樂殯儀館治母喪，余於上午
十時往弔，並送奠儀禮券四十元。

師友

　　上午李公藩兄來訪，持有高南阜左手字跡冊頁及膠
州法黃山衲手跡冊頁，均極可貴，當展觀後請珍藏勿散
失，李兄因雨留余寓午餐，便中談及余在潭墘所買林水
柳土地共同承購人之李君，近因債務糾紛恐將其房屋抵
債，而其房屋之前院則實際上用余所買之部分土地，彼
曾面向德芳聲明隨時騰讓，現如將房地抵債，應使其債
權人知其內容，以免以後有其他瓜葛云。晚，邵澤普君
來訪，談已入中央大學物理研究所就讀。前中學同學韓
僑侯寶志君來訪，余外出未遇。

10 月 15 日　星期一　陰雨

職務

　　前兩月所作之中華開發公司查帳報告，劉允中主任
初核草稿已經於今日完竣，交余複核有無與事實不符之
處，經余細核其所改之處多屬於文字之潤飾，只有一處
涉及內容，余之原文為說明該公司與開發基金所定合
同，係不得對 Earned profit 以外之收入分配股息，而公

司則因受相對基金部分貸款之合同限制，對於相對基金
放款所獲之盈餘亦不准分配股利，顯較上項限制更為嚴
格，劉君將此二事混為一談，致文字不能銜接，經余說
明後始將其所改者再度修正，然實不若固有文字之顯明
也。綜觀其所改之處，包括以下各點：（1）余原只擬作
為本分署之報告，劉君將上面各種官銜一律加入美援會
方面者，改成 joint anchi；（2）余所描寫其分配盈餘方
法劃分盈餘為相對基金部分與非相對基金部分，其中所
得稅一項，劉君發現比例上與盈餘之雙方比例不相一
致，余當時亦為之不解，迨查 working paper，始恍然
為該公司公債收益不完所得稅，故該部分凡相對基金所
得稅比例上有低列之情形，其實並無不符之處，經加一
項小註，用打字小條粘附；（3）在描寫開發基金貸款不
易放出原因一段，有云採購地區在十萬美金以上者須買
美貨，而美貨每不若日本、西德之廉，「西德」二字原
稿寫成 "East Germany"，此稿經余看過二遍，又樓有
鍾兄、王德壽兄均看過，始終未有發現，而劉君發現，
余閱後不禁為之啞然，余早年本極自負校對工作之犀
利，此次竟如此馬虎，乃恍然於今非昔比矣；（4）盈餘
分析表內有一筆誤將一百萬元寫為十萬元，經劉君指
出，但余再閱原稿，知是打字之誤，余原稿無誤，然既
經核過，亦可見仍然為粗心之處也。以上訂正稿完成
後，劉君囑余將稿之 duplicate 與 triplicate 亦照修改文
字照樣再改成二份，以其中一份歸 working file，以另一
份到美援會訪同時查帳之樓有鍾兄，請在該會同時按程
序送核，當一同訪該會主辦稽核之趙既昌君說明來意，

請其將此事加以處理，並避免提及該會另有中文報告，
以免引致翻譯之難云。

10 月 16 日　星期二　晴

職務

　　審核電力公司 Fy1963 PPA 之 Primary System
Improvement，此為 Fy1961 發端之計劃於 1964 年完成
者，今年為第三年，其中台幣部分無何問題，美金部
分則其中所述者多不可解，例如其 PIO/C 之總數共有
一百六十餘萬元，而 PPA 內之 US ＄Financing 總數
卻只列九十餘萬元，謂含六十餘萬元為供另一計劃
Transmission and Distribution 計劃之用，初余以為此項
說明應指本計劃應有此數之 de-obligate 而 Transmission
and Distribution 則應 Reobligate，乃向本處會計部分查
閱，亦不見有此說明，無法可想，乃轉向工業組查詢，
遇一林君，謂該一 PPA 係 1963 而誤在信稿上寫為 1961，
余即囑其自行更改，余即不再指出，至於上述之情形
則彼亦不深知，乃 Program Office 田濟民君所寫，余乃
往詢田君，彼謂 Transmission and Distribution 計劃內所
用之六十餘萬元即係仍由此一 PIO/C 內支用，並無所
謂 deobligate 與 reobligate 之事，亦即因有此種情況，
故始在 PPA 內說明原委，而 PPA 封面之數字採用九十
餘萬而不用一百六十餘萬元云，更詢以此六十餘萬元在
Transmission and Distribution 計劃作 PPA 時將如何，謂
適相反，應在該 PPA 內之 PIO/C 總額內加入此數，始
為該計劃美金之總數云，乃將此項內容寫入 Router。

家事

晚同德芳到姑丈家送姑母生日禮衣料二段。

10月17日　星期三　晴

職務

今日開始一項突然而來之工作，且限於星期五以前完成，此即上年度本分署 Employees Club 之查帳一案，該 Club 之財政年度為十月一日至九月底，現在至上月底之報表已由馮拙人君製就，當送來本組予以稽核，又因 Program Officer Hirshberg 有一函致本會計處，由於此 Club 年來任用外國經理係由美援會每月津貼八千元，而理由為本 Club 之收入不足以供支應，但 Hirshberg 一直反對此事，現在又舊事重提，希望從查帳中提供意見，依 Club 之財務狀況，究竟可否不需上項津貼，此項查帳工作希望在 Hirshberg 最近回國成行以前辦完，乃有上項之限期，計共支配三人從事，余以外為陳少華、劉明德二君，其意以為三人三天豈非等於一人九天，其實因該項工作至難以分割，決不相等也，然承受之後，無法可想，只好勉強劃分，乃以其報表項目為大略之界線，由劉君審核損益表上之 Cost of Goods Sold 一大項，由陳君查核 Sales Proceeds 一項及其他收支項目，余則查其資產負債表之項目，今日先從事一般之了解，尚未進入正題，馮君曾對余等解釋其整理帳目之方法，為根據 Treasurer 李君之草帳，作為其資料相符，予以正式分錄，然後登帳作表，故彼之責任為表達情況，不負鑑定之責，故余等此次查帳勢須抽查其憑證之有無不符云。

10 月 18 日　星期四　晴

職務

　　與劉明德、陳少華二君繼續進行本分署員工聯誼社之去年度查帳工作，完成事項如下：(1) 二君擔任其 Sales 與 Cost of Goods Sold 之查核，首先欲知其數之來歷，即頗費周章，蓋 Treasurer 李君於其每筆交易完成後，均記入現金簿，另以憑證編號裝訂保存，但無分類帳，待至半年左右始由馮君依其已有之資料，製成 working sheet，劃分科目，然後製一 General voucher，從事科目分錄，此一分錄在全年內只兩三次，故無異於一項 Statement，欲知帳內明細分類情形，無由知之，故查核某數某項來歷，極費時間；(2) 余則查核其資產負債科目，並求知其一般情形，故閱其全部 Journal Voucher 並原始憑證之一部分，已發現有若干之問題須加改進者。美援會趙既昌、樓有鍾二君已將余前日送去之開發公司查帳報告原稿送回，主張數點補充，其一為山子腳煤礦之貸款係該公司明白不肯採納美援會忠告，二為八七水災工業貸款之 delinquent cases 已先由開發公司墊還美援會，希望補入，三為原文該會對此已進行詳細調查一節，並未如此辦理，余均採納加小條，以作修正。

家事

　　姑母今生日，余與德芳晚間到姑丈家喫麵。

10月19日　星期五　晴晚雨

職務

繼續查核本分署 Employees Club 之上年度決算帳目，此為預定之最後一日，並於上午結束，下午撰寫報告，但下午主管會計之馮拙人君前來解各項問題又費去一小時，而劉允中主任又轉達 Millman 之意見，謂本日下午希望能對於其會計報告之見解有一輪廓，不必定要寫成報告，遂放棄下午開始寫作計劃，只對查帳結果三人交換意見，並擬定綱要，分配起草工作，並將內容概要向劉允中主任說明，彼即轉達 Millman。綜合言之，共分四點，一為會計制度，現在雖已由該理事會核定會計科目，然會計科目外之事項尚無規定，以致收支處裡程序極不劃一，即如其去年所採辦法，會計人員只憑出納人員之數個月的現金記錄作成一張總傳票，附屬憑證非經分析無從知其細節，即須改進，而會計制度內已定之明細帳科目，事實亦有待進一步之建立，二為資產負債項目，其中資產項目多為前次清點庫存與盤存時所核過，銀行存單亦屬相符，故無大問題，只有一項儲蓄基金中間分錄情形完全非旦夕可能明瞭，即馮君亦云雖曾轉帳卻不知內容，故在此次查帳應予保留，三為營業情形，經抽查其購銷記錄，均可按圖索驥，似亦無不軌情形，四為美援會補助經理待遇案，本年如改為自行負擔，勉強尚可，去年即屬無力，將來如何，不能預料，故今後或放棄補助須另籌來源。

10 月 20 日　星期六　晴

譯作

續譯英國所得稅法，今日以全日之力勉強將第 350 條譯成，此條文字不過只一頁有半，但詰屈聱牙，且涉及其他有關條文特多，該項條文又非屬於余所擔任迻譯之部分，原文亦不在余處，無法可想，只好取有關之參考書加以參閱，然亦多有不能合轍之處，故譯成之後仍有文字無何出入，而前後意思不能照顧之慮，在此情況下，亦只有勉強了事，以待將來有複閱機會時再加調整潤飾矣。

瑣記

晚，同德芳到延平北路購物，主要為余之薄毛衣已不能再用，出購數次，皆無可意者，今日再往，幸獲賣提應者，竟買大小三件，面值不高，可遇不可求也。

10 月 21 日　星期日　陰

師友

上午，到本巷七號訪成雲璈幫辦，因比鄰已久，而未通款曲，僅在他處相遇提及，故特往訪，閒談。上午，高注東兄率其次女蓉生來訪，謂其長女素真已於上月二十一日赴美，蓉生則明夏在淡江文理學院畢業云，高兄又談及其長子明一即將訂婚，但須先行出國，故正在籌劃之中。先志中學同學侯寶志兄上週來訪，余未能遇，留言云須十九、二十日由高雄北返，乃於今日下午到新北投金谷園答訪，侯兄已三十年未晤，暢談其回國觀感，並在韓國為華僑之苦痛情形與華僑不能

合作之大病，不禁感慨繫之，余約其晚飯，但未應，
容改日圖之。

10 月 22 日　星期一　陰

職務

　　開始寫作 AID/China Mission Employees' Club 至本
年九月底帳務之查帳報告，與陳、劉二君分工合作，二
人各寫一段，余寫二段，今日已完成其一，此一段即
為 Financial Condition，亦即資產負債表之科目分析，
按科目先後逐一說明，共分十項，決用簡單扼要方式為
之，劉、陳二君寫會計制度與 Operation Results，亦即
損益表之分析，因時間較為從容，不必如上週之趕工，
故須補核事項亦即加以補核，此等事項均由二人進一步
求證，其中陳君所任為銷貨部分，銷貨月計額係根據
Manager 之卡片記錄，其中分為三欄，一為 Rations，
即由 Club 本身所賣之食品如咖啡、橘汁及冰淇淋等，
二為包商 Caterer 所賣之食品，三為 Candy sales，與包
商結帳時照一、二兩項計算，除將售款照數給包商外，
並互扣百分之十之佣金，此項合計數包括雙方銷貨，
憑以互算佣金，但不包括 Candy sales，故 Sales 之總
額須再加以 Candy sales 始為全額，此項總額計算而得
之盈餘在超出每月六千元時，始對於 Manager 及 Sub-
manager 各予以百分之二十或百分之十之獎金，為求證
此三部分相加之合於實況，當由陳君將 Manager 之卡
片調來核對，發現尚無何錯誤，始行發還，又劉君核對
Cost of Goods Sold，分析其內容，發現完全商業簿記方

式，故各種成本均在此一 "Inventory" 科目也。

10 月 23 日　星期二　晴有陣雨

職務

　　續寫 AID/China Mission Employees' Club 至本年九月底止年度之查帳報告，余所擔任之第二段為 Special Case，此為此次查帳所特有，緣本分署自前年冬起因雇用美人為經理待遇較高，支出不能挹注，請美援會在其相對基金計劃 Mission TA Support Fund 內每月補助七千元，但 Program Officer 不贊成其事，以往因署長及會計長、總務長皆不同意，以致不能變更，現新換署長，會計長亦甫更迭，Program Officer 舊案重提，請會計處以查帳方式判斷究否此款應仍繼續補助，而 Executive Officer 則針鋒相對，認為不可，於是在此次查帳內構成一項特殊問題，余在寫作時詳加思考，首先將過去三年之 Snack Bar 盈餘及 Club 純益列出加以比較，說明只有現在之年度盈餘可以供給此項薪津支出，過去二年則否，而可恃之收益永垂不替者，則尚不敢預料，故主加以審慎，提出三點意見，一為仍然補助，或舊額，或照 Executive Officer 所提之三千元，均無不可，二為依收益比例，平分經、副理人事待遇，則分署與美援會約各負擔約五千元，三為如不接受補助，須有開源之方，例如增加糖果配給即是一方，該項收入每年可達五萬元云。

集會

　　晚，參加經濟座談會，由證券交易所總經理袁則留報告台灣證券市場問題，並附送該交易所出版品，二小時散。

10 月 24 日　星期三　晴

職務

　　將一週來所查 AID/China Mission Employees' Club 之 October 1, 1961 through September 30, 1962 之年度查帳報告寫完交卷，此報告為余與劉明德、陳少華之共同作品，Findings 共分四段，此四段第一段為劉君所寫之 Accounting System，第二段為余所寫之 Financial Status，第三段為陳君所寫 Operation Results，第四段為余所寫之 Special Case，指 Program Office 申請本組加以查核之 Manager 待遇由美援會繼續補助與否之問題，最後有 Recommendation 二則，一為建立長期性之會計制度，非經理事會通過不得任意更改或中止實施，並適時記載各帳項，並登記明細分類帳，二為建立永續盤存，並隨時與 Manager 所登之 Stock Card 及其所盤點之實際庫存加以核對云。今日另寫一查帳報告，即經濟部工礦聯繫組 1960 至 1962 年經費之 Follow-up Audit Report，此一報告本剔除四十餘萬元，經美援會與卸任本分署署長之交涉，幾乎全部豁免，只餘數萬元確實極不名譽之開支始允照繳，於是經本分署覆函同意後，美援會即將執行情形轉達前來，從而形式上必須結案，乃寫此一 Follow-up report，其中 Fy1962 之繳還尚係只繳還其未結之 Project account，未進一步繳還 CUSA，則亦聽之，不作明察秋毫之無益之爭矣。

10 月 25 日　星期四　晴

譯作

　　續譯英國所得稅法，已完成第十三章，重複稅之救濟，其最後三條有若干最初甚感費解之處，但經一再尋繹，忽然貫通，恍然於最初之假定的可能有甚大之距離，始知凡事之應如何慎審也。

慶弔

　　本組組長 William B. Millman 今日為五十五歲生日，其夫人夏間因視母疾返美，故只其一人在台，今日本組中外同人二十人為其稱慶，事先定酒席二桌，並布置壽堂於其士林寓所，於下午六時齊集，拜壽後即開筵席，於飯後並有餘興，直至九時半始盡歡而散。

娛樂

　　晚在士林 Millman 家二十同人從事餘興 Bingo，余為初次，其法為將卡片印有數字者每人分發一張，其上印有 B I N G O 五行，每行五個數字，範圍為 1-15、16-30、31-45、46-60、61-75，但每卡只有每行五個，故甚錯綜，而每卡不同；打時由莊家宣布為 regular，為 X，或為 T，或為 U，或為 O，然後用手搖數碼，跳出後即為某行某行，各各於有此號者加以註記，凡第一個排成其所叫者，即高呼 Bingo，一局即終；計備有獎品八件，其中有人連得三件者，亦屬不可思議，余在第一次應得獎，但因不識其所宣布之規則 Straight 含斜線在內，因而錯過，為 Millman 所得，亦趣事也。

10月26日　星期五　晴陣雨

職務

今日工作有二，一為改寫 Employees' Club 之查帳報告，其原因為第四段之 Special Case 關於美援會補助 Snack Bar 經理薪水一案，係 Program Office 之 Hirshberg 函請 Controller 查核者，此事原可併入一個報告內，但劉允中主任閱後認為不甚合轍，囑將此段析出另行作成一件 Office Memorandum，由於行文之前後首尾與在報告內作為一段時多不相同，故將原稿加以調整，但亦未費太多之時間，至於查帳報告內則無論正文附件之有關此案者，皆予以刪去矣。二為與劉明德君合作本月十五日份之送華盛頓的所謂 448 報告，余首先將在此月份應報之本年七月份所發出之本分署與美援會查帳報告內之含有 Incomplete 與 Unsatisfactory rating 者列成一單，別其先後，即將原報告之 copy 查出，然後逐一將其 working file 查出，知其執行進展情形後，即寫一頁 Status of Audit Report No. xxx，今日余只寫成三件，其餘七件及美援會十二件皆將由劉君於下週任之。

交際

晚，本分署會計處全體同人在台灣銀行共同歡迎新任會計長 A.D. Nemecek 夫婦及歡送副會計長 A. W. Tunnell 夫婦，共計五席，事先並備一手軸共同簽名致送 Tunnell 留念，其上下款識由余撰擬寫成，全用中文，余久不作字，深感冒昧，強而後可者也。

10 月 27 日　星期六　陰
記趣

　　庭前曇花數本，三年前曾開花一次，中間似曾再度開過，已不甚記憶，今年吐蕊數次，但均早夭，不成蓓蕾，直至上週始有一枝漸漸長成花苞，日見茁壯，不類短命，果然於前日光復節日有盛開之兆，但花托花瓣雖有分離之勢，而速度極緩，移之室內，隨時注視，免於錯過，而終不見其開，今晨起床後見花身已凸起如橄欖，似有立即盛開，改變其常性必待入夜始開者然，無如終日在陽光照耀下，毫無動靜，始知其本性必不改也，迨日落西山，漸入黃昏，花即加速怒放，花托背轉，瓣亦隨之，而香氣四溢，如牡丹，如芍藥，色澤嬌豔高貴，鶴立不群，雖只一朵，益見其清，午夜後萎。

10 月 28 日　星期日　晴
師友

　　下午，同德芳到中和鄉訪宋志先兄夫婦，因三十一日為其岳母生日，故贈送相片簿一本以為紀念。宋兄比鄰為李昌華，前聞其曾將余之地皮用於雙方巷道者占去數尺，歸其院內，曾函請移還，十天未復，今日往訪，謂覆函已備，只是未發，乃當面交余，表示隨時騰讓，如其本身有售讓，必先諮商云。現在其借用地上建有鍋爐廁所等，謂隨時拆除，絕無問題；德芳因此地太多葛藤，訪原主林水柳，請介紹出賣云。訪李韻軒兄於保健路，對其以前在余地上介紹一印尼華僑無條件種菜請其來函作一證明，彼意該華僑實際只為私用，不必多此痕跡，彼當注意其變質云。

10 月 29 日　星期一　晴
譯作

　　續譯英國所得稅法，已將第十四章對已婚納稅人種種寬減辦法之規定譯完，此一章之條文不多，但反覆叮嚀，十分繁瑣，故譯文有十分累重之弊，所幸自信尚不致有多大之背謬，此亦因著手以來已成六萬字左右，於其文氣句法了解較多，從而由句法章法得以對法條之了解較為迅速也。

參觀

　　下午，到士林園藝試驗所參觀為總統祝壽蘭菊展覽，出品多為洋蘭與石斛蘭、極少數之萬代蘭，又有數盆素心蘭，香氣四溢，菊則多而少變化，又有盆景若干盆，亦多匠心，庭前之茶花無慮百株，然皆只含苞，無一開花者，又到比鄰之百齡花圃見仙人掌科出品極多。

10 月 30 日　星期二　晴
譯作

　　續譯英國所得稅法，今日因全日無阻，故工作效率較高，計十四條，原文五頁半，譯文六頁，約三千五百字，此似為開始譯述以來前所未有者，但以時速約計，每小時亦只五、六百字耳。在譯述中有平時極不注意之字或辭，因須明白用中文表示，始知了解並不夠透澈，例如今日在十五、十六兩章中發現 "in the name of" 一辭數次，其用法乃直譯「用某某名義」之意，但字典數種，皆有不同之解釋，但大多為作 "by the authority of"
解，只有兩種美國字典不將此解列為頭條，始敢照字
直譯。

10 月 31 日　星期三　晴
慶弔

今日為蔣總統七十六歲誕辰，各單位均設置壽堂拜
壽，余先後到達之單位如下：（1）政治大學同學會，其
規定時間為上午，余於十二時半到會，已將簽名單收
起，經秘書曾憲惠兄重新取出補簽；（2）實踐堂規定之
時間為下午一時前，余到時已近尾聲；（3）國民大會秘
書處，該處設中山堂光復廳，最為宏敞，終日可簽名，
時間最為充分；（4）國民大會特別黨部，於開會便中簽
名，以上三單位則均事先有通知前來。

瑣記

連日利用一週休假，閉門譯書，今日下午則完全處
理瑣事，包括拜壽及到國民大會購肥皂，到美援公署支
領薪津，到唱片行買唱片等。今日另有一事為接受區公
所及派出所之戶口總校正，但因紹寧身分證未能集中一
起，於校訖後，囑其晚間到派出所持身分證蓋章，紹寧
如時送往，而警員不在，當託轉於另一警員，允辦好明
日帶來云。

集會

下午到國民大會黨部出席小組會議，由組員林萬秋
報告其居留香港數月對大陸實況之見聞，真所謂已達天
怒人怨之境地，此一小組會議並將本年辦理黨籍總檢查

後之黨證分別發還云。

11月1日　星期四　晴
家事

因上星期日表妹姜慧光生次子，上午到市場買雞蛋四十個與克寧奶粉四聽，下午由德芳送往。昨日戶籍總校正，事先已將戶口名簿與身分證備妥，故辦理甚快，但其中紹寧一人之身分證帶至學校，當時約定晚間到派出所補行蓋章，至時送往，管區警員又不在，當交另一警員轉洽，今日經其送回。

11月2日　星期五　晴
集會

晚，黨校同學舉行茶會於勞工保險局，通過本期同學有死亡時，各送至少一百元以示互助，又有林炳康同學報告出國旅行經過，提出三點結論：（1）世界各國凡無國防者其經濟大抵皆甚繁榮；（2）吾國大問題不在物質科學之落後，而在精神文明不如竝世文明國家；（3）冷戰方興未艾，軍事行動正未易言，吾人在台島當前課題為如何在大戰不起之原則下圖謀生存，此言甚確，惟第一點不無商榷餘地耳。

慶弔

上午，到極樂殯儀館弔林樹藝同學之喪，林兄死於肝癌，方五十六歲。

11月3日　星期六　陰有陣雨
譯作

續譯英國所得稅法，四天來已將第十七章衂金及衂金計劃一章譯完，此章分為二節，文字較一般章節為多，內容亦甚單純，僅文字方面有反覆難解之處，一經尋出其主要句構造，即可迎刃而解矣。

參觀

省商聯會辦巡迴商展，今日在南京東路松江路口開幕，余與德芳率紹彭於下午前往參觀，見參加廠商不過十家左右，而賣肥皂與皂粉者即占其半，內容簡陋至極，余買菸酒公賣局樣酒一套，又牙膏一支，該牙膏附送獎券並手絹，特大號亦只十元，生意之難作亦可概見，台灣銀行並有流動單位，經以紹彭名義開一小額存摺，因可以購銀箱型撲滿也。

11月4日　星期日　陰雨

瑣記

今日為連續九天休假之最後一天，本應再進一步將所得稅法續譯一部分，但若干事之必須料理者，亦不容或緩，其中之一為客廳小圓桌上所存書刊已積壓月餘未看，今日乃加速的予以瀏覽，計有十月份的今日世界兩期，今月份今日世界一期，彰化銀行資料九、十兩個月份，又有前月出版贈閱之經緯文摘，並自由報等件，其二為新購肥皂一箱須啟開加以分裝，俾加以晾乾後使用，其三為庭前桂樹自修改房屋加鋪水泥後，漸不旺盛，乃將其周圍之水泥剷除，使能加寬通風，土壤不致太硬云。

11月5日 星期一 晴

職務

　　本月份之 assignment 為參預本會計處另一 Branch 名為 Financial Analysis 者之幫忙工作,聞數月來該組均由本組人員參加協助,現已不特別繁忙,本不需再往參加,但因其中有一家良友公司申請週轉貸款,而此一家之貸款係由美援會人員作財務分析,報告為肯定的,但本會計處之 Financial Analysis Branch 認為大有問題,乃決定作複查之準備,並希望本組再調較為練達之人員前往協助,於是有現在之決定。余今晨分別與該組之主管徐松年君與 Martindale 晤面,據云該一良友公司已通知其最好撤回申請,以免多此一舉,俟觀其反應再作安排云,余乃於今日先行閱覽其中有關之文件及查帳準則等。上月與劉、陳二君作之本署俱樂部查帳報告,今日劉允中主任云,本組主管 Millman 對其中有兩點不肯同意,其一為報告內談到若干無餘額之總帳科目未予詳查,實際上無餘額者並非不重要,假定現金科目無餘額,是否即可不問?余告以此點最重要者為 Emergency Fund,會計人員已謂無法澈底明白,故幾乎以不了了之之態度將餘額 write-off,今茲聲明主要為此也,於是乃與劉君決定將此段刪去,其次為主張設立 Perpetual Inventory,此為零售店所不可能,余等認為其制度實際近乎此,只帳未記耳,但亦不堅持,經將該項意見修改為主張每月將實際盤存入帳云。

11月6日　星期二　晴

職務

今日閱覽有關 Financial Analysis 之各種有關規定，此中凡有三項文件，其一為 Criteria for U. S. Aid Working Capital Loan Program，規定授受之條件，類如申請之資格，資本與負債之比例，借款與資本之比例等，此亦為現行之準則，其二為 Instructions for Use of Auditors in Making Analyses of Projects Requesting U. S. Aid，其中主要規定在從事此項分析工作時應蒐集之資料，應作成之表報，及應為之有關判斷等，並附有 Balance Sheet 及 Income Statement 之格式等，甚為詳盡，其三為 E-1，亦即 Fy1963 Congressional Presentation Book，其中寫出此一名為 Working Capital Loan 者究所為何事，且如何進行及與其他美援計劃有何關係等，亦甚詳盡，此項 E-1 之 Original 為寫出在 1962 年度本計劃為一億六千萬元，1963 年度為一億萬元，但 1962 完全未用，故 E-1 Revision 即改為在 1963 年為一億元，且說明在 1963 實有 delay，又在 E-1 內寫將委託六家銀行代辦此項放款，其 handling charge 為 .1% per month of the outstanding balance of each loan handled，此項 charge 尚有由銀行 guarantee 貸款之意味，而 criteria 則未定，事實上信用放款未有銀行作調查分析，焉能責成保證，此為其中矛盾也。

11月7日　星期三　晴

職務

　　夏間所查中華開發公司，其查帳報告為分別用英文及中文由余與樓有鍾兄起草，英文部分經送美援會非正式會稿，以備用聯合名義發出，而美援會亦已簽註意見送回，但 Millman 至今尚未核過，故不能發出，中文部分則昨日由美援會印就，今日樓兄送來一份，余以半日時間校閱一過，發現錯字二十餘處，當以電話通知其改正，但云已經發出若干矣云。同事徐松年君遇事往往有其獨特之見，有時無的放矢，有時則確有其不可抹殺之處，彼談及查帳用之 working paper，金額欄亦皆如帳簿或會計報表同樣印成每位一線，而每三位一粗線，彼認為在此 working paper 上仍然不妨用逗點標出三位一節，其原因為查帳報告之附表例須用打字蠟紙印出，打字員未必能由印成之格識得位數，如用逗點，必不致發生誤會云；又余在上月查俱樂部帳時，見本處會計人員採用由美總署寄來之總署標準式分類帳空白，每三位並不分成三小欄，而其格特寬，記帳者記入四位數，而以逗點補救之，深為不解，徐君謂該帳或係用打字機或 punch card 方式處理，容其空格或為三字所用，此言極有可能也。

11月8日　星期四　晴

職務

　　從事閱覽以前本分署與美援會所作之財務分析報告以了解其一般情況，余由此一 Working Capital Fund 之本身規定，認為此一計劃根本有其問題，該美援計劃一反過去之貸款限於機器設備之傳統，而用於週轉資金，但又無擔保品，經手銀行亦無責任，期限可以長達五年，如在此期有倒閉改組等情事，確無法可以避卻風險，每年查帳亦無防患未然之作用，故此一計劃在先天有不能補救之缺點也。

體質

今日醫務室派護士前來注射，謂余之破傷風已注射二次，今日第三次有四年效力，又因各處有天花發現，故又種牛痘一次。

11月9日　星期五　雨

職務

今日繼續閱讀以往 Financial Analysis Branch 所作之各種報告，至於預備從事之良友廠的審核工作，因資料未到，尚不能開始。今日開始又一新的工作，即本稽核組的臨時發生事務，緣今夏開始之師範大學與美國 Texas 大學為改進英語教學而訂之技術協助合約內之 Local Currency Support 部分，聞該 Contractor 數次向本分署主管方面訴說該校財務情形不甚正常，乃決定即行查帳，今日先將有關之合同條文查閱一過，以作根據。

11月10日　星期六　雨

體質

前日注射破傷風針似無何反應，而所種牛痘則漸漸發癢，有時忘記為牛痘而用手抓搔，但似尚未有異狀。

譯作

　　趕譯英國所得稅法，夜深而遇第三九八、三九九條，含義極其複雜，推敲至夜分，勉強成文，尚未知有偏差否？此次承譯此項法條，係在無可奈何之情形允諾者，雖在過程中認識若干英國之特殊文字與作風，然有時費卻時間太多，殊覺得不償失，委託人鄭邦焜君對其承辦條件不予公開，且始終未提報酬，只知催促於年底完成，故余無論就事實或道理言之，皆不肯承認也。

11 月 11 日　星期日　陰雨
師友

　　上午，前山東省銀行同人馬麗珊女士來訪，持贈餅乾，據談現在石門水庫服務，尚有二年水庫即可完成，屆時機關即將改組云，繼談其夫君王景民君自離開石門水庫後即在該庫附近自設診所，現在診費藥費每天可收入五六百元，雖成本未經細算，然每月可賺萬元左右，當無問題也。下午，李德民君來訪，談自殷台公司將設備、人員交還造船公司，現在尚未見確定新的制度，待遇則照舊殷台公司打折發放，然仍高出經濟部所屬公司甚遠，經呈部院請示，尚未指復，未來事尚未可料云。

11 月 12 日　星期一　陰
譯作

　　今日為國父誕辰紀念，休假一天，余獲三天之連續休假，完全未曾外出，埋頭從事英國所得稅法之譯作，此三天有空前之工作效率，計譯原文十四頁，寫成稿紙十六頁，約八、九千字，就余所擔任之全部言之，已於一百七十頁中完成一百一十頁，尚餘六十頁，合三分之一強，三天來為有關贈與（Settlement）之課稅規定，其中條文有極費解者，有文字極累贅者，大體上均能苦思得解，第未知有無偏差耳。英國法規文字之優點為結構嚴密，缺點為反覆絮聒，無非在求免於曲解之弊，又有同樣條文只差一、二字而重複出現者，要皆一再叮嚀，而難免於累贅之譏。又余於文字中發現有難決之問題，雖不重要，然底蘊難明，其一為在邊批上用有一字曰Disponor，其意曰Disposor，初以為係印刷之誤，洎再度見之，又將信將疑，不知其究竟是否錯誤也；其二有引用財政法案之註腳一處，與另一處所引者之條文頁數完全相同，但該法案則一作一九三二，一作一九三三，余亦以為其中之一有誤，然見該法印刷誤字不多，猶難遽下斷語也。譯述中又有一問題，即遇有腳註時，隨時加於正文之尾，而免用號碼，此為仿自同工之陳禮兄，以示體例之一致也，然數度遭遇困難，則因有時一段兩註，只好並列文後，又有數段同註者，非重複寫於各文後不可。

11月13日　星期二　晴

職務

閱覽本總署與 University of Texas 所定之與台灣師範大學英語教學改善計劃合約及有關文件，此一合約與類似合約大同小異，僅對於 Short Term Consultant 規定得以 Per diem 代替 Quarters Allowance，且按其實際狀況由本分署核定 Per diem rate 一節特別詳細，因其有三個月之 Consultant 於暑假來此也。因該計劃五月間方開始，故文卷不多，僅有六月份一個月及七月份送來之 Fund Application，余今日擇錄其今年 Application，發現短短一頁半內之預算錯誤有二、三處之多，足見該校辦事馬虎之一斑云。由於其預算內有顧問方到時未入 Quarters 居住前，有支用 Per diem 之事，故向會計部門查詢其規定，據云只能支用 Temporary lodging，其 rate 視其 post classification 亦即所在地而異，與 Per diem rate 固不相同也云。

瑣記

晚到中和鄉修理電鐘，過仁記食品廠買點心，遇蓬萊人呂老先生，自稱已七十八歲，而康健出眾，自稱自中年即從事外功內功之鍛鍊，以有今日，經向余傳授防止胃病一法，用左右手各撫摩腹部四十九次，每日一遍，並兩手上下摩擦腹部，往返各一百次，謂必不積食，此老甚熱情，係自動與余談起者。

11 月 14 日　星期三　晴

職務

上午，開始到師範大學查核 University of Texas Team 之台幣經費帳，余先晤其主計主任路九餘君，值開會，乃與該室主辦美援會計之鄭君與另一劉君晤談，首先聲明來意為該項經費帳在開端期間，為明瞭一般使用程序，故早舉行查核，但該方面人員已知來意，故極力說明此次與該 Team 人員發生誤會之內容，移時路君亦

來，謂適間所開之會即為由教育部姚司長約同本分署
之 Terry 及 Texas 之首席顧問 DeCamp，一同來與代校
長及主計主任、總務處長商量最近所發生之隔閡問題，
據云當前問題大致如次：（1）Team 來時未得學校同意即
獨斷獨行用員役七名，（2）該 Team 預算經費係在 Team
來到以前，即由該校之教師研習中心，依本分署有關人
員之指示擬定並奉准支用，但與 SOP 規定科目不符，
以致支用經費不能照科目製表，亦無法控制其 Quarters
allowance 之限額，於是該室對於該顧問支用宿舍煤炭費
主先由該 Team 所管備用金內支付墊掛，待預算修正再
行作為正式開支，而該室本國職員向洋人轉達謂不准歸
墊，因而備函校長大放厥詞云，但此二點經余下午查閱
有關文卷，其實情不無出入，尚不能遽行斷語。下午，
並開始查核其帳簿傳票，以資佐證，今日已將 1962 年
度者查過，甚少。

11 月 15 日　星期四　晴有陣雨
職務

全日繼續到師範大學查帳，今日處理各事如下：（1）
摘錄有關文件，包括此次 University of Texas 之首席顧
問 DeCamp 致師大校長函，請發給有關宿舍用之煤與
木炭等，以及該校備好之復函，因余昨日表示最好能將
其中引起誤會之點說明，以免隔閡，籠統答復反不佳也
一節，而暫時不復，以待變更文字，又摘錄其顧問室
本國人員之履歷出身，以分析其何以發生隔閡；（2）查
核 Fy1963 支用經費及銀行存支情形，並核對其支票存

根，證明洋人所稱有經費挪用情事，恐無事實根據，反之由於其對於汽油稅等處理之認真，反證明不致有何明顯之不法事項，況出納並非與會計混淆，但在會計處方面亦發現有記載不妥處，例如所作預算實支比較表內之預算欄，即與預算原件不符，又 Counterpart Project Journal 之多欄式科目遷就一般建築或計劃性之用法，結果支出只占一欄，無法據以製表，經囑加以改善；（3）與中學教員研習中心趙金祁秘書談話，趙君江蘇南匯人，甚擅辭令，據其所談，多半為小事之隔閡，如預算改定後，彼此多有說明機會，當可改善，趙君對於顧問室之本國人員不能化除隔閡頗有微辭云。上午，劉允中主任電話通知回辦公室與 Public Adm. Div. Chief Terry 談話，此人說話低沉，且絮繁，余懂不及半，結論在以為師大問題應建立制度重編預算。

11 月 16 日　星期五　晴

職務

上午，到師範大學繼續 Texas Team 之查帳工作，先到 Team 之辦公室晤 Prof. DeCamp 及其本國助理林伯元君，據告刻正準備之工作為依據政治大學與 Michigan University 之合作合約所定 Operating Procedure 為藍本，擬師大與該 Team 間者，並修改現行之預算，余告以此來為查核經費帳及一般之 Procedure，今與 De Camp 相晤，知所見正同，蓋此次為煤炭問題發生之小小不愉快，實由於 Procedure 尚未建立及預算未照規定編列之所致，余於查帳後將為適當之建議，惟具體實施則本分署有關部分與美援會之事，渠又謂最大苦悶為經費情形不知，故希望 Team 之 Accountant 應負起此責，余謂自可照辦，但照理不可再兼辦採購，談後到其 Accountant 廳吳瑞瑛處查核備用金帳，見所記甚亂，且無逐日 balance，點對現款又有超出，此人固不諳會計也，事畢辭出後，步行回寓，林君追來將前日與 Terry、教部姚司長、DeCamp 及學校三負責人之會談記錄交余閱覽，知其正在準備辦理之各事，比適間所談者更繁重而具體，謂出席人均核過後即送一 copy 與余參考云。下午再到師大主計室詢問 Team Accountant 備用金來源，並告主計主任路九餘以上午經過，彼於 Team 人員辦會計一節表示不同意，余告以此為余之所事，望自行處理之。

慶弔

上午到極樂殯儀館弔祭李振東紫辰之喪。

晤談

晚，故友張敏之兄之次子彪、幼女鑫來訪，均在台大。

11月17日　星期六　晴

瑣記

幼女紹因將買皮鞋，適余昨日由辦公室取來派克鞋店優待券，乃於今日與德芳率紹因往該店選購，其中一雙較合，定價一百元，八折為八十元，乃先講價，付以六十元不肯，最後以六十五元成交，再視優待券，謂上印七折，亦即七十元，則優待中之優待矣，後又至衡陽路他店，見同鞋標價七十九元，如持國大秘書處優待證可減百分之五，如此相較，仍不喫虧，然亦可見商場習慣之一斑矣。德芳慮其私章不耐用，乃於晚間同到衡陽路定刻名家印信，價各不同，然皆可照式指定，牙章亦可刻印，此非一般金石家昔之所許，亦可見此道已商業化矣。

11 月 18 日　星期日　晴

譯作

　　續譯英國所得稅法，至今日止已完三分之二，自第十章至十八章，昨、今兩日最費時間者為第四一六至四一七條，最初不懂，經再度參考哈佛稅務叢書，始由其線索而獲得了解，終達預定進度，一時有如釋重負之感。

娛樂

　　上午到新生社看小大鵬公演，計二齣，鎮澶州與大登殿，前者由劉方等主演，尚佳，後者由嚴蘭靜、黃音、拜慈藹等主演，可謂配搭適宜，演出甚佳。

瑣記

　　今日德芳做蘿蔔絲餅，諸兒女皆極欣賞，明日上學且欲帶便當，余乃於晚間到數處菜場加買蘿蔔，走數處後在南門市場始見三隻，一舉買來，一女謂妙人妙事，信然。

11月19日　星期一　晴

職務

開始寫作台灣師範大學與 University of Texas Team Contract 之台幣查帳報告，已完成其半，此即第一段 Background 與第二段 Fund Status 是也，此一報告內容甚為簡單，無非短話長說而已。上月余與劉明德、陳少華二君合查之本署 Employees Club 之報告，在上週余出外查核師大帳時，由劉君秉承 W. B. Millman 意加以改動，主要為兩點，一為原作 Balance Sheet 上之 Bank Deposit 另有一科目不與 Cash in Bank 相混，經混入 Cash in Bank，又 Revolving Fund 本因經手人未有保證，全數列為 Reserve for Bad Debts，經 Millman 亦改為如數轉入 Accumulated Surplus，而查帳報告之附表亦即與原送者不同，其原送之意在請稽核組 clear，然後再轉至 Club 之舊任主席，今直接改表，發出查帳報告，則原送來之件如何處理，甚費周章。稽核組秘書本將原件退原經辦之馮拙人君，但彼不肯收，余往與洽談，彼謂既是報告已由稽核組發出，其後有資產負債表，則目的已達，彼原來欲送舊主席者，亦可省卻，但彼對於 Millman 將 Time Deposit 加入 Cash in Bank 大不為然，因所通過之會計科目分明有 Time Deposit，何得廢而不用，余見馮君所談亦有道理，且亦不再深究手續，即將其原來送核之各件歸入 working file 矣。

11 月 20 日　星期二　晴

職務

　　繼續寫作查核師範大學 University of Texas Team
Local Currency Support 之帳目報告，今日寫第三段，即
Disbursements，在述其實支與預算之比較，而預算又與
帳表所用科目互不一致，並述其十一月內發生之支出
只有傳票尚未登帳，目的在希望其預算能最近即予修
改，俟於修改後再行調整記載云。為陳少華君所寫對
於美援會前來會稿之查帳報告有關退除役官兵剔除款
項究應繳還 RETSER Placement Fund 抑繳回美援會問
題之意見，主旨在說明如為 Unused Fund 性質，可繳入
其 Placement Fund，如為 Disallowed 性質則須繳還美援
會，不得藉口 RETSER 全部計劃須用足 4 千 2 百萬美
金而認為須一律繳還 Placement Fund，蓋所謂 42 百萬
實為最高額，設因剔除而有減少，本署不應負責為無限
制無窮盡之補足也，況每一 Fund Agreement 皆訂明查
帳剔除款項須繳美援會，連 Placement Fund 本身計劃
亦不例外也云，但其文字不夠明白，上週劉允中主任
未出差前曾囑其交余再行 review 一過，故為之再作修
正云。Financial Analysis Branch 之徐松年君告余正在往
查 Color Printing Co. 之帳，據云只係因該公司承購美
援機器設立以來，多有技術上不滿之處，但亦未提出任
何要求，於是即無目的的前往查帳，甚至因本月份余係
預定協助該方工作，亦有可能邀往參加，余即託其轉達
Martindale 勿存此見云。

11月21日　星期三　晴

職務

　　寫完師範大學 Texas Team 之查帳報告，今日寫第四段 Accounting Procedure，描寫其目前之情形，但只暗示其有不能協調之脫節現象，並未明白指出，最後寫三件 Recommendation，其中之一即為建立 Procedure，並為圓滿運用最後師大與 Texas Team 雙方各指定代表一人，處理日常事務並應付臨時發生事項，另二件 Recommendation 為建立新的預算及請教育廳將該校解回之 Fy1962 年餘款轉繳美援會云。昨日為陳少華君潤色之對於退除役官兵 Placement Fund 不應含有 disallowed item 之一件 memo，余所加一句 "The Mission did approve a total US $42 million for RETSER program, nevertheless, as clearly indicated in Mission letter No. xx, this was only an amount not to be exceeded and the Mission is not in a position to be responsible for filling up such gap as caused by the recipient's violation of SOP as sometimes considered as such by some parties concurred." 今日打成後李慶塏君云，此句後半易被誤會為 Mission 原函之句，余深以為然，乃改成兩句，可見非再三斟酌不能臻於至當也。

師友

　　晚，張中寧兄夫婦來訪，談正在重修其所住之羅斯福路三段房屋。

11 月 22 日　星期四　陰雨
譯作

　　續譯英國所得稅法，今日因係 Thanksgiving Day 休假一天，而兒女輩皆須上學，室內安靜，然全日工作十小時以上，進度不過四頁，此因係第 418 至第 420 條皆為對於死亡人之財產管理所得之規定，按財產之來源又分為國內與國外，因前者扣繳所得稅後者則否，於是在課徵時採用不同之程序，其中最費解處為 418 條內之國內所得之所得額之認定，文字不多，但語意十分曖昧，推敲再四，勉強成譯，然猶不知其是否有誤，其間曾參考 Taxation in the United Kingdom 一書，所述尚嫌簡略，而有尾註曰此節極複雜，參看原有關之條文，故參考書亦有時而窮也。

11 月 23 日　星期五　雨
職務

　　對師範大學與 Texas Team 之 Local Currency Support 帳報告原稿作最後之潤色，於下午交卷，副主任李慶塏當時看完，略與討論，將於下星期再詳加 review 云。稽核組長 W. B. Millman 詢問師範大學與 Texas Team 有關之其他計劃用款情形，此為此次查帳報告以外之事，由 CUSA 之月份報告不能一望而知，無已，乃詢 Program Office，不知，又詢 Education Office，仍然不知，再詢美援會，始知於 Team 本身用費而外，即為第十號特別帳戶內之 Education Adm. Development，當即開送，據云因悉該款曾買翻版書云。

11月24日　星期六　晴

譯作

終日從事英國所得稅法之迻譯，已將第十九章對於
死亡人遺產管理之所得稅譯完，今日共譯五頁，成稿約
三千字，費時在八小時以上，其中有一極短的兩行條文
（423條七款之但書），意思極明白，文法亦簡單，惟
其表面意思似與上文相反，竟百思不得其解，必係有何
實質問題存乎其間，又有若干為計算所謂 Surtax 而用之
方法，因前文有關 Surtax 之條文為陳禮兄所譯，余對該
項條文印象模糊，原條文亦不在手邊，除由哈佛叢書之
Taxation in the United Kingdom 略得概略印象外，只有
暗中摸索之一途矣。

11月25日　星期日　晴

家事

表妹婿隋錦堂君來訪，談所生次子特別累人，夫婦
二人均覺難以應付，滿月酒將延至滿百天再行宴請，又
交來上月其所服務之中國人造纖維公司存款結息單，並
云該公司之玻璃紙製造已經開工出貨云。

慶弔

德芳同學郭寶光女士與金君之次子今日在教堂結
婚，下午七時在國際學舍宴客，余與德芳同往，並送現
金為禮，席間並有餘興，為相聲、南方滑稽，以及流行
歌曲等，賓客約四、五百人，頗極一時之盛。

11 月 26 日　星期一　雨
譯作

　　本週為 annual leave，決定全力從事趕譯英國所得稅法，今日進度不慢，共譯七頁，連昨共為十一頁，合為第二十章，自 425 條至第 437 條共十三條，凡工作十小時，尚不覺倦，此一章中雖亦多有計算上之括眩複雜意義之句法，然皆得其真諦，只有一短句，竟無法可以參考，此即第 430 條三款，文曰："Every such charge shall be made by the Special Commissions as though the company had, under this Act, required the proceedings relating to the charge to be had and taken before those Commissions."，因涉及行政手續，非屬稅法之實質問題，亦不能由旁敲側擊求解也。

11 月 27 日　星期二　雨
譯作

　　續譯英國所得稅法，今日工作十小時，共譯八頁，係自第四三八條至四四六條，適為一章，本章原文名稱為 Special Provisions as to Savings Banks, Industrial and Provident Societies，其中除儲蓄銀行外，無一現成名詞可用中文表達者，故只能以意譯之，難免生吞活剝之嫌矣。與陳禮兄合作譯事，彼早已將所譯專用名詞交余參證，余則因所集不多，遲遲未交，現已近尾聲，只得將已有之不滿二十名詞繕出寄去。

11 月 28 日　星期三　陰

交際

　　本省耆宿秦德純氏七十大壽籌備委員會寄來徵文啟一件，駢四儷六，將及千言，並附用箋一張，歡迎回音，余年來中文久不執筆，數日來搜索枯腸，參考古籍，未得成篇，今時限已屆，勉強堆砌數百字付郵應命，文曰：「紹文先生謀國以忠肝義膽，為文則繡口錦心，諸葛經濟，司馬篇章，二美具足當之。維我泰沂毓靈，欣逢與夫人七秩雙慶，矍鑠矯健，自強不息，彌足表率群倫。十年海隅，一朝中興，會揮戈之有日，吾鄉邦其在望。壽公亦所以壽國也。　鄉後學吳某敬祝」。

參觀

　　到博物館看港僑鄔圻厚彩色攝影展覽，此種作品在台尚不多見，其介紹文謂鄔氏為 1961 年世界彩色十五傑亞軍，洵不可多得，今日共展出鄔氏作品六十件，以其中之幽徑、少女與傘、漁舟唱晚、希望、木玫瑰、被遺忘的妹妹、陽光隨處、珠光寶氣等幅為佳，作者最喜照霧景，技術諒甚不易，但不討好也。又有一幅題「輕舟已過萬里山」，不但竄改唐詩，且係泛舟之景象，題不對畫，為美中不足也。

譯作

　　續譯英國所得稅法，今日工作時間為七小時，而譯成八頁，亦即第二十二章之全章，為工作效率最高之一日。

11 月 29 日　星期四　雨
譯作

續譯英國所得稅法，今日將第二十三章譯完，本章為工業合理化計劃捐助款之得以由所得內減除之計劃，大體雖甚單純，但有甚費解處，只能按文字寫出，不知其實情如何，例如計劃結束時該項捐助款如不退還時，應向該計劃團體徵稅，但如其足供支配之資產不足供免稅捐助外之捐助之總額時，而以後退還該捐助亦只以容或有超過其捐助之資產數為限一點，文義甚明，而不知其實際運用究為何似也。今日全日所譯只及昨日之半，此事亦如登山，忽險忽夷，有時事半功倍，有時事倍功半，甘苦只自知也。上午，陳禮兄來訪，續交來其所譯之名詞，並對余寄去者有一個請按彼修改云。

11 月 30 日　星期五　陰雨
集會

上午到國大黨部出席小組會議，因組織動員大隊，分三種志願填表，余填慰勞。上午到光復大陸設計研究委員會出席財政組會議，討論重新整理之分成反攻前、反攻中、反攻後三段之動員時期財政方案，到會不足十人，所提草案多無疑義通過。

師友

上午到交通銀行訪王慕堂兄，閒談。

慶弔

上午到實踐堂參加秦紹文氏七十慶壽，壽堂懸掛文字甚多，又有徵文訂成冊頁，比一般單純壽幛花籃者為

充實，且無宴席，與賀各付茶點費二十元，秦氏親自答
禮，並各贈所著「海澨談往」一冊，甚富意義。

12月1日　星期六　陰
譯作

　　續譯英國所得稅法，此為余所擔任之最後一章，以下尚有小部分仍由陳禮兄擔任，此最後之一章為 Miscellaneous Special Provisions，所涉者為以前各章所不及，亦有補充或設定條件者，就其內容言，有極簡易易明者，亦有極費思索者，尤其其所引伸之意義如係關係以前陳禮兄之所擔任部分條文，因不甚接頭之故，難以索解，本條自昨日起譯，至今日已成十一頁，效率不低，余因數月來之涵泳，對於其文字習慣用法已漸漸洞悉，故文字困難甚少，而內容之困難則為仍然難以預料者，又因余所擔任為後半部，若干的了解均不免於斷章取義支離破碎也。

12月2日　星期日　晴
交際

　　同鄉楊展雲兄下午在中山堂光復廳嫁女，由秦德純、朱家驊二氏證婚，典禮後舉行酒會，賓主均節省時間不少，余於略進點心後即先辭去。
師友

　　上午，鄭邦焜兄來訪，謂此次譯述四國稅法，係稅務研究會之事，與彼所主持之稅務旬刊無關，但彼既經手約集譯述之人，故亦為局中之人，此次財政廳美援研究小組與研究會有約必須於年底完成，遲則有罰，又其預算訂有八十萬字之稅法譯文，現在超出此數，經費尚屬無著，至於譯文則須一面交卷一面付款，余告以現在將近完成五分之四，但尚須全部重校一過，費時亦多。

12月3日　星期一　晴

職務

　　休假一星期後，今日恢復辦公，余在上月份分配至
Financial Analysis Branch 幫忙，未做一事，本月份本以
為可以倖免，不料仍然支配至該部分工作，上午到公不
久，該部分徐松年君即來，約同該部分另一唯一之同事
張建國君，到中華彩色印刷公司查帳，此事彼二人已進
行十天，現因張每日須請 annual leave 半天，於是乃約
余參加其工作，今日雖全日全往，然均在暗中摸索中進
行，其可記之事如下：（1）此事據徐君云為一無頭案，
該究竟如何查帳，無人知之，一說為該公司申請充納
該公司買廠時一併承擔之記帳關稅，一說該公司對於
若干機器設備之可用性，時過年餘又發生疑問，然亦
未作何要求，究竟如何，即主辦之 Martindale 似亦模
糊；（2）據談該公司之情形並不理想，因經營者管理
不善，此為徐君之意見；（3）上午在公司內查核其處理
材料之制度，見記帳無固定之制度，材料帳去年有卡
片，係根據該廠卡片加記金額，今年則未設此卡片，
正在根據廠內所製者加註金額以備決算使用，然似未
有任何結果；（4）下午在大坪林該工廠與材料組長葉景
楓研究，如何將九月底、十一月底之存料計出，以便
製兩月底之財務報表，費時極久，但為求該兩月底之
為成品數額，與劉副廠長發生言語上不愉快之事，亦
徐君言多必失所致者也。

12 月 4 日　星期二　晴

職務

　　上週所寫之師範大學 Texas Team 台幣經費查帳報告，經劉允中主任核後，認為 Purpose 內應加一項，即依據其合約所定，對於台幣經費支援有無歧見，從而應在 Findings 內此一段敘述，此中只有一個問題，亦即此次雙方發生誤會之導火線，緣該 Team Petty Cash Fund 內有顧問宿舍所用燃料，師大會計室認為是否為預算內 General Supplies 一科目所包括，不敢斷定，因而拒絕支付，後經 Team 代表人函學校當局，認為此乃合約所定，而校長亦即批准照付，故原則應認為雙方不復有何歧見，此節余本以為小事，但查帳既事實上由此而起，故亦不妨加入，因照上意加寫一段交卷。上午徐松年、張建國二君共同研究繼續進行查核彩色印刷公司帳務之方式，而彼二人張已請 annual leave 半天，徐則明日起又請 annual leave 三天，結果將由余工作全天，由張工作半天，而十天來彼等進行之情況余又多不之知，故亟須加以複閱各項資料，然又未得此餘暇也。下午同徐君再到彩色印刷公司，就今晨偶然間 Financial Analysis Branch Chief Martindale 所要求者，與公司方面盛、陳二君及其侯總經理商洽加速整備資料之方式，又昨日在其工廠所商定之資料亦要求公司方面早作準備，以便存料數目由工廠送到後，立可據以核算金額作成十一月底之 Balance Sheet 云。

12月5日　星期三　晴曇

職務

　　繼續查核 China Color Printing Co. 之帳，今日主辦此事之徐松年君開始 annual leave 三天，該組另一參加人張建國君亦因 annual leave 關係只有上午辦公，今晨本約定一共前往，彼臨時又有他事，余乃一人前往，今日辦理二事：（1）張君託余囑其查抄一張該公司之Beginning balance，謂已見過其現成的，一問便知，但余問其當時經辦之陳君，取出類似文件數種，獨無此項開張時之試算表或資產負債表，余因時間不夠，且該案張君既已核過，只好待其自行接辦，因而不再細問，迨余午間歸告張君，彼似又不堅持彼已看過之說，恐記憶未必的確也；（2）統計其銷貨客戶之情形，首先由其管統一發票之趙君與余談話，余囑其將常有交易之客戶指出，余將作一統計表，將此等交易客戶逐筆列出，統計其一年之總數，趙君乃由其所登之簿內指出八戶為常常共交易之長期客戶，余乃將該戶之交易逐筆列出，求得總數，以明此等客戶在總交易中之分量，因筆數不多，故一小時即行完成，其後又欲知至十一月底之總數，但因其帳尚未登至十一月底止，故只能得知十月底之總數，最後各各相加，知此十一個月之交易額，俾知其銷貨內容，而保得以後作遠景預測時，比較可以獲得較正確之判斷焉。

12 月 6 日　星期四　陰

職務

　　上午，將昨日在中華彩色印刷公司所得之銷貨分析資料交 Financial Analysis Chief Martindale，初彼以為該分析甚詳細，但後又發生一項新問題，即甚願於已知其按往來情形分析之結果後，更進一步知其各項客戶之印刷品種類，於是將又有再行前往根據同一資料再作一次查核之必要矣，此人即屬此種做事漫無計劃之輩，一方面已將其所要者查明且超出原來之範圍，另一方面隨時發生新問題，且往往為不知其究竟有何用處者。上月所作師範大學查帳報告，經日昨增加一段，今晨打清再度交卷後，李慶塏君又生新問題，謂該段所述師大校長同意外國顧問住宅應支煤炭費，但未知其是否已將其支用之款歸墊，望能再加補充，余表示不必再事囉唆，蓋吾人只應注意其事實，不必一定為洋人要錢也，況再度詢問有關人員，其結果不外已歸墊與未歸墊之兩種可能，其中任何一種皆不值得本分署作進一步之表示，蓋校長既已應允歸墊，吾人何必再懷疑其會計室是否遵從？但彼仍以為不妨一問，於是以電話詢顧問助理林伯元君，據云學校復函已到，只謂有處理困難，不含否定之意，但因預算科目正積極改變中，在新預算未完成前，顧問亦不擬再行催索矣云，余根據此項結果告之劉允中主任，彼無辭以對，蓋如此瑣碎，豈可寫入報告乎？

12月7日　星期五　晴

職務

　　日昨 Martindale 囑再對中華彩色印刷公司之銷貨作一種技術屬性之分析，如代人製版，代人只印封面，或代人裝訂等等，今晨該組之張建國君主張暫時不往，待下週徐松年君銷假一同工作，余亦首肯，故終日只閱覽其二人兩週來之 working papers 並複習去年秋間所作中央信託局籌備時期之查帳報告與有關資料，以與該公司之 opening balance 相核對，蓋一年前之印象已甚模糊，現在重看余自己所製之表，亦非深思不能了解矣。

瑣記

　　連日共見數事，惻隱之心油然而生，為之不能釋懷者數日，其一為在聯合大樓路側見有窮婦帶兩子，皆三、五歲，在地上小者騎大者之背，似為乞討之方式，此等事在台灣不易見到，昔在大陸固處處皆是也，因念大陸同胞在飢荒下正不知若干輾轉於溝壑也；其二為報上刊一照片，乃義光育幼院之殘廢兒童教養所群兒之象，皆天真無邪，然已受盡人間不幸，其中且有為其父母在台大醫院遺棄者，亦倫常中之慘劇也；其三為今日下班步行至樟腦廠高牆之外，見有被棄小貓三隻，方能匍匐，該處馬路距有煙火處皆甚遙遠，必將凍餓而死，時方有小販欲取去而又止，謂無人肯要，此地貓之過剩狀態似甚嚴重，余家已有三隻，故不能再行攜歸，亦徒喚奈何而已。

12 月 8 日　星期六　晴

譯作

余所擔任之英國所得稅法翻譯工作，計自第一九六頁起至三六五頁止，共一百七十頁，已於本月五日全部完成，所用稿紙為橫格 Lined Pad，每頁約五百至六百字，共二百二十頁，自今日起為複核工作，初以為或甚簡單，迨開始時始知來日方長，能否於年底前完成，全無把握，蓋今日所核者為以前開始之部分，當時若干陌生名詞甚感困惑，例如 The Appointed Day，開始時暗中摸索，有多日不能了解，直至發現該名詞之界說即已開始月餘矣，現在校核時即須將其文氣不順之處加以改正，此外文義不正確之處亦屬不少，經一一改正，仍不能斷言究竟錯誤未改者有多少也。

12 月 9 日　星期日　晴

師友

下午，到台灣療養院探望陸慧禪君之病，陸君因鼻症開刀住院，上週割一鼻腔，今日又割其一，約一週後可以痊可云。比鄰所居之成雲璈君來答訪，余不在，未遇。

慶弔

晚到靜心樂園參加劉溥仁君女公子之婚禮，男方為淡江學院之助教，與新娘為同學云。

娛樂

上午到空軍小大鵬看星期早會，戲碼一為鍘美案，二為紅線盜盒，由王鳳娟主演，為一類似十三妹一類

角色之戲，唱做並重，演來甚好，此為梅派新戲，余
初次觀。

12月10日　星期一　晴
職務

今日徐松年君長談關於中華彩色印刷公司之查帳問
題，因主持其事之 Martindale 一直不能明言其查帳目
的為何，故兩三週來只好按 Financial Analysis 之步驟在
進行初步蒐集資料之工作，據云 Martindale 今日更不
能把握中心，忽謂此案並非 Financial Analysis，又忽謂
此事大可作罷，使人如墜五里霧中，余以為其所以致
此，殆由於此案起因於該公司對該項器材機器之不合用
一點，故應由技術人員多多負責查核實況提供意見，與
Financial Analysis 初無十分密切之關係也，徐君亦以為
然，但不能提出如何改弦易轍之意見。

師友

晚，蘇景泉兄來訪，閒談。

12月11日　星期二　雨
職務

全日同徐松年君在中華彩色印刷公司查帳，今日
進行就其銷貨記錄作一種分戶分類之分析，此為主其事
者之 Martindale 之要求，以作該公司之遠景之分析判斷
之依據者，此項分析之分戶甚多，分類則依其工作之
屬性，諸如 Books、Pamphlets、Calendars、Periodicals、
Cards、Envelopes、Labels、Portraits、Photos、Plating 等

等加以逐筆歸類，工作完畢後將待明日加各類之總數，
徐君則將此一資料在期末亦即上月底之可能有已經出
貨，尚未開出發票並進帳者，逐一分析，以期在十一月
底有較為合理之銷貨額與銷貨成本額。

12 月 12 日　星期三　陰雨
職務

　　上午，同徐松年君到中華彩色印刷公司就該公司所
提供之十一月底存料表加以檢討，由葉景楓組長負責解
釋及解答，並擬定批准廢料註明方式，請其註好後於下
午送來，至時果然送來，此項資料之批註，有一重要
目的，即廢料按理應予註銷，但公司在去年計算損益時
仍以當時消耗數列入成本，為避免太過之追回計算的工
作，決定只將今年十一月底之結存數予以註銷，同時亦
可避免一事兩記。下午根據昨日所得之該公司售貨記錄
分析，彙計分戶分類之總數，凡每一機構每一貨類均只
列一筆總數，橫看為一客戶之各種貨品，直看為一類印
件之分佈於客戶情形，今日已完成其半。

12 月 13 日　星期四　晴
職務

　　全日續到中華彩色印刷公司查帳，今日依據其製成
之十一月底試算表核對其總分類帳，發現雖多數帳目餘
額相符，但又有十分特殊之情形：（1）一部分帳上餘額
為年初應結轉而未結轉，未知其試算表上之餘額如何填
入；（2）一部分餘額帳上並不相符，雖原因一望而知，

但製表時何以不加調整，亦屬不可解釋之事；（3）表上
專設有美援欄，記載美援設備及有關之利息折舊等，與
非美援部分頗有科目相同而分在兩處者，此其目的或在
應付美援機關單獨設帳之規定，然材料又不記帳，不知
又何解也。

12月14日　星期五　陰
職務

全日在中華彩色印刷公司查帳，今日工作事項如
下：（1）日前編製之銷貨種類與客戶分析表內十一月份
數，因當時銷貨帳尚未記好，故係根據趙君之便查簿記
入，但現在帳已登齊，為求將來總數便於核對起見，乃
將已採之資料依據十一月正式帳核對增刪，並為便於與
正在軋記製成品餘額之徐君核對計，對於彼準備由銷貨
內改入製成品之數額亦加以剔除，同時徐君另有一項統
計，即尚未正式銷貨亦尚未做成製成品者，則另行統計
一數加入該項統計表內，以明其至十一月底之業務量，
此表只初步做好，尚未總計，余本擬下午從事於此，但
徐君認為彼下午將從事損益表與資產負債表之審核，其
想像中之方法為將公司人員請來一同「排排坐」，邊說
邊寫記錄，余告以下午可以從事此項工作，但余之頭腦
遲鈍，未先將帳內數字瀏覽一過，不能指出問題發問，
對於徐君慣採之口講耳聞手寫三管齊下一節，只能初步
先用眼看，徐君乃放鬆其計劃，謂下午彼用彼之方法審
核損益科目，余則審核其資產負債科目；（2）下午從事
於資產負債科目之審核，其中除有暫付款、預付款、應

收票據、應收帳款、應付帳款、應付票據、應付費用等
科目因無明細帳，其分戶餘額須待記帳人逐一摘抄外，
其餘各科目均已核訖，並將較簡單者摘記，免其再抄。

12 月 15 日　星期六　陰

師友

下午，劉桂兄來訪，據稱有數個會計問題請余為之
說明，但為時倉促，希望能為之一一寫出要點，余見其
所指問題有似是而非者，有主旨模糊者，當表示不能在
不明題旨以前解答，故希望面談解決，於是乃以極緊湊
之方式為之說明，其中所涉有資產重估價，有 current
ratio，有資產與資本二者間之關連者，甚多非片言隻字
可以表達者，其未盡處只好一聽之矣，劉兄服務經濟
部，其所指問題是否與最近外間攻擊該部小組太多有
關，未據說明。

娛樂

晚，同德芳到國都戲院看「賓漢」（Ben-Hur），
為米高梅出品長片，三小時半始完，主演 C. Heston，
角色極多，均能發揮所長，主旨在闡明以愛止恨之基督
精神，極佳。

12 月 16 日　星期日　陰雨

師友

上午陳禮兄來訪，交來所譯英國所得稅法譯名表
第三次，並談其工作已將完畢，只有十餘處未竟，余告
以初稿已成，約十三萬字，決定不再重抄，但須複閱一

遍，方在開始，預料下星期五可以過半，屆時擬送彼一
閱，陳兄又談其所擔任之部分比余為多，但尚不能確知
何時完竣，預定為年底云。

娛樂

　　上午到空軍新生社看小大鵬平劇早會，由嚴蘭靜、
楊丹麗合演韓玉娘，計演二小時一刻始畢，唱來極夠水
準，結尾改為病中團圓，玉娘未死，故不名生死恨云。

12月17日　星期一　雨

職務

　　全日在中華彩色印刷公司查帳，今日該公司已根據
其上週所作之十一月底試算表作成一項資產負債表與損
益表，但有若干項目並不完全相同，係因其銷貨與銷貨
成本之分錄係在試算表以後，似乎均尚未登帳，依此項
資產負債表與損益表所顯示者，利息與折舊及攤提開辦
費尚未提列，已虧損一百四十萬元，如將以上各損失項
目一併加入，可以虧損五百萬元，張建國君云如年營業
額及一千萬元時，或可平衡，余意不然，蓋現在之虧損
數如恃增加之五百萬元為之彌補，勢須此項五百萬元不
需一文之銷貨成本，實際僅用紙即須銷貨之半數云。

12月18日　星期二　晴

職務

　　上午，同徐松年、張建國二君到彩色印刷公司查
帳，今日只為討論舊料之不能用者如何作表計值，又討
論原來由中央信託局轉來之開辦費科目餘額有若干應轉

至機器科目內之數字，徐、張二人對此意見並不一致，因而發生口角，幸因在他人辦公室，尚知適可而止，未對外騰笑焉。

師友

　　晚，劉桂與張逢沛二兄來訪，繼其數日前之題目探詢若干會計名詞之含義，其意在藉此了解近來經濟部人員對於解釋公營事業內容之不合理處，但余告以欲了解財務狀況應由帳簿分析始得。

12 月 19 日　星期三　晴

職務

　　連日所製之中華彩色印刷公司銷貨分析表，直至昨日始行登齊，今日將各欄縱橫相加，因橫欄十三，縱欄戶名近百，分寫於兩張十四欄表上，須 carried forward，乃多出兩倍之相加之工作，又因表幅太寬，數目分散，故在右欄列各單位總數時，難免遺漏，所幸相加後均一一循其差額找出，最後終得軋平，然最後發生一大問題，即所得之總數理論上應與銷貨帳上之總數相同，事實上則相差甚鉅，不得其解，上午到該公司取銷貨帳核對，亦不得要領，忽在原始用之黃草稿紙上見有一欄數字全不似其他各欄之旁有「✓」號以示已登入表內，始恍然大悟，此欄係屬遺漏，而所以致此，則因此表斷續數日始行製就，中間由於全以徐松年君為主，工作根本不能採取主動，注意力亦無法集中於一事，在銜接工作之空隙中，致有此失。經將此欄數就其相當欄一一加入，更將原來結好之縱橫總數，逐一改訂，最後

得數始接近銷貨數，然仍差四萬元亦即百分之一左右，
只有一種可能，即帳內數有漏未摘出者。

譯作

　　複閱所得稅譯稿，今已完成其大半。今日陳禮兄來
電話謂彼在他處參考得到一項解釋，即其 Commissioners
之複數用法應當作委員會，余乃將譯文內原無會字者均
一一照加。

12月20日　星期四　晴

職務

　　連日所作之中華彩色印刷公司銷貨分析，本為一極
簡單之事，不料波折叢生，竟不能早日觀成，其原因為
在進行中間常為他事所阻，於是第一問題即為總數比銷
貨帳為低，經查出為原稿所抄之備計入多欄式表內者，
略去一欄，於是照數補入，結果差額縮小為四萬元，恐
其中有遺漏，乃先與原稿之結總相核對，證明相符，於
是斷定為原稿在該公司抄錄時太過匆忙，難免遺漏與錯
位。今晨乃到該公司與銷貨帳核對，發現果然有錯位及
漏摘，計達十六萬之多，惟其中大部分為當時帳上已登
至十月底之數，經余誤解為已至月底，其實十月三十一
日尚有多筆未登，蓋余所抄為其銷貨簿內之數，該簿與
總帳並不一致也，今日所核為總帳，總帳已結至十一月
底，而銷貨簿則只登至十月底，而一部分當日帳尚付缺
如，又由總帳上發現有沖回數累計二十一萬之多，乃
當時所據之銷貨簿內所未詳細註明者，於是乃如數摘
抄，以便再行由統計內減除，如此則三項相抵，不敷之

數由四萬元增為九萬元，直至下午尚未軋出原因，只好再度與銷貨記錄逐筆核對矣。徐松年君語余，此一查帳工作已由主管之 Martindale 決定只以財務方面為限，技術與市場等則另有洋人擔任，徐君分配工作，囑余寫 General，張建國君寫 Present Status，彼則自任 Forecast 云。

12 月 21 日　星期五　晴
職務

上午，續到中華彩色印刷公司核對銷貨帳，已將一至十一月份之銷貨逐筆核對相符（指余之黃紙抄錄係依其記載不完備之明細帳而言，現在係與其有結數之總分類帳銷貨科目核對，如逐筆相符，即應表示余之黃紙與其總分類帳相符，而總數亦應兩兩相符），而事實上則並不能得到同一之結數，余將余所另行加入之因素，及原銷貨帳未列而預備調整加入之數予以減除，另將余所漏減之該帳沖帳數（因原係依據銷貨帳所列，該帳對方科目多未記入）亦予減除，而將漏未記入之一部分十月底帳亦予補入，最後比較結果，帳上多列總數十一萬有餘，此一差額余極懷疑其為帳上之累計數與細數不符，但無此時間將該帳複核一過，詢之主辦會計之盛君，彼云亦未複核過，前後只有經辦之詹小姐一人知，而彼又請病假，致莫明底蘊云。

師友

下午到內政部訪陳禮兄，將余所譯之英國所得稅法第十至十七章連同原文交其核閱，彼所任之部分謂亦已譯完，但核閱發現若干錯誤，故須略加仔細云。

集會

下午三時辦公室舉行耶誕茶會，並交換禮物，余送出國寶簡介一冊，收回旋轉玩具一個。晚同德芳率紹彭到國際學舍參加本分署耶誕兒童會，有玩具、糖果、冰淇淋、汽水，並有武術表演。

12月22日　星期六　晴

集會

下午，到中山堂辦理國民大會代表聯誼會與光復大陸設計研究委員會年會報到手續，前者將於廿五日舉行，後者於明、後兩日舉行，此外有關創制複決兩權之憲政研討委員會，則會前有簽署之議，但為中央所打消，創制複決兩權之行使恐將暫止於研討階段，聯誼會為此在報端發表聲明，認為將等候總統召集臨時國大，則為此時此地之微弱呼聲也。

黨務

中央黨部通知辦理黨員總登記之初步登記，名為中央從政幹部登記，余於下午到國大黨部簽署中央從政幹部規約，並在黨證上蓋一小戳，該規約完全為歷來三令五申之事，第未知分歧之意見能賴此化除否。

12月23日　星期日　晴

集會

今日為光復大陸設計研究委員會舉行第九次全體委員會，上午十時即齊集中山堂，據云蔣總統本擬到會致詞，但事實未來，只由陳副總統代讀訓詞，然後再以主席資格致詞，凡半小時禮成，休息後接開第一次會議，由秘書長報告工作，余未參加，只在對面國大黨部與久別之友人等談天，中午全體在光復廳聚餐，並由副主任委員曾寶蓀致詞，下午開第二次會議，由國防部次長羅英德報告匪情，利用幻燈片，對於大陸匪情作極詳盡之分析，凡一小時而畢，休息後再舉行討論會，余因為時已晏，即先退席。

12 月 24 日　星期一　晴
集會
今日全日為光復大陸設計研究委員會全體會議，上午由王雲五副院長報告動員情況，余因事未出席，下午討論未來設計研究工作，最後由陳誠主任委員致閉會詞，對反攻大陸之即在目前，認為毫無疑問，又談到蔣總統半年來在半休養半研究狀態，希望大家相信其判斷與領導之正確云，六時半於掌聲中散會。
交際
中午，國大代表山東同人在會賓樓聚餐，到者四十人，無致詞者。
師友
下午，訪鄭邦焜兄於稅務旬刊社，告以所擬英國所得稅法十五章年底前可以交卷，刻正校正中，渠意提早數天最佳，乃決定為本月二十八日全交。

12月25日　星期二　晴

集會

上午，到中山堂出席國民大會代表年會，由何應欽主席，蔣總統蒞臨致詞，首先聲明其半年來違和，蒙諸同人關切有加，順此致謝，然後宣讀其所擬之演說詞，其中對於各同仁年來研討憲政之積極表示欽佩，其實此次憲政研討委員會之不能召集全體大會，亦中央授意者，此中消息固微妙難以言宣也，下午接開討論會，所有提案皆不外送政府參考，余未往參加。

娛樂

晚同德芳在中山堂觀賞年會平劇，徐露演漢明妃，尚稱緊湊，章遏雲、哈元章硃痕記，唱來極佳。

12月26日　星期三　晴

職務

自中華彩色印刷公司之查帳工作大體完畢，經徐松年君分配工作由余擔任第一段 General 後，今日就其所開之大綱開始準備資料，包括 Funding、Repayment、Accounting System、Organization 等部分，今日就資料不足者再加探詢，經向美援會會計室盛禮約兄詢問其有關 Supply Contract 之 Repayment 內容，已可完全明白。

譯作

連日校閱余所譯之英國所得稅法，因其中若干處譯文直譯處無暇再詳加思考，故只好就文字加以潤色，故進度較速，看完後即裝訂後編定頁數，共計二百二十三頁，每頁約六百字，故共有十三萬字之譜，計自八月四日開始，歷時四個半月，平均每天千字云。

12 月 27 日　星期四　晴
職務

　　開始寫作中華彩色印刷公司財務分析報告之余所擔任部分，亦即首段 General Description on Financial Aspect of Project，本段將分四段，余今日已完成其三段，一曰 Funding，二曰 Sale of Plant to Private Investors，三曰 Organization and Personnel Strength，其中以第一段最為翔實，因須就其已經確定之 Loans and Grants 及將來如何歸還加以說明也。

師友

　　下午，陳禮兄來訪，帶去余所譯英國所得稅法之後半部，託其一併轉交鄭邦焜兄，余共有 223 頁，陳兄云有十四萬字，余算來為十三萬五千云。

12 月 28 日　星期五　晴
職務

　　續寫中華彩色印刷公司查帳報告，今日寫第四段 Accounting System and Internal Control，此段最難落墨，因該公司之會計現狀幾乎全無制度也，余將此段分為數小節，今日已成其三，另有小的段落將於下週續寫，今日所寫三小節，一為 Accounting Books，敘述其所設總分類帳及進貨銷貨兩簿，該兩簿既非特種序時帳簿，亦非補助分類帳，因其只記一面且與總分類帳同時據傳票記入也，又據此總分類帳月計試算表一次，年作

Balance Sheet 與 Income Statement 一次，因未採成本制
度，其決算須仰仗年終之盤貨，其去年底所盤之材料尚
無問題，而製成品則完全為估計而非根據事實編製云；
二為 Buying and Selling，敘述其買進原料與賣出成品之
程序，皆由總公司擔任，只有少數緊急購料可由該廠周
轉金支付，銷貨送交後即通知會計部分製發票並製傳票
云；三為 Stock Control，寫該公司平時無控制，但倉庫
有卡片，至於其是否與 Issuance 相符，則會計部分曾依
發料單有所記載，但未貫徹到底，故此一 checking 不能
完善執行云。

瑣記

自夏間修理房屋後，紹彭即住於餐廳，因明日須約
友飲宴，乃實現久欲調整之方式，將紹彭移入余與德芳
之室，而騰出餐廳有較大空間云。

12月29日　星期六　晴

交際

晚，約請童世芬夫婦及其在台之一子三女在寓便
餐，此事原定為元旦，因屆時童太太母家有喜事改為本
月三十日，旋又因余三十日有其他宴會，去信改為今
日，屆時到者有童君夫婦及其長女縡、次子紳，另兩女
則未來，於歸時託將菜點帶回云。

家事

為籌備今日宴客，上午同德芳到菜場採買蝦蔬果
品，今日所用之方式為自助餐，只用大盤大碗作菜六
色，並自烤麵包，又由本分署福利會買糕點，桌椅本為

紹彭與紹因所用之書桌，拼成長桌，所微感不足者為所用刀叉不足每人份，只能用筷箸補足，而大塊食品即難免有動手之必要矣，此點應改善也。

12月30日　星期日　陰
交際

中午李德修原都民夫婦來訪，贈廣柑一大籃。下午，四時至七時本會計處美籍稽核 O'Brian and Martin 二人在陽明山寓所開 Open House，招待全體稽核組員及會計長 Nemecek，到共二十人左右，食品尚屬豐盛，由四時至七時在漫談與雜耍中度過，雜耍為所謂 Shoobar（？），係在一長枱上用木圓球推入軌道，按數目多少計分，其球共三十枚，共推三次，積分最多者為九十餘分，前四名有小贈品，積分約在八十分以上者；余推二次，第一次六十餘分，第二次七十餘分，皆未入流，今日陽明山在細雨中極冷，市內略佳，但亦為冬季氣候矣。

12月31日　星期一　晴
職務

今日為本年最後辦公之一日，余將所擔任之中華彩色印刷公司查帳報告 Financial 部分之第一大段 General Description 內之第四、第五兩段寫完，並加以結論，此為余之全部工作，至第二大段現在財務報表及第三大段未來三年預測，則由張、徐二君擔任矣，余今日所寫第四段為 Property Accountability，第五段為 Inappropriate

Accounting Entries，文字均不甚多，最後結論則為該公司之會計任務乃 adequate for fund control, but not so on production phase，此點應加改進也云。寫完後下午又將全稿作初次之複核，前面 Funding 與 Sales of Plant to Private Ownership 等節，均有詳略不一之處，經加以修正刪補。

附錄

收支表

月日	摘要	收入	支出
1/1	去年結存	53,594.00	
1/1	電影、戲票、牙刷		50.00
1/3	同人捐、糖果、食品		32.00
1/5	本月公費	1,000.00	
1/5	衣料一期		429.00
1/5	本月研究費	800.00	
1/5	公保		37.00
1/5	本月交通費	500.00	
1/5	黨費		10.00
1/5	本月會議費	160.00	
1/5	同人捐		30.00
1/5	本月眷貼	100.00	
1/5	茶葉、食品、獎券		20.00
1/7	8-12月合庫息	150.00	
1/7	觀劇		10.00
1/9	蛋、書刊、糖果		63.00
1/10	二週待遇	2,750.00	
1/10	同人捐、木瓜		15.00
1/10	標會息	105.00	
1/10	回數票等		24.00
1/11	挽徐伯中花圈		50.00
1/13	食品、水果、電影、理髮		59.00
1/14	洗衣、水果、郵票		74.00
1/16	糖果、食品		25.00
1/17	水果		39.00
1/18	旅費結餘	3,840.00	
1/18	同仁捐		220.00
1/18	聚餐、水果、鹽蛋		38.00
1/20	宴客		140.00
1/20	車票、洗衣		23.00
1/22	食品、電池		20.00
1/23	食品、糖果		16.00
1/24	二週待遇	2,750.00	
1/24	同仁捐		20.00
1/24	衛生紙、味全、木瓜		21.00
1/26	蛋、木瓜、酒		40.00

月日	摘要	收入	支出
1/28	酒、洗衣、奶粉、理髮、看戲、煙		160.00
1/28	周紹賢子喜儀		100.00
1/29	食品、車錢		20.00
1/30	德芳鞋、紹寧襪		200.00
1/30	紅棗半斤、香腸三斤		160.00
1/30	車票		48.00
1/30	糖果、食品		16.00
1/31	抗生素、水果		28.00
1/31	家用		3,600.00
	總計	66,109.00	5,837.00
	本月結存		60,272.00

月日	摘要	收入	支出
2/1	上月結存	60,272.00	
2/1	藥品		41.00
2/1	本月公費	1,000.00	
2/1	公保		37.00
2/1	本月研究費	800.00	
2/1	衣料二期		120.00
2/1	本月交通費	500.00	
2/1	黨費		10.00
2/1	本月出席費	160.00	
2/1	肥皂一期		69.00
2/1	本月眷貼	100.00	
2/1	同人捐		40.00
2/2	二周待遇	2,750.00	
2/2	同人捐		10.00
2/2	建業補校	50.00	
2/2	郵票、書刊、衛生紙		37.00
2/2	標會息	120.00	
2/2	花生		6.00
2/3	光復會	320.00	
2/3	臘肉、戲票、茶、修表等		160.00
2/5	車錢		86.00
2/6	糖果、食品		15.00
2/6	酒、洗衣、水果		56.00
2/9	唱片、食品		70.00
2/11	理髮、水果		8.00
2/13	水果、糖果		27.00
2/14	水果		8.00

月日	摘要	收入	支出
2/15	旅行票、木瓜、食品		39.00
2/16	水果、食品		11.00
2/18	電影、洗衣		46.00
2/19	酒、小菜		28.00
2/20	茶業、糖果		24.00
2/21	二周待遇	2,750.00	
2/21	同仁捐、食品		14.00
2/22	車費、食品、啤酒、蛋		82.00
2/23	理髮券、食品、茶葉		38.00
2/24	酒、水果		35.00
2/26	咖啡、糖果		18.00
2/27	木瓜、食品、車錢		23.00
2/27	車票		48.00
2/28	洗衣、食品、什物		12.00
2/28	家用		6,700.00
	合計	68,822.00	7,918.00
	本月結存		60,904.00

月日	摘要	收入	支出
3/1	上月結存	60,904.00	
3/1	公保		37.00
3/1	本月公費	1,000.00	
3/1	衣料三期		120.00
3/1	本月研究費	800.00	
3/1	黨費		10.00
3/1	本月交通費	500.00	
3/1	同仁捐		70.00
3/1	本月出席費	160.00	
3/1	肥皂二期		70.00
3/1	本月眷貼	100.00	
3/3	餽贈、香腸、車票、書刊		126.00
3/4	看戲		20.00
3/5	木瓜、預定烏來車費、食品		44.00
3/6	電影、糖果、食品		56.00
3/7	標會收息	100.00	
3/7	水果、洗衣		34.00
3/7	兩周待遇	2,750.00	
3/7	同人捐		10.00
3/8	水果		30.00
3/9	與諸兒女捐款		60.00
3/10	牙膏、奶粉		37.00

月日	摘要	收入	支出
3/11	飲料、食品		81.00
3/11	德芳眼鏡、唱片		125.00
3/13	糖果、咖啡、藥品、原子筆心		30.00
3/14	戲票		20.00
3/15	郵票、甘油、食品、奶粉、酒、蚊香		127.00
3/16	紹因修表		10.00
3/17	唱片及盒		143.00
3/17	關稅		185.00
3/17	奶粉、洗衣、咖啡		204.00
3/19	水果、洗衣、唱片		21.00
3/20	麥片、藥皂、酒		80.00
3/20	車錢、食品		20.00
3/23	水果		20.00
3/24	理髮券		18.00
3/25	花卉、戲票、車票、水瓶		90.00
3/26	兩周待遇	2,750.00	
3/26	水果等		20.00
3/27	B Complex 與 Duralolin		620.00
3/27	電影、糖果、書刊		52.00
3/28	點心、香腸、小菜、茶葉		64.00
3/29	水果		13.00
3/31	郵費		134.00
3/31	德芳衣料		320.00
3/31	助武文		100.00
3/31	唱片、電影、車票、水果		79.00
3/31	光復會 3、4 月份	320.00	
3/31	家用		4,300.00
	合計	69,384.00	7,600.00
	本月結存		61,784.00

月日	摘要	收入	支出
4/1	上月結存	61,784.00	
4/1	兒女用		40.00
4/2	本月公費	1,000.00	
4/2	公保		37.00
4/2	本月研究費	800.00	
4/2	衣料四期		120.00
4/2	本月交通費	500.00	
4/2	肥皂三期又一期		139.00

月日	摘要	收入	支出
4/2	本月出席費	160.00	
4/2	黨費、公請尹葆宇		125.00
4/2	本月眷補費	100.00	
4/2	校友會 50 年度		20.00
4/2	子女教育費	320.00	
4/2	同仁捐		50.00
4/2	點心、書刊、洗衣、同仁捐		39.00
4/3	旅費結餘	460.00	
4/3	同仁捐、食品		50.00
4/4	兩週待遇	2,750.00	
4/4	同仁捐		10.00
4/4	標會息	80.00	
4/4	原子筆芯、酒		13.00
4/5	水果、書刊		31.00
4/6	電影二天		36.00
4/6	唱片、茶、肉酥、水果、糖		112.00
4/7	書刊、看戲、水果、牙膏、酒		62.00
4/7	奶粉 2½ 磅		57.00
4/10	請茶點、水果、糖果		92.00
4/11	郵票、水果		27.00
4/12	水果		23.00
4/13	水果、書刊、草紙		17.00
4/13	捐修路		500.00
4/15	換錢、水果		25.00
4/17	食品、水果、糖果		35.00
4/18	二週待遇	2,750.00	
4/18	同仁捐		10.00
4/18	書刊、照相尾款、洗衣、藥品		105.00
4/18	家用		4,200.00
4/19	舊衣、食品		45.00
4/20	書刊、藥品		27.00
4/21	今日世界一年、車票、食品、理髮		205.00
4/22	觀劇、奶粉、食品		30.00
4/23	糖果、食品、紹因用、木瓜		33.0
4/25	水果		15.00
4/27	郵票、水果		20.00
4/28	唱片四張		70.00
4/30	家用		2,200.00

月日	摘要	收入	支出
	合計	70,704.00	8,620.00
	本月結存		62,084.00

月日	摘要	收入	支出
5/1	上月結存	62,084.00	
5/1	燈管、食品		40.00
5/1	本月公費	1,000.00	
5/1	公保		37.00
5/1	本月研究費	800.00	
5/1	衣料五期		120.00
5/1	本月交通費	500.00	
5/1	黨費		10.00
5/1	本月出席費	160.00	
5/1	肥皂二期		70.00
5/1	本月眷貼	100.00	
5/1	同仁捐		20.00
5/2	兩周待遇	2,750.00	
5/2	同仁捐		10.00
5/2	換燈及線與燈泡		190.00
5/2	標會息	76.00	
5/2	摩根油、西瓜		76.00
5/8	水果、糖果、衛生紙		47.00
5/10	水果、書刊		21.00
5/11	食品		57.00
5/13	車票、馬桶、牙刷、水果、書刊		122.00
5/16	兩周待遇	2,750.00	
5/16	同仁捐		10.00
5/16	蚊香、拖鞋、糖果、煙、鞋油		105.00
5/16	醬菜、書刊、水果、剪刀		29.00
5/16	家用		3,450.00
5/16	修房		1,500.00
5/17	五種遺規		75.00
5/17	洗衣		9.00
5/18	藥皂、木瓜、理髮券、點心		61.00
5/20	糖、罐頭、食品、水果、同人捐		72.00
5/23	糖果、唱片		77.00
5/24	水果、郵票、糖果		20.00

月日	摘要	收入	支出
5/27	水果、看病、洗衣、唱片、車錢		118.00
5/29	兩周待遇	2,808.00	
5/29	同仁捐		10.00
5/29	標會息	100.00	
5/29	大陸難民捐		200.00
5/29	公請 Shamburger		50.00
5/29	唱片二張、食品		46.00
5/59	涼席		130.00
5/29	家用		1,200.00
5/30	食品		34.00
5/31	收音機修理、原子筆芯		42.00
	合計	73,128.00	8,058.00
	本月結存		65,070.00

月日	摘要	收入	支出
6/1	上月結存	65,070.00	
6/1	水果		3.00
6/1	本月公費	1,000.00	
6/1	公保		37.00
6/1	本月研究費	800.00	
6/1	衣料六期		120.00
6/1	本月交通費	500.00	
6/1	肥皂三期		70.00
6/1	本月出席費	160.00	
6/1	黨費		10.00
6/1	本月眷補費	100.00	
6/1	同仁捐		20.00
6/1	光復會五、六兩月會費	320.00	
6/1	同仁捐		50.00
6/3	觀劇、食品		32.00
6/4	預付保衣物費		50.00
6/5	車票、食品、糖果、水果		84.00
6/7	午飯、紹寧紀念冊、書刊、食品		57.00
6/8	書刊		15.00
6/9	關稅、房捐		307.00
6/9	捐陳果夫先生教育基金		200.00
6/9	書刊、水果、丸藥、去漬油		37.00
6/10	唱片三張、縫工、洗衣		100.00
6/12	食品		22.00

月日	摘要	收入	支出
6/13	張天叔賻儀		60.00
6/13	煙、草紙、蛋、菜、糖果、茶葉		92.00
6/13	兩周待遇	2,808.00	
6/13	同仁捐		10.00
6/13	家用		3,200.00
6/14	買菜、印鑑證明、水果		25.00
6/15	啤酒、汽水、水果		86.00
6/17	理髮、食品		11.00
6/18	水果及紹中用		16.00
6/20	糖果、煙、買菜、蛋、牙膏		100.00
6/20	手巾架		16.00
6/21	水果、魚肝油		26.00
6/22	合庫1-6月息	293.00	
6/22	水果		13.00
6/23	紹中車票		24.00
6/24	車錢		10.00
6/26	煙、毛巾、蛋、糖果、茶葉、食品		92.00
6/27	兩周待遇	2,808.00	
6/27	衣物火險保費（6萬元），續付50		85.00
6/27	標會息	80.00	
6/27	汗衫、水果、同人捐		96.00
6/30	食品、餅乾、水果		30.00
6/30	買菜、蛋、魚、什用		38.00
6/30	會計師公會聚餐		50.00
6/30	理髮		4.00
6/30	家用		2,300.00
	合計	73,939.00	7,598.00
	本月結存		66,341.00

月日	摘要	收入	支出
7/1	上月結存	66,341.00	
7/1	食品、衛生紙		36.00
7/3	三國演義、食品		25.00
7/4	本月待遇公費	1,000.00	
7/4	公保、黨費		47.00
7/4	本月研究費	800.00	
7/4	衣料一期@175		282.50
7/4	本月交通費	500.00	

月日	摘要	收入	支出
7/4	二日所得救難胞		66.00
7/4	本月出席費	160.00	
7/4	同仁捐		50.00
7/4	本月眷貼	100.00	
7/4	許揆一喪儀		100.00
7/4	表鍊		140.00
7/4	車票、洗衣、食品		81.50
7/4	梳粧桌定金		50.00
7/5	食品、書刊、水果		53.00
7/7	丸藥、門鈕、酒		18.00
7/8	觀劇、飲料		31.00
7/11	家用		800.00
7/12	文件打字		82.00
7/22	徐軼千子喜儀		100.00
7/22	回數車票、赴新店、觀劇		37.00
7/23	午飯、游覽票		40.00
7/24	付吳伯實		307.00
7/24	糖果、水果		19.00
7/24	印花		26.00
7/25	11日收兩周待遇	2,808.00	
7/25	家用		2,808.00
7/25	兩周待遇	2,808.00	
7/25	同仁捐		10.00
7/25	標會息	85.00	
7/25	蛋、水果		55.00
7/25	保險費		408.00
7/25	郵簡		12.00
7/26	地板蠟		118.00
7/26	張培九募捐畫冊		50.00
7/26	食品、衛生紙、金山旅行		80.00
7/27	毛筆六支		57.00
7/28	脫脂奶粉、洗衣、食品、車錢、理髮		49.00
7/30	書刊、手表		60.00
7/31	糖果		17.00
7/31	家用		1,400.00
	總計	74,602.00	7,515.00
	本月結存		67,087.00

月日	摘要	收入	支出
8/1	上月結存	67.087.00	
8/1	五月節勞軍		33.00
8/1	本月公費	1,000.00	
8/1	公保		37.00
8/1	本月研究費	800.00	
8/1	衣料二期		80.00
8/1	本月通訊費	500.00	
8/1	本月黨費		10.00
8/1	本月出席費	160.00	
8/1	同人捐		60.00
8/1	本月眷補費	100.00	
8/1	唱片五張		83.00
8/3	光復會七八月開會費	320.00	
8/3	同仁捐		40.00
8/4	餽贈		48.00
8/8	王覺父喪奠		50.00
8/10	兩周待遇	2,808.00	
8/10	家用		4,700.00
8/11	理髮		8.00
8/14	食品、同仁捐		24.00
8/15	旅行票、洗衣、車票		83.00
8/16	旅費結餘（減同人捐）	3,300.00	
8/16	食品		28.00
8/21	糖果、水果、食品		23.00
8/22	兩周待遇	2,808.00	
8/22	同人捐		10.00
8/22	標會息	76.00	
8/22	車錢		8.00
8/22	家用		6,000.00
8/24	食品、水果、漂粉、燈泡、酒、汽水、電影		90.00
8/25	理髮、食品、觀劇		40.00
8/27	唱片、紹因修表		50.00
8/27	水果、食品		23.00
8/28	糖果、食品、白灰		22.00
8/29	食品、水果		15.00
8/30	水果、酒、麵包		30.00
8/31	下月公費	1,000.00	
8/31	公保		37.00
8/31	下月研究費	800.00	
8/31	同仁捐		20.00

月日	摘要	收入	支出
8/31	下月交通費	500.00	
8/31	黨費		10.00
8/31	下月會議費	160.00	
8/31	衣料三期		80.00
8/31	下月眷補費	100.00	
8/31	回數票、藥品		35.00
8/31	唱片		65.00
8/31	書刊、捐勞軍		10.00
	合計	81,519.00	11,852.00
	本月結存		69,667.00

月日	摘要	收入	支出
9/1	上月結存	69,667.00	
9/1	觀劇、水果、木炭		40.00
9/6	兩周待遇	2,808.00	
9/6	同人捐		10.00
9/6	食品、糖果、紹彭汗衫、水果		63.00
9/7	唱片、火腿、百香果汁		160.00
9/9	蛋、木瓜、茶		50.00
9/10	水果、車票、果汁、鞋油		95.00
9/11	糖果		12.00
9/12	木瓜、食品、旅行票		34.00
9/13	月餅、酒、汽水		136.00
9/15	小麥片		29.00
9/17	唱片、蛋、水果		162.00
9/18	洗衣、車錢、冷飲、糖果		63.00
9/19	宴客、車錢、煙		1,730.00
9/19	兩週待遇	2,808.00	
9/19	同仁捐		10.00
9/19	標會息	85.00	
9/19	毛巾		10.00
9/20	藥皂、理髮券、木瓜、唱針		64.00
9/21	表帶、食品、照片		56.00
9/21	中藥、車錢		30.00
9/22	潭墘土地稅		62.00
9/22	中藥、食品、車資		37.00
9/23	電池、水果、藥水		25.00
9/25	水果、糖果、食品		25.00
9/26	建業中學車馬費	50.00	
9/26	筍尖		60.00

月日	摘要	收入	支出
9/27	毛巾、水果、鹹蛋		61.00
9/30	家用		6,600.00
	合計	75,418.00	9,624.00
	本月結存		65,794.00

月日	摘要	收入	支出
10/1	上月結存	65,794.00	
10/1	奶粉、牛肉乾、毛巾、蝶霜、木瓜		56.00
10/1	本月待遇公費	1,000.00	
10/1	公保		37.00
10/1	本月研究費	800.00	
10/1	衣料四期		80.00
10/1	本月交通費	500.00	
10/1	黨費		10.00
10/1	本月出席費	200.00	
10/1	聯洽公費		10.00
10/1	本月眷補費	100.00	
10/1	同人捐		60.00
10/1	補上月出席費	40.00	
10/1	德芳衣		300.00
10/1	光復會九、十月出席費	320.00	
10/1	糖果、食品		20.00
10/3	二周待遇	2,808.00	
10/3	同人捐、會費		20.00
10/3	蛋、水果、車票		107.00
10/4	茶葉		28.00
10/4	水果、草紙		22.00
10/7	觀劇、回數票、食品、理髮		39.00
10/8	糖果、枕瓢		20.00
10/9	方糖二磅		15.00
10/11	木瓜、書刊		12.00
10/12	葉鏡兄母喪儀		40.00
10/12	食品		21.00
10/15	自治學會會費五年		50.00
10/16	糖果、食品		15.00
10/17	兩周待遇	2,808.00	
10/17	同人捐		10.00
10/17	標會息	60.00	
10/17	蛋、木瓜		54.00
10/17	家用		4,800.00

月日	摘要	收入	支出
10/18	燈泡六個		30.00
10/20	什用		30.00
11/21	買菜、車票、理髮		66.00
10/22	公請 Millman		100.00
10/22	水果		10.00
10/23	聚餐、書刊		21.00
10/24	水果、毛巾		25.00
10/27	肉酥、藥品		120.00
10/27	洗衣、沙糖、木瓜		43.00
10/28	車錢		7.00
10/29	車票		48.00
10/29	唱片三張		45.00
10/29	洗衣		35.00
10/31	兩周待遇	2,808.00	
10/31	同仁捐		20.00
10/31	唱片四張		60.00
10/31	車票、水果、糖果、食品、理髮券		58.00
10/31	家用		1,400.00
	總計	77,238.00	8,144.00
	本月結存		69,094.00

月日	摘要	收入	支出
11/1	上月結存	69,094.00	
11/1	林樹藝奠儀		40.00
11/1	本月公費	1,000.00	
11/1	公保		37.00
11/1	本月研究費	800.00	
11/1	衣料五期		80.00
11/1	本月交通費	500.00	
11/1	黨費		10.00
11/1	本月出席費	200.00	
11/1	同仁賻金		40.00
11/1	本月眷補費	100.00	
11/1	藥品		76.00
11/1	本月教育補助費	350.00	
11/1	菸酒		24.00
11/3	食品、水果、去漬油		62.00
11/3	收聽費		30.00
11/4	理髮		5.00

月日	摘要	收入	支出
11/5	照片、水果、維他命 B1、防癆票		96.00
11/6	糖果、照片、食品		26.00
11/7	水果、郵票		14.00
11/8	酒、修鞋、賀年卡		107.00
11/9	水果		27.00
11/13	打火機		25.00
11/13	糖果、蛋、水果、糖、餅乾、衛生紙		79.00
11/14	兩周待遇	2,808.00	
11/14	同仁捐		10.00
11/14	標會息	76.00	
11/14	家用		4,900.00
11/16	水果、洗衣		34.00
11/16	李榮良喪儀		100.00
11/18	看戲、點心		22.00
11/19	水果		30.00
11/20	糖果、修鐘、洗衣、麻油		123.00
11/21	水果、鹽蛋		20.00
11/23	水果、圖章盒、衛生紙		61.00
11/28	糖果、香腸、牛肉乾、果醬、點心、水果		152.00
11/28	兩周待遇	2,808.00	
11/28	同仁捐		10.00
11/28	家用		1,900.00
11/30	光復會 11、12 月車馬費並補前月	480.00	
11/30	德芳藥		150.00
11/30	車票、鞋油、理髮券		61.00
11/30	十二月份公費	1,000.00	
11/30	公保		37.00
11/30	十二月研究費	800.00	
11/30	衣料五期		80.00
11/30	十二月交通費	500.00	
11/30	黨費		10.00
11/30	十二月出席費	200.00	
11/30	毛線一期		70.00
11/30	十二月眷補費	100.00	
11/30	肥皂一期		69.00
11/30	同仁賻金		40.00
11/30	秦紹文祝壽		20.00

月日	摘要	收入	支出
11/30	買菜		61.00
	總計	80,766.00	8,688.00
	本月結存		72,078.00

月日	摘要	收入	支出
12/1	上月結存	72,078.00	
12/1	洗衣、書刊		20.00
12/1	楊展雲嫁女喜儀		60.00
12/4	曾昭耀餞行份金		60.00
12/4	糖果、食品		18.00
12/6	劉溥仁嫁女喜儀		100.00
12/6	水果、鹽蛋		32.00
12/9	水果、觀劇、木板		36.00
12/12	二週待遇	2,808.00	
12/12	同仁捐、糖果		25.00
12/12	標會息	80.00	
12/12	水果、洗衣		40.00
12/14	酒、食品		84.00
12/16	車票、戲票、電影票、理髮		57.00
12/17	中藥		75.00
12/18	糖果、砂糖、食品		33.00
12/19	賀年片小畫冊		33.00
12/22	國大年會招待費	1,000.00	
12/22	慰問同人金		20.00
12/22	國大年會借支	1,000.00	
12/22	理髮券		8.00
12/22	國大年會憲政資料補助費	200.000	
12/22	香腸		50.00
12/22	光復大陸會膳什費	200.00	
12/22	唱片		30.00
12/23	洗衣、食品		14.00
12/24	聚餐、手帕		64.00
12/25	郵票、書刊、水果、食品		89.00
12/27	兩周待遇	2,808.00	
12/27	同仁捐、什用		13.00
12/28	酒、花生、點心、紅茶		117.00
12/29	王格昭喜儀		50.00
12/29	政大校友會51年會費		20.00
12/29	郵票、糖、色拉油、車錢		60.00
12/30	車票、報紙		50.00
12/31	一月公費	1,000.00	

月日	摘要	收入	支出
12/31	公保		37.00
12/31	一月研究費	800.00	
12/31	衣料一期		360.00
12/31	一月交通費	500.00	
12/31	晚餐、會費		20.00
12/31	一月出席費	200.00	
12/31	毛線二期		70.00
12/31	一月眷補費	100.00	
12/31	肥皂二期		70.00
12/31	書刊		5.00
12/31	家用		11,300.00
	合計	82,774.00	13,120.00
	本月結存		69,654.00

吳墉祥簡要年表

1909 年	出生於山東省棲霞縣吳家村。
1914-1924 年	入私塾、煙台模範高等小學（11 歲別家）、私立先志中學。
1924 年	加入中國國民黨。
1927 年	入南京中央黨務學校。
1929 年	入中央政治學校（國立政治大學前身）財政系。
1933 年	大學畢業，任大學助教講師。
1937 年	任職安徽地方銀行。
1945 年	任山東省銀行總經理。
1947 年	任山東齊魯公司常務董事兼董事會秘書長。
	當選第一屆棲霞國民大會代表。
1949 年 7 月	乘飛機赴台，眷屬則乘秋瑾輪抵台。
1949 年 9 月	與友協力營救煙台聯中校長張敏之。
1956 年	任美國援華機構安全分署高級稽核。
1965 年	任台達化學工業公司財務長。
1976 年	退休。
2000 年	逝世於台北。

民國日記 85

吳墉祥在台日記（1962）

The Diaries of Wu Yung-hsiang at Taiwan, 1962

原　　著　吳墉祥
主　　編　馬國安
總 編 輯　陳新林、呂芳上
執行編輯　林弘毅
封面設計　陳新林
排　　版　溫心忻、施宜伶

出　　版　開源書局出版有限公司
　　　　　香港金鐘夏慤道 18 號海富中心
　　　　　1 座 26 樓 06 室
　　　　　TEL：+852-35860995

　　　　　民國歷史文化學社 有限公司
　　　　　10646 台北市大安區羅斯福路三段
　　　　　　　37 號 7 樓之 1
　　　　　TEL：+886-2-2369-6912
　　　　　FAX：+886-2-2369-6990

初版一刷　2021 年 11 月 30 日
定　　價　新台幣 400 元
　　　　　港　幣 110 元
　　　　　美　元　15 元
I S B N　978-626-7036-41-9
印　　刷　長達印刷有限公司
　　　　　台北市西園路二段 50 巷 4 弄 21 號
　　　　　TEL：+886-2-2304-0488

http://www.rchcs.com.tw

國家圖書館出版品預行編目 (CIP) 資料

吳墉祥在台日記 (1962) = The diaries of Wu
Yung-hsiang at Taiwan. 1962/ 吳墉祥原著；馬
國安主編 . -- 初版 . -- 臺北市 : 民國歷史文化學社
有限公司 , 2021.11

　面；　公分 . -- (民國日記；85)

ISBN 978-626-7036-41-9 (平裝)

1. 吳墉祥　2. 臺灣傳記　3. 臺灣史　4. 史料

783.3886　　　　　　　　　　110019240